資本主義に未来はあるか

イマニュエル・ウォーラーステイン
ランドル・コリンズ
マイケル・マン
ゲオルギ・デルルギアン
クレイグ・カルフーン
［著］

若森章孝＋若森文子
［訳］

歴史社会学からのアプローチ

DOES CAPITALISM HAVE A FUTURE?

IMMANUEL WALLERSTEIN
RANDALL COLLINS
MICHAEL MANN
GEORGI DERLUGUIAN
CRAIG CALHOUN

唯学書房

DOES CAPITALISM HAVE A FUTURE?
By Immanuel Wallerstein, Randall Collins,
Michael Mann, Georgi Derluguian, and Craig Calhoun

Japanese translation published by arrangement with Immanuel Wallerstein
through The English Agency (Japan) Ltd.

資本主義に未来はあるか——歴史社会学からのアプローチ

目次

第2章 中産階級の仕事の消滅——もはや逃げ道はない　059

ランドル・コリンズ

第3章
終わりは近いかもしれないが、誰にとっての終わりなのか――　115

マイケル・マン

終章

目を覚ませ

イマニュエル・ウォーラーステイン
ランドル・コリンズ
マイケル・マン
ゲオルギ・デルルギアン
クレイグ・カルフーン

資本主義に未来はあるか　歴史社会学からのアプローチ

訳者あとがき

若森章孝

序章

次の大きな転換

Immanuel Wallerstein
イマニュエル・ウォーラーステイン
Randall Collins
ランドル・コリンズ
Michael Mann
マイケル・マン
Georgi Derluguian
ゲオルギ・デルルギアン
Craig Calhoun
クレイグ・カルフーン

これからの数十年のうちに驚くべき衝撃ととてつもない挑戦が生じるだろうが、それらのいくつかは新しく、いくつかはずいぶん古いもののように見えるだろう。また、多くは前例のない政治的ディレンマと選択の難しさをもたらすことになるだろう。まもなく起こり始めるこういったことは、今若い人びとが成人として送る人生に大きな影響を与えるだろう。しかし、それは必ずしも悪いことではないし悪いことばかりでもないと思われる。来たる数十年には、過去の世代とは違ったように物事を行うチャンスも生じるだろう。本書では、世界史に関する社会学的知識に基づき、そういった挑戦やチャンスがおおよそ何をもたらすことになるのかを探求し議論する。私たちが実際にいちばん危惧しているのは、冷戦の終結からほぼ三〇年経過して、ありうるべき世界の未来や、とりわけ資本主義の前途について議論するのが流行らなくなり、場違いのことのようにさえなってしまっている、ということである。

私たち五人は、この風変わりな本を書くために集まったが、それは、大きくて不気味なものが地平線上に出現しているからである。これから訪れるかもしれない構造危機は、深刻な難局と転換の時期の序幕にすぎなかったように回顧されることになるだろう近年の景気大後退《グレイト・リセッション》より、はるかに大きいものと思われる。イマニュエル・ウォーラーステインは、資本主義システムの衰退を予言する理論的根拠について説明する。次の三〇年から四〇年にかけて、世界市場が過当競争になり、社会的エコロジー的費用によって営利活動のあらゆる側面が圧迫されるために、世界の資本家は、通常の投資決定を行うことをきわめて困難と感じるようになるだろう。ここ五世紀間にわたる資本主義は、コスモポリタン的で明らかに階層化された世界市場経済であった。この世界市場経済の地理的中核に優位に位置するエリート経営者は、大規模でかなり確実な利潤を確保できる立場にあった。しかし、このような歴史的状況は、いかに動態的であっても結局のところ、すべての歴史的システムと同じようにそのシステムとしての限界に到達することになる、とウォーラーステインは主張する。この仮定によれば、資本主義は、資本家自身が失望し挫折して終わりを迎えることになる。

ランドル・コリンズは、資本主義の未来に挑戦する、より具体的なメカニズムに焦点を当てる。西欧においても全世界的においても、職業が新しい情報技術にとって代わられるために教育のある中産階級の三分の二もの人びとが構造的に失業する、ということの政治的・社会的影響が分析される。経済の解説者は最近になって、中産階級の規模が縮小していることを発見したけれども、彼らには、問題を政策的解決へのあいまいな要求に委ねる傾向がある。コリンズは、これまで技術革新への衝動の社会的費用から資本主義を救ってきた五つの逃げ道について、徹底的に考察する。よく知られているどの逃げ道も、サービス職と管理職の技術的代替を保証できるほど確実なものであるとは思われない。一九世紀と二〇世紀の資本主義においては肉体労働が機械化されたが、そのように技術代替された職は、中産階級の職が増大したことで補われた。今、二一世紀のハイテクの軌道が中産階級を余剰労働者に追いやろうとしている。このことは、中産階級という政治的・社会的緩衝材を失うために資本主義が終わるかもしれないという、もう一つの仮説に私たちを導いていく。

　クレイブ・カルフーンはそれとは反対に、資本主義は修正されることで救われる可能性がある、と主張する。そして彼は、資本主義は市場経済であるだけでなく政治経済でもあるという、私たち全員が認める論点について詳しく述べる。資本主義の制度的枠組みは政治的選択によって形成されるのであって、複雑な市場作用のなかに内在しうる構造的矛盾が政治の領域で改善されることもあれば、抑止されないまま破壊に至ることもある。換言すれば、資本家のなかの十分に啓蒙された集団は、システムの費用と責任に正面から立ち向かうか、それとも、軽率なフリーライダーとして振る舞い続けるか——一世代前にリベラル派と左派の挑戦が後退して以来、彼らはフリーライダーとして振る舞ってきた——、のどちらかである。現代の資本主義から改良された未来のシステムにどれほど急激に移行していくのかは、未知の問題なのである。中央集権化された社会主義経済は一つの可能性であり、中国のようなタイプの国家資本主義は大いにありうる。所有と金融の特殊資本主義的様式は衰退するだろうが、市場は将来においても存続するだろう。資本主義は生き残るかもしれないが、グローバルな経済統合を推進する力の一部は失われるかもしれない。

マイケル・マンは、資本主義の諸問題に対する社会民主主義的な解決策を支持するが、力の多因的な源泉から生じるより深い問題にも焦点を当てる。それらには、資本主義の他に、政治や軍事的地政学、イデオロギー、世界地域の多様性などが含まれている。こういった複雑さは資本主義の未来を予測不能なものにするが、二一世紀を通して高まっていくエコロジー危機は完全に予測できるもっとも重要な脅威である、とマンは考える。エコロジー危機が水と食糧をめぐる闘争に発展し、汚染や人口の大量移民をもたらし、全体主義的反動や核兵器を用いた戦争状態の可能性を高めていくだろうことは、大いにありうる。マンはこれを、資本主義の未来という本書の中心的論点に結びつける。マンの分析によれば、気候変動の危機を阻止することはきわめて難しい。というのもそれは、無際限の利潤追求としての資本主義、主権を主張する独立した国民国家、近代国家と市場を正当化する個人的消費者の権利といった、グローバルに広がる今日のあらゆる制度から発生しているからである。したがって、エコロジー危機を解決するには、今日の生活の制度的条件を大きく変化させていく必要があるだろう。

これらすべては、土木工学、あるいは、今日しばしば耳にするような銀行業における「ストレステスト」に類似する構造的予測である。私たちは誰も、非難や称賛の観点から基礎づけて資本主義を予測してはいない。執筆者たちはみな、自分自身の道徳的・政治的信念を持っているし、また、歴史社会学の研究者として、狩猟採集集団の基礎単位を超える少なくとも過去一万年にわたり、人間社会の運命は社会が生み出した善あるいは悪の大きさに依存してこなかった、ということを認識している。資本主義が、これまでに現存した何らかの社会よりもいいのか悪いのかについて議論するつもりはない。資本主義に未来はあるのか――これこそが議論されるべき問題なのである。

この問いは、それ自体が崩壊してしまったソヴィエト連邦の公式的イデオロギーの中心に資本主義の崩壊への期待があった、という古い予測を想起させる。だからといって、ソヴィエト連邦の崩壊が資本主義の前途を保証することになるだろうか。ゲオルギ・デルルギアンは、ソヴィエトの内部崩壊を引き起こした世界地政学というもっと大きな構図のなかで、ソヴィエトの実験の実際の意味を明らかにする。彼はまた、中国が最後の奇跡的な資本主義的成長の路線をとりながらどのように共産主義の崩壊を回避したのか、を説明する。共産主義は資本主義の実行可能な対案でなかったとはいえ、ソヴィエト陣営が下からの広範な大衆決起とエリート層の分別を失ったようなパニック状態のなかで、一九八九年のベルリンの壁崩壊後に突然解体してしまった仕方は、資本主義の政治的未来に関する重要なことを示唆しているように思われる。

世界の終末のようなシナリオも、本書が対象とするものではない。現存する組織の変数を変えることで短期的な未来を予測するビジネスやセキュリティの専門家とは違って、私たちは具体的シナリオなど役に立たないと考えている。出来事はあまりにも偶発的で予測不可能だが、それは、多様な人間の意志と変化する環境に依存しているからである。大まかに予測できるのは、もっと深いところにある構造的動態だけである。私たちのなかでは、資本主義の逃げ道を現時点で認めないコリンズとウォーラーステインの二人が、すでに一九七〇年代に、ソ連共産主義が終焉すると予想していた。しかし、中央委員会の旧メンバーがかつての産業上の超大国的な立場を不合理にも破壊してしまう日時や事実について予想することなど、誰にもできなかった。というのも、そういった経過を引き起こさねばならない必然性がなかったからである。

私たちが破滅に抗って希望を見つけることができるのは、未来が政治的に決定されていない限りにおいてである。システムの危機は構造的制約を弛緩させて粉々にするが、この制約自体が、過去のディレンマと以前の世代の制度的決定の遺産である。そのような歴史的局面においては、通常の営利事業が維持できなくなってさまざまな小さな道が現れる。旧式の技術と生産形態の創造的破壊を伴う資本主義は、不平等と環境破壊の源泉でもあった。深刻な資本主義の危機は、人類の世界的状況をより高度の社会正義とより生きやすい地球環境を促す方向へと再組織していく好機となるかもしれない。

歴史的システムには、何か別のものに変形する間に、多かれ少かれ破壊的な仕方で消滅してしまう可能性がある、というのが私たちの大まかな主張である。人間社会の歴史は、革命の勃発や拡大的発展の時期、痛ましいほどの長期の停滞または混乱の時期を経てきた。誰も望んではいないけれども、停滞または混乱の時期は、将来、世界的危機をもたらしていく可能性がある。現在の資本主義の政治的・経済的構造は、増大する費用と社会的圧力に直面して、そのダイナミズムをすっかり失ってしまったように見える。このことは、構造的に見れば、国内において抑圧的で防衛的な外国人嫌いの閉じられた諸空間へと世界が分裂していくことに通じている。これを、文明の衝突として見る人もいれば、最新鋭の電子工学を用いた監視技術によるオーウェル的な「一九八四年」のディストピアの実現として見る人もいる。激しい衝突の真っただ中で社会秩序を再建する仕方には、ファシズムを思わせるものもあれば、きわめて広範な民主主義の可能性もあるだろう。本書では、とりわけこのことについて強調したいと思っている。

ここ数十年、政治学や主流の社会科学では、大きな構造的変化については考える値打ちさえないとする意見が流行してきた。新古典派経済学のモデルは、社会的世界は基本的には変化しないという想定に基づいており、危機が生じるときはいつも、政策調整や技術革新が資本主義の刷新をもたらす、とされている。しかし、これは経験の一般化にすぎないのであり、資本主義は五〇〇年間続いてきたシステムだということでその永遠性が証明されるわけではない。また、一九八〇年代——一九六八年のユートピア的な希望が不満に席を譲って、ソヴィエト共産主義が明らかに危機にあった時期——に対抗運動として現れたさまざまなポストモダンの潮流は、文化哲学的な批評を展開したが、これは実存的な絶望という大きな投薬になりはしたものの、結局は資本主義の永続という想定を共有することに帰結した。したがって、文化的なポストモダン主義者は、直面する構造的現実を見ようとする意志を解体させただけであった。本書の終章では、知的環境を含む現在の世界的状況についてのより詳しい議論に戻ることにする。

この本は、議論がより広がっていくよう、意識的に比較的読みやすいスタイルで執筆されているけれども、それぞれのより詳しい議論は、脚注で示しているように、各自が個人的に執筆してきた専門的著作で示されている。私たちが行ってきた専門的研究の大部分の領域は、通常、世界システム分析、またはマクロ的歴史社会学と呼ばれている。マクロ的歴史社会学を扱う者は、資本主義と近代社会の起源や、古代の帝国と文明のダイナミズムについて研究するのであり、社会的傾向を長期の観点から見ることで、人間の歴史が多様な矛盾と紛争を通して運動し、長きにわたって相互に交わる諸構造の一時的な構図に結晶する、ということを認識している。だから私たちは、本書を総括する序章と終章を共同で書くことに同意したのである。私たちにはそれぞれ独自の理論と専攻領域があり、そこから生じるさまざまな見解は各自が執筆した章に反映されている。つまり、この短い本は、一つの意見を表明する単純明快な合唱ではなく、過去と現在の人間社会に関して各自の知識に基づきながら議論し合う、対等な者どうしの論争なのである。それゆえ本書は、世界史の次の大きな転換点が何なのかを真剣かつ率直に問うように誘うものである。

結局のところ、私たちの予測する社会主義とはいかなる類のものだろうか。イデオロギー的信念から引き出される無益な論戦よりも道理のある解答として、二つの要素が挙げられる。第一に、それは予言ではないということだ。なぜなら、私たちは科学的分析のルールを順守して議論しているからである。ここでは、事態はなぜ変化しうるのか、ある歴史的状況から別の歴史的状況へどのように移るのかを、合理的な正確さで証明することが重要である。社会主義が最後の目的地なのだろうか。私たちは、来たる数十年という中範囲の未来にわたって思索を重ねている。利潤目当ての市場組織において中産階級の役割は技術によって不安になってきているが、この中産階級の暗い運命を回避するものは何か、とランドル・コリンズは問う。それは、生産と分配を社会主義的に再組織化する形態である。すなわち、人びとの大多数を関連させるように、意識的かつ集合的に調整された仕方でデザインする政治経済である。したがってそれは、社会主義を資本主義に代わる最有力候補にするような、発達した資本主義の問題の構造的な延長である。しかし、共産主義的・社会主義的国家が出現した二〇世紀の経験の教訓を忘れてはならない。社会主義は主に、非常に高度な中央集権化から生まれる組織そのものの問題を抱えている。中央集権化は、政治的独裁と経済的ダイナミズムの漸次的喪失に格好の機会をもたらすのであり、たとえ資本主義の危機が社会主義的な方向で解決されるとしても、社会主義の問題は再び関心の中心になっていくだろうと思われる。さらにコリンズは、長期の未来を見据えながら、社会主義が永続することはなく、世界は多様な形態の社会主義と資本主義の間を揺れ動いていくことになるだろうが、いずれもそれ自体の欠陥によってつまずくだろう、と主張する。

クレイブ・カルフーンとマイケル・マンは、それぞれの楽観主義的な展望のなかで、環境破壊や核兵器による大惨事に直面した国民国家が協力して連携する可能性を見出している。彼らの議論によれば、このことは、資本主義がグローバリゼーションのより人間的な社会民主主義版において継続的に生き残ることを保証するものである。資本主義の後に何が来るとしても、それは決して共産主義的な様式ではないだろう、とゲオルギ・デルルギアンは言う。幸いなことに、ソヴィエト型の「要塞社会主義」の歴史的条件は、二〇世紀の地政学的なイデオロギー的対立と共に消失してしまった。イマニュエル・ウォーラーステインは、何が資本主義にとって代わるのか予測することは本来的に不可能だが、オルタナティブは、資本主義の階層化された不平等な特徴を継続する非資本主義的なシステムか、あるいは、相対的に民主的で平等なシステムかのどちらかである、と考えている。移行期には、ありうるいくつかの世界システムが生じると思われるが、カルフーンは、もっと緩やかな連結した複数のシステムが発展して、外的な脅威や資本主義の内的リスクによる混乱を処理するようになるかもしれない、と主張する。これは、世界はグローバリゼーションの方向に向かわざるをえないという、広く共有されている想定に異議を唱える主張であるが、このイデオロギー的な想定はどのような理論によって支えられているのか、ここで再び問わねばならない。

説得力ある二〇世紀の思想家や政治的指導者たちは、資本主義や共産主義やファシズムの熱心な擁護者が主張して押しつけようとしたのと同じように、未来への道は一つだとイデオロギー的に確信した点で間違っていた、ということが明らかになった。私たち執筆者は誰も、すべてのことが人間の意志で可能になるというユートピア的な見方を支持していない。といっても、社会をさまざまな方法で組み立てることが可能だということは証明できる。未来の結果は、大きな危機が勃発するときに広がる、政治的ビジョンと意志に大きく依存する。大きな危機が歴史の創設の瞬間を生み出すのである。過去におけるそのような瞬間は、しばしば政治的崩壊と革命であった。とはいえ、個別の国家の内部で生じた、大きな暴力を伴うことの多かった過去の革命が、グローバルなレベルでの資本主義の危機という未来の政治を先取りしていたということについては、五人とも非常に疑わしく思っている。そのような認識は、未来には事態がよくなるだろうという希望を与えるものである。

資本主義は、革命的な群衆によって占拠されたり理想主義者の示威運動を通して対決されたりする、王宮や金融地区のような物理的な場所ではないし、ビジネス論説で処方されるような、採用されたり是正されたりする一連の「健全な」政策でもない。また、資本主義を単に市場経済における賃金労働と等置するような、多くの自由主義者やマルクス主義者の古いイデオロギー的幻想でもない。資本主義はあらゆる側面にわたって二〇世紀の基本的信念であったが、本書ではその破壊的影響について検討する。市場と賃金労働は資本主義よりはるか以前から存在してきたのであり、市場を通じた社会的調整が資本主義よりも長生きすることはほぼ間違いないだろう。私たちの主張によれば、資本主義は、ほぼあらゆる手段を使って獲得される私的経済的な利得が成功の普遍的目標であり尺度であるような、市場と国家構造の特殊歴史的編成にすぎないのであって、それとは異なる、市場と人間社会の満足感を与える組織化がこれから可能になるかもしれない。

以上のような主張の根拠は、本書や、これまでに書かれた各自の多くの著作のなかで展開されているが、ここではさしあたり、短い歴史的物語の形で描いてみよう。人間ははるか昔から、少なくとも社会的正義の理想を求めて飛翔することを夢見てきたが、数千年の間、それは幻想であった。熱気球と飛行船の時代が到来して、人びとはほぼ一世紀にわたり、そういった装置の実験を繰り返した。周知のように、その結果は種々雑多で悲惨なものに終わったものもあるが、技術者や科学者、そして、彼らの創意の才を支援し刺激する社会構造は存続した。最終的には、新しい種類のエンジンとアルミニウム製の翼と共に突破口が開かれた。今や、すべての人が空を飛ぶことができる。大多数の人びとはいつも狭苦しい格安座席に詰め込まれるが、大胆な人びとだけは小飛行機とかパラグライダーを操縦する独立飛行の浮き浮き気分を体験することもできる。また、人間が空を飛べるようになったことで、航空機での爆撃や浮遊するドローンの恐怖ももたらされるようになった。提案するのは技術であるが決定するのは人間であり、かつて夢だったことが現実化されるかもしれないけれど、そのことは私たちに難しい新たな選択を強いることにもなる。構造的に分岐する機会から何を選択すべきかということに直面する世界では、楽観主義こそが、感情的エネルギーを動員するのに必要な歴史的条件になる。突破口が現実のものになるのは、代替デザインについて考え議論することに十分な支援と公的関心が向かうときなのである。

第1章

構造的危機

——なぜ資本家はもはや資本主義に報酬を見出せないのか

Immanuel Wallerstein
イマニュエル・ウォーラーステイン

私の分析は二つの前提に基づいている。第一の前提は、資本主義はシステムであるが、すべてのシステムには寿命があり決して永遠のものではない、ということである。第二の前提は、ほぼ五〇〇年間にわたる存続を通じて一連の独自のルールで作動してきたがゆえに資本主義はシステムである、ということである。以下、それらのルールについて簡単に説明していこう。

システムに寿命があることに関しては、イリヤ・プリゴジン（散逸構造の理論でノーベル賞を受賞したベルギーの哲学者・化学者）が次のように簡潔に述べている。「私たちに年齢があるのと同様に、私たちの文明には年齢があり、私たちの宇宙にも年齢がある…」［★1］。このことは、ごく微小なものから私たちが知る最大のもの（宇宙）に至るまで、中規模の歴史的社会的システムを含むすべてのシステムは、質的に異なる三つの期間――存在を生み出す期間、「正常な」寿命を通じてそれが機能する期間（最も長い期間）、存在が消滅する期間（構造的危機）――から構成されるものとして分析されなければならない、ということを意味していると思われる。近代世界システムの現状について分析する本章は、その成立に関する説明を研究対象としないが、世界システムの寿命を構成する他の二つの期間――資本主義が「正常な」寿命を通じて機能するルールと、資本主義が消滅する仕方――は、これから考察することになる中心的論点である。

私たちは、以下のように主張する。すなわち、いったいどのようなルールによって近代世界システムが資本主義システムとして機能できるようになったのか、それがひとたび分かれば、今なぜ構造的危機の最終段階にあるのかが分かるだろう。そうであれば、資本主義システムの最終段階がどのように機能してきたのか、また、今後の二〇～四〇年間に、それがどう機能し続けることになるのか、示唆できるだろう。

システムとしての資本主義とは何か、また、近代世界システムの独自の特徴、およびその必須条件は何か。多くのアナリストは、彼らが決定的と見なす単一の制度に焦点を当てる。すなわち彼らは、賃労働の存在や、交換および/または利潤のための生産、あるいは、企業家/資本家/ブルジョアジーと賃労働者/無産のプロレタリアとの階級闘争、あるいは「自由」市場が決定的だ、と見なしている。だが私は、資本主義の独自の特徴を定義づけるこれらのいずれも、どれ一つとして十分であるとは思わない。

その理由は簡単である。まず、賃労働制度は、何も近代世界システムに限られたものではなく、数千年にわたって多少なりとも世界中で見られてきた。また、近代世界システムには、賃労働でない労働も多く存在している。利潤のための生産も数千年前から世界中で少なからず見られるが、以前は、それが何らかの歴史的システムの支配的現実だということはまったくなかった。「自由市場」は確かに近代世界システムのスローガンであるが、近代世界システムにおける市場は政府の規制や政治的配慮から決して自由ではなかったし、また自由ではありえなかった。近代世界システムに階級闘争が存在しているのは確かだったけれども、抗争する階級をブルジョア／プロレタリアとして描写する枠組みはあまりにも狭すぎる。

私の考えでは、歴史的システムが資本主義システムと見なされるには、「無限」の資本蓄積の永続的な追求——より多くの資本を蓄積するための資本の蓄積——がその主要な決定的特徴でなければならない。さらに、この特徴が広がっていくには、他の価値基準や目的に基づいて行動しようとする参加者をすべて罰するメカニズム——例えば、これらの基準に従わない参加者は、遅かれ早かれ舞台から降りることになるとか、相当額の資本を蓄積する能力について厳しく問われる、というような——が必要になる。近代世界システムの制度の多くはいずれも、無限の資本蓄積を促進するよう機能したり、少なくともそのように機能するよう圧力を受けたりしている。

さらに多くの資本を蓄積するために資本蓄積を優先させることは、私にはまったく非合理的な目的であるように思われる。物質的あるいは実質的合理性(ヴェーバー的な意味での実質的合理性)に関する私の理解からすれば、無際限な資本蓄積が非合理的だということは、歴史的システムを少なくともかなり長期間にわたって持続させる(ヴェーバーの形式合理性)という意味で機能しない、ということではない。近代世界システムはおよそ五〇〇年間続いてきたし、無限の資本蓄積の行動規範という点から見ればきわめて成功していると思われる。しかし、この行動規範に基づいて機能し続ける期間は、今や終焉を迎えている。

「正常に」機能している段階の資本主義

実際、資本主義はどのように作動してきたのか。すべてのシステムは変動する。言い換えれば、システムの装置は絶えずその均衡点から乖離する。たいていの人がよく知っているその実例は、人体の生理機能である。私たちは息を吸い込んだり吐き出したりしているが、それはその必要があるからだ。近代世界システムの内部には、人体においてと同じようにシステムの機能を均衡に戻すメカニズムがあり、均衡点が移動しても均衡は維持される。システムの「正常な」機能の期間として私たちが思いつくのは、均衡に戻ろうとする圧力の方が均衡から離れようとする圧力よりも大きい時期である。

近代世界システムにはそのようなメカニズムがたくさんあるが、システムの歴史的発展を根本的に規定するという意味で最も重要な二つのメカニズムは、コンドラチェフ循環、および、覇権循環《ヘゲモニー・サイクル》と呼ぶものである。以下、それぞれがいかに機能するのか述べていこう。

まず、コンドラチェフ循環について説明しよう。生産者が相当額の資本を蓄積するには準独占が必要である。生産者は、準独占を有する場合にのみ、生産費をはるかに上回る価格で生産物を販売することができる。生産要素の完全に自由な流れを伴う真に競争的なシステムのなかでは、利口な買手は、たった一ペニーの利潤のため、あるいは生産費以下でさえ生産物を販売しようとする売り手を見つけることができるのであり、完全に競争的なシステムにあっては実質的な利潤は存在しえない。それゆえ、実質的な利潤を得ようとすれば、自由市場に対する制限、すなわち準独占が必要になる。

しかし、準独占は、次の二つの条件の下でのみ確立されうる[★1]。生産物が革新的であるために、それを喜んで買おうとする買い手が相当存在する（あるいは、存在するよう誘導される）[★2]。そして、一つ以上の強力な国家が、市場への他の生産者の参入を阻止する（または少なくとも制限する）ことに国家権力を使うのを厭わない。要するに、市場が国家の関与から「自由」でない場合にのみ準独占が存在しうるのである。

私たちはこのような準独占化された生産物を「主要生産物」と呼んでいるが、「主要」というのは、それらが――自分自身の力で、あるいは、サプライヤーとの関係や顧客との関係を通じて――世界システムの経済活動に大きな割合を占めているからである。そのような準独占が成立するときはいつでも、世界経済の全域で「成長」の拡大が引き続いて起こる。その時代は「繁栄」期として広く認知され、そのような時期は一般に、世界的に雇用が高水準である。なぜなら、準独占の生産者や生産チェーンの前後の生産者が人手を必要とし、また被雇用者の消費支出が増加するからである。この成長の全般的成長の時期には、世界システムのある地域、あるいはその内部の一部の集団がおそらく他の地域や集団よりも巧みに行動するだろうが、大部分の人びとや集団にとっても「上げ潮がすべての船を持ち上げる」状況にある。

国家は、このような準独占を作り出しそれを保護するために多くのことができる。例えば、特許制度やその他のいわゆる知的所有権を保護する形態で準独占を合法化することもできるし、研究開発において準独占産業に直接的な援助を行うこともできる。また、往々にして国家は、引き上げられた価格で買う主要な購買者になりうる。さらに国家は、地政学的強みを利用して、他国の生産者と思われる者による準独占の侵害を阻止しようと試みることもできる。

だが、準独占の優位は永久に続くものではない。生産者にとってのシステム的な問題は、そのような準独占が時の経過と共に解消されていくということである。その理由は簡単で、準独占がそれほど儲かるのであれば、他の生産者も恩恵に与ろうとその市場に懸命に参入しようとするのは明らかだからである。そうする方法はたくさんある。秘密にされた何らかの新しい技術に準独占の基礎があるならば、彼らはその秘密を盗もうとするか、あるいはそれを模倣しようとするだろう。また、準独占を保護する、その国の地政学的強みによって市場から締め出されているのであれば、対抗策として別の地政学的強みを配置しようとすることができるし、準独占が実施されている国の内部に反独占的感情を醸成することもできるだろう。

また、準独占が統制されるとき、生産者の最も直接的な関心は生産の中断を避けることに向けられる。なぜなら、生産の中断は大量の資本の損失を伴うからであり、寡占状態にある他の生産者が同じように生産の中断を受けないとすれば、その損失は回復しがたいものとなるからである。このことは、雇用条件の改善を求めて終りのない運動をし続ける労働者に大きな武器を与えることになる。生産者がこういった状況でしばしば結果的に気づくことは、生産の中断よりも労働者への譲歩を選ぶ方が犠牲が少なくて済むということである。しかし、時が経つにつれて労働費用が徐々に上昇し、それによって利潤マージン全体が縮小していくことになる。

他の潜在的生産者は、主要な生産物の生産者が準独占を維持する能力を、いろいろな手段を使って弱めることができる。この能力を減退させるために今までは平均二五〜三〇年かかったように思われるが、主要産業の保護期間の長さに関係なく、準独占の壁が大きく破られる時が遅かれ早かれやってくる。そして、この打破には、資本主義の布教者たちが予測したように、物価の下落が伴う。物価の下落は、購買者にとって有益であるかもしれないが、販売者にとってはもちろん否定的なことである。収益の高い主要生産物だったものが、世界的舞台で競争に曝されてますます利潤の少ない生産物へと転化していくのである。

生産者には何ができるのだろう。一つの選択肢は、生産費を低くする代わりに取引費用を安くすることである。これは普通、一つないしそれ以上の「中核」的立場から、「歴史的に」労働費用がより安い、世界システムの他の場所への、主要生産物の立地の移転を伴う。新しく生産立地となった地域に住む人びとは、世界生産関係への参入を国民的「発展」と考えて歓迎するかもしれない。しかしそれは、かつての(だがもはやそうではない)超高収益産業のトリクルダウン理論による移転と見なす方が正確である。

産業の再配置は、状況の変化に対する一種の反応でしかない。かつての主要産業の生産者は、ニッチ向け副産物——他の所では迅速な再生産が難しい——に特化して、そのような生産のある部分を歴史的に配置された国々で維持しようと試みることができる。彼らは労働者と交渉し、さらに多くの産業を再配置することを、それゆえ、これまでの立地における労働者がもっと失業の脅威に曝されることをちらつかせて、給料を（あらゆる多様な形態で）引き下げることもできる。一般に、世界経済の拡大期に得た有利な立場を守ろうとする労働者層の能力は、世界市場のこうした競争の増大によって厳しく問われることになる。

彼らはまた、資本の追求を一部または全部、生産の領域（および商業の領域）から移転させて、利潤を金融部門に集中させていく。今日私たちは、このような「金融化」が一九七〇年代の発明品であったかのように話しているが、実際のところそれは、コンドラチェフ循環のすべてのB局面においてきわめて長期にわたって実行されてきた。ブローデルが示したように、本当に成功した資本家は、産業や商業あるいは金融に「特化すること」を拒否して、機会の命ずるままにこれらの過程の間を移動する万能選手であることを選択してきたのである。

金融領域ではどうやって儲けるのだろう？　金を貸し利息をつけて返済してもらうことが、その基本的なメカニズムである。貸し手にとって最も損をしない借金は、借り手が借り過ぎたために、元本ではなく利息しか返済することができないような借金である。これは貸手に、借り手が破産するまでずっと繰り返し増えていく収入をもたらすことになる。

このような金融貸付のメカニズムは、新しい資本どころか、新しい実質的価値さえ生み出すことはない。それは基本的に既存の資本を再配置するものであるが、そのためには、破産した借り手の集団に絶えず借り手の新しい集団がとって代わって貸付と負債の流れが維持されていく必要がある。これらの金融過程は、貸手側の人びとにとって非常に儲けの多いものとなりうる。

しかし、資本主義システムの「正常な」動きの観点から見れば、貸付―負債の連鎖には一つの欠点がある。それは、結局のところ、あらゆる生産にとっての有効需要を枯渇させるということで、経済的にも政治的にもシステムにとって危険なことである。それゆえ、均衡に復帰すること、すなわち、新しい生産を通じて主に資本が蓄積される状況に復帰することが必要になる。シュンペーターは、このようなことが経済的にいかに起こるのかについて、きわめて明確に示した。発明がイノベーションに形を変えれば、世界経済の新たな拡大を可能にする新しい主要な生産物が出現することになる。

このような発明をイノベーションに変える政治は、大論争の対象となった。それは、階級闘争における労働者階級の立場の強化を必要とするように見える。またそれは、生産者階級の一部がこのような労働者階級の立場の強化を進んで受け入れること――生産者階級の長期の集団的利益のために、短期的な個人の利益を犠牲にすること――を要請する。

資本主義の拡大と縮小のこのパターンが起こりうるのは、資本主義がただ一つの国家の内部に位置するシステムだからではなく、むしろ、定義上どんな単一の国家よりも大きな世界システムのなかに置かれているからである。もしこれらの過程が単一の国家のなかで起こっているのならば、国家権力の保持者が剰余価値を領有するのを妨げるものは何もないだろう。そうであれば、企業家が新しい生産物を開発するためのインセンティブはなくなってしまう(あるいは少なくとも相当減る)だろう。他方、市場の領域にいかなる国家も存在しないなら、準独占を獲得する手段もないだろう。企業家が無限の資本蓄積を遂行することができるのは、ただ、資本家が「世界経済」――その内部にはさまざまな国家がある――のなかに位置する場合だけなのである。

このことはまた、コンドラチェフ循環よりもかなり長いサイクルである、いわゆる覇権循環がなぜ存在するのか、ということについて説明する。世界経済における覇権《ヘゲモニー》とは、一つの国家が――世界システムに相対的秩序があるようにするために――他のすべての国家の活動に一連のルールを押しつける力を意味する。「相対的」秩序の重要性は、シュンペーターが理論化する際に主張したものである。国家間の戦争や国内の戦争(内乱)、マフィアの冥加金取立て、広範囲な公的および制度的腐敗、軽犯罪の蔓延といったあらゆる無秩序は、世界人口のごく一部にとっては利益となるが、それらはすべて、資本蓄積の最大化へのグローバルな追求を妨げ、資本主義的蓄積の維持と拡大に必要なインフラストラクチャーの多くの破壊を実際にもたらす。

したがって、覇権国による相対的秩序の押しつけは、全体としての資本主義システムが「正常に」機能することにとっては積極的な意味がある。それはまた、覇権国自体――その国の国家、企業者、普通の市民――の大きな利益にもなる。しかし、全体としてのシステムの(および覇権国の)利益は結果として他の諸国家やその企業、市民にも利益をもたらす、ということには疑うだけの理由がある。世界システムには緊張があるので、覇権を達成し維持していくことはきわめて困難なのである。

これまでの覇権循環のパターンは、以下のようであった。世界システムの支配国となることを追求する最良の立場にいた二つの大国――アメリカとドイツ――の間で行われたきわめて破壊的な「三〇年戦争」の後、一方が決定的な勝利を収めた。その時点で、一つの国家は、生産、商業、金融という三つの経済活動の形態のすべてにおける著しい優位性を、経済プロセスを通じて結合する。そのような国家はまた、強力な経済的基盤と戦闘における首尾よき勝利の結果として圧倒的な軍事的優位を享受し、さらに、その全般的立場の最後を締めくくるために、影響力ある地政文化(グラムシのヘゲモニー〔政治的・文化的指導性〕の概念)を含む文化的優位性を主張する。

こうして、そのような国は、世界システムのあらゆる領域における優位性を結び合わせることによって、手段や時間に関係なく、自国の目的を達成し意志を押しつけることができる。これを、地政学的大国の準独占と見なすこともできるだろう。実際、覇権的優位は最初から、世界システムの相対的な秩序と安定を創出する。ここでの問題は、指導的産業の準独占の場合と同様に、地政学的大国の準独占も次第に解消されていくということである。それにはいくつかの理由がある。

第一に、相対的安定という状況下ではいつも明白な敗者がいて、彼らは多様な方法で反逆し始めるので、覇権国は、その反逆を鎮めるために抑圧的な活動や、往々にして軍事的な活動に乗り出さねばならないからである。抑圧的活動がしばしば成功に終わるのは確かだが、武力を行使すれば、それに伴い二つの否定的結果がもたらされることになる。軍事的行為は完全に成功するとは言えず、覇権国の抑圧力はそれによっていくらか制限を受けるようになり、その結果、将来の公然たる謀反の機会が助長されることになりがちである。

第二に、抑圧のために兵力を使用することは、覇権国の軍隊やその他の制度に代価を支払わせるからである。人命〔死亡や損傷〕の犠牲は絶え間なく増え、財政負担が増加し始める。そしてゆっくりと、だが確実に、この活動への大衆の支持が掘り崩されていく。というのも、大衆は利得〔通常、覇権国の住民の一部にとっては不釣合いなほど大きい利得〕と損失〔通常は、覇権国の住民の大部分にとっての損失〕について、次第にはっきり理解し始めるからである。その結果、覇権国の当局は、世界秩序を押しつける力への国内的制約を感じ始めることになる。

第三に、覇権的優位の初期の時期に地政学的強みの観点から覇権国に追随していた他の諸国家が、その強みを取り戻してより大きな地政学的役割を主張し始めるからである。世界システムは、異議のない覇権の状態からバランス・オブ・パワー〔勢力の均衡〕の状態へと移行し始める。その過程は循環的であり、覇権国の継承者の役割を求めて他の諸国家が活動し出すのだが、それは複雑で困難な過程であり、このことは、なぜ覇権循環がコンドラチェフ循環よりも長くなるのかを説明する[★2]。こういったことすべてのために、覇権国は緩やかな衰退を経験し始める。

近代世界システムの進行中の過程をこのように描写する際に強調しておかねばならない最後の要素がある。コンドラチェフ循環も覇権循環もどちらも循環であるが、結局のところ出発点に戻るという意味においては、それらは決して完全な循環であるとは言えない。というのも、この二つの循環のA局面が成長――実質的価値、地理的範囲、商品化の深さにおいて――を伴っていて、B局面でこれら成長のすべてがなくなることはありえないからである。むしろ、B局面によって表現される均衡への復帰はせいぜいシステムの部分的な後退であり、それは、どのような基準で測っても、以前の立場への完全な後退というよりもシステムの「停滞」として記述されるべきものである。

これを、二歩前進一歩後退というラチェット効果〔一度上昇した水準を引き下げることの難しさ、あるいは下方硬直性を有する傾向のこと〕として図示してもさしつかえないだろう。こうして歴史的システムの循環的リズムは移動均衡を生み出すのだが、それは、その主要曲線の上方への長期的趨勢として示される。ある現象の百分率を測定する縦座標のy軸と時間を測定する横座標のx軸という水平面にこれを描けば、漸近線（y軸で測定されるものの一〇〇％）に沿って緩やかに移動する曲線が得られる。システムは、これらの漸近線に近づくにつれて均衡から絶えず遠ざかっていく。というのも、曲線は決して漸近線を越えることができないからである。これらの曲線がおよそ八〇％の地点に近づくと、システムは急速に繰り返し動揺し始め、「混沌」状態となって分岐点に接近していく。ここが、システムがその構造的危機の出発点に到達した時だと言うことができる。以下、歴史的システムにおいてこういったことがどのように起こってきたのか、その具体的な証拠を提示していこう。

一九四五年からおよそ一九七〇年までの近代世界システム

覇権をめぐる大規模な最後の戦闘は、ドイツとアメリカとの間で戦われた。それは、一八七三年前後に始まり、一九一四年から一九四五年まで続いた「三〇年戦争」で頂点に達した、と見なすことができる。アメリカはこの戦闘で、一九四五年のドイツの無条件降伏によって、一般に承認される明白な勝利者となった。

アメリカは、私たちが第二次世界大戦と呼ぶものから圧倒的な経済力を備えて立ち現れた。その経済力と競争力は、戦争が始まる前からすでにきわめて強力であったが、戦争はこの強さを二つの方法で高めた。他方、世界システムの他のあらゆる工業大国――イギリスからヨーロッパ、そしてソヴィエト連邦や日本に至るまで――は、物的な生産設備全体に甚大な損害を被った。さらに、それらの国のほとんどは農業生産が戦時中に破壊されたため、戦争直後には深刻な食糧不足にも苦しんだ。それとは対照的に、物的破壊から守られていたアメリカは戦争中もその工業的・農業的基盤をさらにいっそう発展させ続けることができ、敗北した枢軸国のみならず戦時中の連合国も、アメリカから直接の救済と復興援助を求めたのだった。

戦後の出発点におけるアメリカの優位性について推し量ることはきわめて容易である。一九四五年後の最初の一〇～一五年にはアメリカは、あらゆる主要な生産部門において、他のどの工業国の国内生産者よりも（輸送費を含め）低コストで生産物を販売することができたのだった。

アメリカが過度の優位性を持たなかった一つの領域は、軍事的領域であった。ソヴィエト連邦はきわめて強力な軍事力を所有しており、その軍隊は、東中央ヨーロッパや北東アジア（満州と中国の内蒙古、朝鮮の北半分、南サハリン、日本の千島列島）の大きな部分を占領しつつあった。アメリカは一九四五年の時点で核兵器を所有していたものの、この優位性ですら一九四九年に失われる。

その結果アメリカは、覇権国の役割を果たすつもりならば、ソヴィエト連邦とある種の折り合いをつけてその軍事力を無効にしなければならないことになる。アメリカ国内の政治的圧力によって世界中の地上軍が比較的急速に解隊されただけに、それは大いに正当性のあることだった。

私が言いたいのは、結果として、アメリカとソヴィエト連邦との暗黙の「協定」――私たちはそれに、ヤルタ協定という比喩的な名称をつけている――ができたということである。この協定は三つの要素から成っていたと思われる。第一は、戦争の末期に地球が事実上、多かれ少なかれ、両大国のそれぞれの軍事力の配置に従って二つの勢力圏に分割されたことだった。中央ヨーロッパのオーデル・ナイセ線〔オーデル川とその支流のナイセ川を結ぶ線のことで、現在のドイツとポーランドの国境線に当たる〕から朝鮮の三八度線（一九四九年の中国共産党勢力による国民党の決定的敗北の後にできた、中国本土を含む境界線）まで及ぶと定義されるようになる、ソヴィエト陣営が形成されたのであった。

アメリカとソヴィエト連邦が実際に同意したのは、その領域内で問題を解決するお互いの基本的な（事実上排他的な）権利を遵守することであった。この事実上の合意の決定的要素は、これらの境界線を軍事的（あるいは政治的）手段で変更しようとするいかなる試みもしないことだった。一九四九年以降この合意は、あらゆる攻撃に報復して相手を破壊する充分な戦力が両陣営にあるという事実に基づく「相互確証破壊」の概念によって強化されていった。

暗黙の同意の第二の要素は、二つのブロックが事実上、経済的に分離していることであった。アメリカはソヴィエト・ブロックの再建にはいかなる援助も与えず、援助するのはアメリカのブロックに限られていた。西ヨーロッパのマーシャルプラン、日本への、そして後には韓国や台湾といった東アジアへの同種の援助がそれである。アメリカの同盟国への援助は単なる利他的な慈善行為ではなかった。アメリカは、自身の産業が繁栄するための顧客を必要としており、同盟諸国の経済を再建することによって、それら諸国を忠実な政治的衛星国にするばかりか良き顧客にしたのでもあった。ソヴィエト連邦もまた、独自の地域的経済構造を発展させ、それによってソヴィエト・ブロックの自立的性格を強化していった。

「協定」の第三の要素は、他のいかなる協定をも否定することであった。それぞれの側が、相手側との全面的なイディオロギー的闘争下にあると特殊な言語で声高に叫び、私たちはこれを「冷戦」と呼ぶようになった。注目すべきは、冷戦が終わりまで「冷たい」戦争であり続けたことである。この非常に声高に叫ばれる誇張的な表現は、実際は、相手の体制を変えようとしたものではなかった。少なくとも、相手の陣営が何らかの理由で崩壊することになるまでずっとそうであった。この意味で、当面の間はどちらの側も戦争に「勝つ」ことを目指しているわけではなかったのである。アメリカもソ連も、それぞれの衛星国（婉曲的に同盟国と呼ばれた）に、きわめて厳密な政治的統制に命令どおり服することを余儀なくさせようとしたし、また相手陣営内の反抗勢力をいかなる意味においても支援することは決してなかった。というのも、そのようなことをすれば、二つの超大国間の軍事的現状に関する最初の同意を取り消すはめになるからであった。

ひとたび軍事的現状が達成されると、アメリカは——国際連合、およびその他の多様な国際機関で自動的に多数派を構成することによって——世界システムにおける全般的な政治的・文化的支配の実現に向かって進むことができた。その唯一の例外は、軍事的問題を管理する機関としての国連安全保障理事会であった。というのも、そこでは、それぞれの側の拒否権により軍事的現状が保障されたからである。

この取決めは最初のうちは非常にうまく機能したが、少し経つと、地政学的準独占の自己解消的な性格によって損なわれ始めた。一九四五年以後の二〇年間における最も重大な地政学的変化は、第三世界の反乱と、西ヨーロッパおよび日本の経済的回復であった。

当時、第三世界という名前で呼ばれていた諸国（後には南と呼ばれる傾向があった諸国）は、二つの超大国が世界に強制しようとしていた地政学的現状では得るものがほとんどなく、そのような取決めに公然と反旗を翻し始める国もあった。中国共産党は、ソヴィエト連邦が望んだように国民党と取引することを拒否し、国民党を破って国家権力を掌握した。また、ヴェトミンとヴェトコンはフランス人とアメリカ人を打ち破り、独自の道を歩み始めた。フィデル・カストロとそのゲリラ部隊は権力を握り、一九六二年には両陣営の暗黙の協定をあやうく覆しかけた。アルジェリアは、フランス共産党に失望して（少なくとも当初は）独立の方向に進み、ナセルがスエズ運河を管理した。

実際のところ、アメリカもソヴィエト連邦もそういった騒動を快く思っていたわけではなく、両国はそれぞれ似たような仕方で対応した。最初のうちはどちらの側も、冷戦における忠誠心の強制的選択を主張しており、「中立というものは存在しない」という当時のアメリカの国務長官ジョン・フォスター・ダレスの有名な言葉を信じていた。だが後には、双方とも自分たちの態度を和らげて、中立を求める諸国を味方につける必要性に気づくようになったが、その過程でソヴィエト連邦は中国を「失い」、アメリカはベトナム戦争で非常に大きな経済的・政治的犠牲を払うことになった。

他の変化――ソヴィエト連邦よりもアメリカに影響を及ぼした変化――は、信じられないほどに拡張的な、コンドラチェフA局面における経済的回復の政治的結果に見られる。一九六〇年代の初頭には、アメリカが例えば自動車を、ドイツや日本においてこれら二国の生産者よりも安く販売できることはもうなくなっており、実際にそれと反対のことが起こり始めていた。ドイツや日本の自動車が首尾よくアメリカ市場に侵入しつつあったのである。

アメリカのかつての衛星諸国の新しい経済力は、それらの諸国を世界市場における真の競争者に変えた。一九六〇年代末には、アメリカはもはや、世界的生産の分野においても国際的商業においても、その主要な同盟国に対して大きな経済的優越性を示すことができなくなっていた。地政学的な覇権の基盤は綻び始めていた。

世界システムは一九四五年から、長い一六世紀にそれが始まって以来初めて経験するような、資本蓄積の最大の伸びを長期にわたって享受していた。また、一九四五年以後の近代世界システムは、アメリカ覇権の時期に、それが始まって以来経験したことがなかったような地政学的力の最大の拡張を達成した。これら二つの循環は同時に起こり、多かれ少かれ同時に自己解消の時点に到達した。最大の上昇の後には最大の下降が続くことになる。その過程で世界システムは、歴史的システムとして均衡からずっと遠くに離れてしまい、回復メカニズムは修理不可能なほど伸び切ってしまったように思われた。今や世界システムは、構造的危機に突入しつつある。

一九七〇年頃に始まる構造的危機

この構造的危機は、二つの決定的な発展に起因していた。それゆえ、第一に、今や資本家が際限なく資本蓄積を行うことを極端に難しくしている、世界経済の長期的な趨勢について議論することが必要である。そして第二に、世界システムの政治的安定性を掘り崩していく、地政文化の中道リベラル派による支配の危機的終焉について議論しなければならない。以下、それぞれについて順次、論じていこう。

◆長期の構造的傾向

資本主義体制において、人はどのように資本を無限に蓄積していくのだろうか。唯一のものとは言えないが、その基本的な方法は生産を介してである。そこでは、商品の生産に要する費用と販売しうる価格との差額を企業者＝生産者が確保するのであり、費用が低く販売価格が高いほどより多くの利潤が実現されて再投資されることになる。

ところで、費用と販売価格との差額は、どうしたら極大化できるのだろう。それには二つの不可欠な要素が考えられる。販売価格を極大化するには准独占の存在が必要であるが、そのことについてはすでに述べた。今、論じなければならないのは、そのうえで費用をいかに最小化するのかということである。どんな生産過程においても人件費、投入費用、課税という三つの一般的費用が常に存在する、という現実がある。

生産者／所有者が支払わねばならないのは、三つの異なった水準の働く人びと、すなわち、未熟練・半熟練労働者、熟練労働者および監督幹部、首脳経営陣への人件費であるが、未熟練・半熟練労働力の費用はA局面で上昇する傾向がある。というのも、未熟練・半熟練労働者は、さまざまな形態の労働組合活動を通じて雇用者に集団的に要求してくるからである。雇用者は、A局面の間は操業停止や怠業を回避する方が賃金を増加させるよりも安くつくかもしれないので、未熟練・半熟練労働者に譲歩する可能性がある。しかし、結局のところ、これらの費用は、雇用者、とりわけ主要産業の雇用者にとって高くなりすぎてしまう。

歴史的に見ると、雇用者は工場の移転によって、すなわちB局面を通じて「歴史的に」低い賃金の地域に配置換えすることで解決してきた。なぜなら、新たに設置された（たいていは市街地の）生産現場が提供するよりも実質賃金の低い（たいていは農村の）地域から労働者が補充されるからである。それは労働者にとっても雇用者にとっても有利な状況であるように思われるが、移住してきた労働者はしばらく経つと、自分たちの新しい状況への理解を深めていき、賃金水準が世界的に見て低いことに気づいて何らかの労働組合活動に参加し始める。そして雇用者は、結果として費用が再び高くなりすぎたことに、遅かれ早かれ気づくことになる。その解決策には別の方法が必要になる。

いくつかの方法は高くつくが効果的である。しかし、世界的規模でラチェット効果〔下方硬直性の傾向〕が生じるようになるので、減少させることが全体としての増加を妨げるわけではない。五〇〇年間にわたり繰り返されるこのプロセスによって、実際、進出する領域が使い果たされてきている。このことは、一五年ぐらい前から著しく上昇し急速に進行しているように思われる、世界システムの脱農業化の程度から推し量ることができる。

中間管理職の費用が増加するのは、二つの検討すべき別個の事柄の結果である。第一は、生産単位が絶え間なく増大するのでそれを調節するのに必要な中間層の人員が増えるからである。そして第二は、相対的に低熟練の人びとが繰り返し労働組合に組織されることから生じる政治的危険に、中間管理職を増大させて対抗せねばならないからである。中間管理職は、経営陣にとっては政治的同盟者であるが、大多数の不熟練労働者にとっては政治的動員を鈍らせる存在であると共に、昇進移動のモデルでもある。中間管理職の賃金は、人件費全体を大きく膨らませていくことになる。

経営陣の費用の増加は、企業組織の複雑性——周知のような、所有と管理の分離——が増大した直接的な結果である。これは、経営陣が企業収益のうちのますます多くをレントとして領有することを可能にし、「所有者」(株主)に利潤として入ってくるものや企業に再投資のために入ってくるものを減少させていくことになる。このような経営陣が領有するレントの増加は、最近の数十年を通じて著しい規模で進行している。

投入の費用は、これとよく似た理由で上昇している。資本家は、できるだけ多くの費用を外部化しようとしている。この外部化という用語は、自分たちが利用する投入物にかかる費用の全額を支払わないということの上品な言い方であるが、彼らが外部化できる三つの主要な費用には、有毒廃棄物の処理、原材料の再生、輸送・通信に必要なインフラの建設に要するコストがある。そういった費用の外部化は、近代世界システムの歴史のほとんどを通じて通常のことと考えられてきたために、政治的当局の関心になることはほとんどなかった。

しかし、ここ二、三〇年の間に政治的雰囲気が大きく変化した。第一に、「グリーンの」「有機栽培の」生産物が著しく求められるようになった結果、気候変動がきわめて広範囲で議論される争点となり、外部化が「正常である」というかつての考え方は遠い過去の思い出となってしまった。有毒廃棄物に関する新しい政治的論争について説明するのは比較的簡単である。世界は未使用の公的領域に廃棄物を投棄して、そのような領域をほとんど使い果たしてきた。このことは、世界的労働力の脱農業化や、潜在的な低賃金労働者の新しい集団が枯渇することと事実上同じである。また、公衆衛生への影響は深刻かつ明白であり、その結果、環境の清浄化と規制を要求する社会運動が発展してきた。

第二に、再生可能な資源への社会的な関心——もう一つの新しい政治的現実——が増大したのは、ほとんど世界人口が急激に増加した結果である。世界は突然、すでにそうであったか、まもなく気づかれることになる、多くの種類の資源——エネルギー源、水、森林、魚、肉——の不足について認識するようになった。そして、誰が何を所有し、何を使用するのか、何の目的で資源が利用されるのか、誰が費用を支払うのか、などに関する論争が行なわれるようになった。

第三に、システムとしての資本主義は相当な量のインフラを必要とする。世界市場で販売するために生産された生産物は輸送されねばならず、商業では通信が重要である。今日、輸送と通信はますます効率的になり高速化してきているが、これは費用の著しい上昇を意味する。誰がこれを支払うのか？　過去においては、インフラをもっともよく利用する生産者が費用のごく一部を負担していただけであり、その残りは公衆が支払ってきた。

今日、有毒廃棄物の処理や資源の再生とか、さらなるインフラ拡大を保障する新しい直接的役割は政府が担うべきだ、という強い政治的要求があるが、これには、政府による大幅な増税が必要になる。否定的現実の原因をそのままにしておくなら、増税に限度がなくなる。それゆえ政府は、企業家による費用のさらなる内部化の必要性を主張せざるをえなくなる。増税も費用の内部化の要請も、企業利潤の幅、すなわち、生産者が恒常的に生み出す利潤にまで大きく食い込んでいくことになるだろう。

第四に、近代世界システムの歴史的生涯を通じてあらゆる形態の課税が上昇し続けている。政府は、全職員への給与支払いや政府に期待されるサービス拡大の支払いのために、すべての多元的な政治的レベルで課税を必要とする。さらに、私的課税と呼ばれているもの――政府の公務員の汚職や、組織されたマフィアの捕食的な要求――も拡大している。企業家にとって、私的課税は国税とまったく同じように費用である。とくにこの一五年間の内に政府構造の規模は著しく増大して、より多くの人が賄賂を贈るようになった。世界の経済活動が上昇していくにつれ、マフィアの活躍する余地が大きくなってきたのである。

しかし、課税増加の最大の源泉は、世界の反システム運動の政治闘争によってもたらされた。過去二世紀にわたる反システム運動の要求は世界政治の民主化につながった。民衆運動の綱領は基本的に、市民のための三つの基本的保障――教育、公共医療、生涯的収入――を国家から獲得することであったが、これらの要求はいずれも、過去二〇〇年の間に二つの方向――要求される社会的サービスの水準とそれに要する費用、および、こういった要求がなされる地理的な場所――で拡大してきた。このような支出は、私たちが「福祉国家」として言及しているものと関連する。提供されるものは主にその国の富の水準に応じて異なるけれども、福祉国家の形態は今や、世界の現実に存在するあらゆる政府における通常の政治生活の構成要素になっている。

以上のことを総括すれば、生産の三つの基本的費用が絶えず上昇して、システムは、五〇〇年にわたって機能してきた多様なメカニズムでは均衡に復帰できないような漸近線に近づいている、と言うことができる。生産者が際限なき資本蓄積を達成する可能性は終わりつつあるように思われる。

◆大きな地政文化的変化

資本主義的生産者にとっての利潤圧縮はとてつもなく大きな文化的変化によってさらに悪化したが、これは地政文化における中道主義的自由主義の支配の終焉を意味する。この終焉は、一九六八年の世界革命が意味するものでありその結果なのである。一九六八年の世界革命の物語の大部分は、近代世界システムにおける反システム運動——その誕生、戦略、一九六八年までのその歴史、近代世界システムの政治的機能にとってのその重要性——と関連している。

一九世紀の間、旧左翼——一九六八年の世界革命を通じてそのように呼ばれるようになった——は基本的に、二つのタイプの世界的な社会運動、すなわち、共産主義者・社会民主主義者の運動と民族解放運動から成っていた。これらの運動は、主に一九世紀の最後の三分の一と二〇世紀の前半の間に、大きな努力を払いながら徐々に発展していった。それらは長期にわたって弱体であり、政治的にはかなり周辺的な存在に留まっていたが、一九四五年から一九六八年にかけて、世界システムのほとんどすべての地域で再び力を急速にとり戻していった。

そういった反システム運動の強さが、コンドラチェフ循環のA局面の驚くほどの拡大とアメリカの覇権の絶頂がちょうど重なった時期に達成されたことは、やや経験にそぐわないように見えるが、これが偶然であったと私は考えていない。前述したように、世界経済が繁栄しているときには、資本家、とりわけ、もっとも収益のある生産過程に投資している資本家や主導的産業は生産過程の中断（ストライキ、怠業、サボタージュ）が起きないことを強く望んでいる。この時期の拡大は例外的に利益が多かったので、生産者は労働者に大きな賃金譲歩をする用意ができていた。というのも、そのような譲歩の方が、生産過程の中断によって生じる利潤損失よりも費用がかからない、と彼らは考えたからである。このことは、確かに中期的には、一九六〇年代後半の準独占の衰退の主要な原因となった生産費用の上昇を意味していた。しかし、当時、ほとんどの企業家は彼らの利害をいつものように短期的利潤の観点から計算しており、三年後に起きるかもしれないことを予測したり統制したりすることなどできないと感じていた。

覇権的権力もその利害についてほぼ同じように考えており、その第一の関心は、地政学的領域での相対的安定を維持することであった。反システム運動に対する国際舞台での抑圧的活動はきわめてコスト高になるように見えた。アメリカは、いつでも可能であるとは限らないけれどもできれば交渉を通じて、将来の政治においてもっと「穏健に」なることが期待できる体制に結果する「非植民地化」の方を好んだ。そのため、民族主義的／国民的解放運動が、アジア、アフリカ、カリブ海地域という大きな帯状に連なる地帯で、権力を掌握することになった。

一九世紀後半の運動についての国内の大きな論争――工業化された諸国の社会運動におけるマルクス主義者 対 アナーキスト、反植民地運動における政治的ナショナリズム 対 文化的ナショナリズム――において、マルクス主義者と政治的民族主義者は、信頼できる唯一の綱領はいわゆる二段階戦略――第一段階で国家権力を握り、第二段階で世界を変える――である、と唱えた。そしてマルクス主義者と政治的民族主義者は、一九四五年には運動内部の論争で主導権を握り、もっとも強力な組織を支配するようになった[★3]。

巨大企業と覇権的強国のこのような相対的に寛大な態度の結果、一九六〇年代の中頃には、旧左翼の運動は、国家権力の獲得というその歴史的目標をほぼすべてのところで達成した。共産党は、当時、社会主義陣営と呼ばれていた世界の三分の一で権力を掌握した。社会民主党は、もう一つの三分の一――凡ヨーロッパ的世界――のほとんどにおいて政権交代が可能になるまでになった[★4]。そして一九六八年には、民族主義的／国民的解放運動がほとんどすべての植民地諸国で政権を獲得した[★5]。

これらの運動の多くは、権力に就いたときにはきわめて「穏健に」見えたが、世界システムには、そういった運動によって引き起こされた大きな勝利感が広がっていた。これらの運動の参加者は、未来は自分たちのものであって歴史は自分たちの側にあると感じており、大声でそう宣言した。世界システムの権力の側は、このような宣言が的中していることを恐れ、最悪の事態になることを危惧した。しかしながら、一九六八年の世界革命に加わった人びとは異議を申し立て、旧左翼の運動が政権を獲得したことを勝利ではなくむしろ裏切りと考えて、おおよそ次のように言った。〈あなたたちは権力を掌握した(第一段階)かもしれないが、世界をまったく変えなかった(第二段階)〉、と。

一九六八年の世界革命の参加者の言い回しを注意深く聞き、(もちろん国ごとにさまざまである)各国内の議論を無視するならば、これら多様な暴動に参加した人びと——社会主義陣営、凡ヨーロッパ的世界、第三世界のいずれに属していようと——の分析には、三つのテーマが貫いているように思われる。

第一のテーマは、覇権的権力に関係することである。アメリカは、世界秩序の保証人というよりも、あまりにも大きくなり過ぎて、今や傷つきやすくなった帝国主義的な大領主のように見える。アメリカの絶頂期にベトナム戦争が起こったが、一九六八年のテト攻撃は、アメリカの軍事作戦の死を告げる鐘と考えられた。それればかりか革命家たちは、アメリカの覇権に関わる腐敗した協力者としてソ連邦を非難した。

彼らの考えによれば、冷戦は見せかけだけの偽りの外観で、事実上の現状維持を確認したヤルタ協定〔一九四五年の二月上旬に開催された、米英ソ三国の首脳によるヤルタ会談において合意された、米ソ二大陣営の対立を基調とする戦後の世界政治の枠組みに関する協定〕は、主要な地政学的現実を反映するものであった。このような深い疑念は一九五六年から大きくなってきた。一九五六年は、スエズ戦争

〔スエズ運河の国有化を契機として、一九五六年一〇月にイルラエル・英・仏とエジプトとの間で勃発した戦争〕とハンガリー動乱〔民主化を要求する学生・市民のデモとワルシャワ条約機構からの脱退を宣言したナジ政権が、ソ連軍によって鎮圧された事件〕が起きた年であったが、この時には、いずれの超大国も冷戦のレトリックで行動することはなかった。一九五六年はまた、第二〇会ソ連邦共産党大会でフルシチョフが「秘密」報告を行った年でもあった。この秘密報告は、スターリン主義的なレトリックと彼の多くの政策を取り消すものであり、かつての忠実な信奉者たちは、広範にわたる「誤った信念から脱却」せざるを得なくなった。

第二のテーマは、旧左翼の運動に関係する。旧左翼は、彼らが権力に就いたときに〔第二段階の〕約束を果たすことができなかった、と至るところで非難された。実際、活動家たちは、〈君たちは世界を変えなかったのだから、私たちは失敗した戦略を見直して新しい運動と取り替えなければならない〉と主張した。多くの活動家にとっては中国の文化革命がモデルとして役立ち、彼らは、党と政府の最上部にいる「走資派〔資本主義の道を行く実権派〕」の一掃を呼びかけた。

第三のテーマは、忘れられた人びとと呼ばれている人たち――人種やジェンダー、民族性《エスニシティ》、セクシャアリティ、あらゆる見た目からの異質性によって抑圧された人びと――と関係する。旧左翼の運動はいずれも階層化された運動として行われたのであり、どの国においても、ただ一つの運動だけが「正規」の革命的運動で、特定の種類の闘争――工業化された諸国〔北の発展した工業国〕では階級闘争、世界の残りの諸国〔南の発展途上国〕では国民運動――が優先されなければならない、と主張された。

旧左翼的見解の論理では、自律的戦略を追求するあらゆる「集団」は、優先されるべき闘争の基礎を掘り崩すので客観的に彼らは反革命的であり、このような集団はすべて、階層化された党組織の内部で組織されてトップダウン式の戦術決定に従わなければならない、とされる。

それに対し、一九六八年の世界革命の参加者は次のように主張した。…〈これらあらゆる集団の、平等な取り扱いに対する要求を、主要な闘争が「勝利した」後のある時点まで延期することなど、もはやできない。こういった要求は緊急なものであり、彼らが闘っている抑圧は、現在のいわゆる優先された集団が闘っているものと同じくらいに重要である。忘れられた人びとには、何よりも女性、社会的に定義されたマイノリティ（人種、エスニシティ、宗教）、多様なセクシュアリティの人びと、環境問題や平和運動を重視する人たちが含まれている。拡大しますます戦闘的になっていく忘れられた人びとのリストには限りがない。アメリカのブラックパンサーは、この種の集団の典型的な事例であった〉と。

一九六八年の世界革命（実際には、一九六六年から一九七〇年までの間に起きた）は、世界システムの政治的転換をもたらしはしなかった。実際、運動はほとんどの国で首尾よく抑圧され、その参加者の多くは、時が過ぎていくにつれて青春の熱狂を放棄していった。しかし、それは持続的な影響を遺すことになった。地政文化に関する自分たちの解釈が唯一正統なものだと主張する中道主義的自由主義者の力は、一九六八年の世界革命のプロセスのなかで破壊され、きわめて保守的なイデオロギーときわめて急進的なイデオロギーを主張する者が自分たちの独自的存在を取り戻して、自律的な組織的・政治的戦略を追求し始めた。

近代世界システムの機能に対するこの文化的・政治的変化の影響は、非常に大きかった。近代世界システムの政治的安定性は、資本の無制限の蓄積を追求する資本家の能力から見て臨界的状況に入っていた。そのため、中道主義的自由主義――より良い未来をすべてにもたらすような専門的能力を持つ人の賢い行動に辛抱強く従いさえすれば、最終的には、つねにより良い未来があらゆる人に保障される――の圧倒的な強さによって近代世界システムの政治的安定性を保障することなど、もはやできなくなった。

◆引き続くカオス

一九六八年の世界革命は、途方もない政治的成功であるとともに大きな政治的失敗でもあった。それは世界中に広がり興隆したかのようであったが、一九七〇年代の中頃にはほとんどのところで消滅してしまったように見えた。この荒れ狂った野火によっていったい何が達成されたのだろう？　実際、かなり大きな成果があった。世界システムの統治イデオロギーで、その事実上、唯一正統なイデオロギーであった中道主義的自由主義は、玉座から降りることになって、今や単なる一つの選択肢にすぎなくなった。そして旧左翼の運動は、何らかの根本的な変化の担い手としては解体されることになった。とはいえ、一九六八年の世界革命の参加者が中道主義的自由主義への服従から解放されたときに感じた勝利感は、薄っぺらで長続きすることはなかった。

世界の右派も同じように、中道主義的自由主義への何らかの愛着から解放された。それは、世界経済の停滞と旧左翼の運動(とその政権)に乗じて、新自由主義的な(実際にはまったく保守主義的な)グローバリゼーションと私たちが呼んでいる逆襲を始めた。その第一の目標は、コンドラチェフ循環のA局面における下層の収益をすべて上層に引き上げることである。世界の右派は、あらゆる主要な生産費を削減しすべての形態の福祉国家を解体して、世界システムにおけるアメリカの力が衰退する速度を落とそうとした。世界の右派の前進は、一九八九年に頂点に達したように思われる。東欧ならびに中欧の衛星国家に対するソ連の支配の終焉と一九九一年のソヴィエト連邦そのものの解体は、世界の右派に突然、新しい勝利感をもたらした。

世界の右派の攻勢は大きな成功を収めたが、それは大きな失敗でもあった。一九七〇年代の世界経済の停滞(コンドラチェフ循環のB局面)が始まると、大規模な資本家的生産者は、生産活動の大きな部分が著しく「発展している」ように見える新しい地域へと移動していった。そのことは、相当な人数に膨れ上がった現地中間層に多くの利益をもたらしはしたが、資本蓄積の量は世界的レベルで見るならば変化がなく、一九四五〜一九七〇年の間に大規模な資本家的生産者が蓄積できたものを下回り始めた。

世界の剰余価値の大量な領有のレベルを維持するために、資本家は金融部門における剰余の獲得——世界システムの金融化と呼ばれているもの——を開始しなければならなかった。先に指摘したように、このような金融化は、五〇〇年にわたって循環的に繰り返される近代世界システムの特徴であった。

一九七〇年代以後、資本蓄積を維持するものは、生産的効率による利潤追求から、金融操作、より正確には金融投機による利潤追求へと転換していった。金融投機の中心的メカニズムは、負債によって消費を奨励することである(このことはすべてのコンドラチェフ循環のB局面で起きる)が、今回、これまでと違っているのは、投機的活動の追求に使われる新しい金融商品の規模と発明である。資本主義世界システムの歴史における最も長いA局面の拡大の後、最大の投機的熱狂がやってきた。

そのたびにバブルを生み出し最終的にそのいずれもが崩壊することになった、負債の連鎖を辿ることは難しくない。最初の大きなターゲットは、OPECによって誘発された一九七三年と一九七九年の石油価格の大幅な上昇であった。OPECの価格上昇は、OPECの急進的な加盟国によってではなく、当時OPEC加盟国のなかでいちばんアメリカに近かった二つの同盟国であるサウジアラビアと(シャー時代の)イランによって支持されたのだが、両国の動きはアメリカによって仕向けられたと信じるに足るだけの理由が長期にわたって存在していた。

いずれにせよ、石油価格の上昇の金融的帰結は明らかである。大量の貨幣がOPEC諸国の金庫に流れ込んだが、このことは、南と社会主義陣営の石油非輸出国に二重の否定的な影響を与えた。これらの諸国は、必要とされる石油とあらゆる石油製品のためにより多くの貨幣を支払わねばならなかったし、北アメリカと西ヨーロッパの景気後退のために輸出所得が減少することにもなった。そして、これらの国の貿易収支の大幅な赤字は民衆の騒動を引き起こした。

ＯＰＥＣ諸国は増加したすべての所得を直ぐに利用することができず、残りを西側の銀行に預金した。銀行は、南と社会主義陣営の諸国に使者を送って貿易収支の悪化を軽減するための貸付を申し出、ほとんどすべての国が喜んでそれを受け入れた。しかし、これらの国は銀行に返済し続けることに困難を感じるようになり、結局、いわゆる債務危機を引き起こすことになった。債務危機は、公式には一九八二年のメキシコのデフォルト宣言で知られているが、実際には一九八〇年のポーランドの準デフォルトから始まった。ポーランド政府が債務支払いのために実行に移した緊縮措置は、独立自主管理労働組合「連帯」〔一九八〇年に結成された、社会主義圏初の、労働者による自主的な全国規模の労働組合〕を生み出すきっかけになった。

次の一連の債務者は、流動性の問題を打開する手段として有名なジャンク債〔ハイリスク・ハイリターンの債券〕を一九八〇年代の初めに発行した一群の大企業であった。これは、製造業の企業から地位を奪うことで儲けた貪欲な投資家集団による企業買収をもたらした。一九九〇年代には、とくに北の諸国におけるクレジットカードの広範な利用により、次いで住宅への貸付によって、個人の負債が拡大し始めた。二一世紀の最初の一〇年にアメリカの公的債務が著しく増加したが、これは、巨額な軍事費と所得税の大規模減税が重なったことから生じた。二〇〇七年のアメリカの住宅市場の崩壊を受け、世界の新聞と政治家は「危機」を公的に認めて銀行を「救出」し、アメリカでは通貨増刷の政策が実施された。これに続いて政府の負債が螺旋状に増えていき、国家債務を縮減するための緊縮措置への圧力が世界の至るところで強くなっていった。このことにより国家債務は減ったが、有効需要が減少することにもなった。

二一世紀の最初の一〇年は、資本領有の地理的再配置をもたらした。いわゆる新興国の出現、とりわけBRICs（ブラジル、ロシア、インド、中国、南アフリカ）の出現は、これまでも規則的に見られてきたような、近代世界システムの階層性のゆるやかな再編成の一種である。しかし、これには、新しい生産を主導する産業の可能性や全般的な利潤圧縮に対抗するように見えるものが世界システムのなかに存在する、ということが前提されている。だがBRICsの登場は、世界的剰余価値の分配に参加する人数の拡大を伴った。このことは実際には、際限のない資本蓄積の可能性を増加させるのではなくむしろ減少させ、世界システムの構造的危機に反対に作用するというよりもそれを激化させることになる。さらに、緊縮措置は今や大きく広がって、BRICsの輸出のための顧客基盤を縮小させている。もっともありそうな経済的混乱の金融的帰結は、世界の準備通貨としてのアメリカのドルが最終的に退却することである。それと交代するのは、この機能を果たす別の通貨ではなく、一定の為替レートの変動幅を許容する複数通貨制であろう。それゆえ、新しい生産活動のための資金調達はさらに凍結されていくことになると思われる。

他方、ジョージ・W・ブッシュ大統領政権が二〇〇一〜二〇〇六年の間に企てた、一方的な軍事的権力意識を持つネオコンのプログラムが政治的・軍事的に大敗北したことによってブローバック〔外交政策が原因となって自国に引き起こされる、テロ行為などの予期できない負の結末〕がもたらされることになり、それ以後、アメリカの覇権の衰退は修復できないものになった。その結果、相対的に自律して他の中心と交渉することのできる、八つから一〇の十分に強力な権力の中心が存在する、多極的世界の現実が生じることになった。現在では、権力の中心はもっと多くなり、そのため、これら中心のそれぞれが最大の利益を追求するような地政学的再編がしばしば試みられるようになった。権力の多極的な中心間の同盟が揺らぐことで、市場と通貨の動揺がさらに激しくなっている。

基本的現実を予測することは、中期的に難しいだけでなく短期的にもきわめて難しい。この短期的予測ができないことの社会心理学的な帰結は、権力にある人びとの困惑や怒り、罵倒、そしてとりわけ深刻な恐れであり、それは以前には受け入れられなかった類の政治的オルタナティブの追求につながっていく。これをメディアはポピュリズムとして言及するが、状況は、このスローガン的な用語が示唆するよりもずっと複雑である。恐れは、多様で非合理的なスケープゴートを生み出すこともあれば、近代世界システムの機能に関わる根本的想定について考えるのを進んで止めるよう促すこともある。これは、アメリカにおいて、ティーパーティ運動とウォール街占拠運動との違いとして表われている。

世界のあらゆる政府——弱体な政府はもちろん、アメリカから中国、フランスからロシア、ブラジルを含む政府——は、自分たちの貯蓄と年金を失いつつある中間層が失業労働者の運動に加わるのを緊急に防止することに大きな関心を抱いている。いずれの政府も、それに対応するために保護主義的になった(保護主義を激しく否定する一方で)。保護主義を推進するのは政府が短期的に貨幣を獲得しようとするためであるが、そのようにできても政府は大きな代償を支払わなければない。また保護主義は失業対策としては不十分であるので、政府はますます抑圧的になっていくことになる。

緊縮、抑圧、短期的な貨幣の追求ということの組み合わせによって世界の状況はいっそう悪化することになるが、ますます深まっていく世界システムの行き詰まり状態はこのことで説明できる。世界システムが行詰るとさらに動揺が広がっていき、その結果、経済的で政治的な短期的予測はますます当てにできなくなり、そして、民衆の恐れと疎外がより悪化していくことになる。これは否定的な循環である。

◆システムの再編をめぐる政治闘争

今日の世界の問題は、政府が資本主義システムをどのように改良すれば資本の無際限の蓄積を効率的に追求する能力が刷新できるのかということにあるのではない。こういったことを行うのは不可能であり、資本主義システムにとって代わるものを問うことこそが問題になっているのである。これは、二〇一一年から使われている用語で言えば、一%対九九%の問題である。言うまでもなく、すべての人がこの表現を支持しているのではないし、そのように表現しているのでもない。事実、ほとんどの人びとは、まだシステムが続くと想定して、ルールが改良された後でもおそらく古いルールを使い続けるだろう。これは悪いことではないけれども、現在の状況のなかで古いルールを使い続けるなら、実際には構造危機を強めることになってしまう。

他方、構造的危機についてしっかり認識しているアクターもいる。彼らが気づいているように、私たちは現在のシステムを維持することはできないけれども、世界が分岐点でどの道を進んでいくのか、世界がいかなる種類の新たな歴史的システムを構築していくのかを決めることに、参加することはできる。それに気づいているかどうかには関係なく、私たちは、後に続くシステムをめぐる闘争のただ中で生きている。そのような分岐点における選択の結果は本来的に予測できない、と複雑性に関する研究は主張するが、それでも、世界が選択するであろう選択肢はきわめて簡単なので、それを大まかに描き出すことができる。

可能性のある新しい安定したシステムの一つは、現在のシステムの基本的特徴——階層性、搾取、両極化——を維持するものである。資本主義はそのような特徴を有する唯一のタイプのシステムではまったくないし、新しいシステムの方が資本主義よりはるかに悪いものになることもありうる。これに対する論理的なオルタナティブは相対的に民主的かつ平等なシステムであるが、これはまだ存在したことがなく、可能性としてあるだけである。言うまでもなく、いずれのオルタナティブについても、制度のレベルで詳しく設計することは誰にもできないが、そのデザインは、新しいシステムが開始されると共にはっきりしていくだろう。

私はかつて、二つの新しい可能性に、「ダボスの精神」と「ポルトアレグレの精神」という象徴的な呼び名を付与した〔世界が直面する環境や貧困などの問題を、政財界のリーダーやエリートが対話して解決しようとするダボス会議（正式名は「世界経済フォーラム」）の立場と、それを民衆の側から考えようとするポルトアレグレ会議（正式名は「世界社会フォーラム」）の立場が対立している。〕が、名前自体は重要ではない。私たちが分析すべきは、遅かれ早かれ一九七〇年代に始まり、およそ二〇四〇年または二〇五〇年頃までほぼ確実に続くと予想されるこの闘争の、それぞれの陣営のありうる組織的戦略についてである。

構造的危機の政治闘争には二つの基本的な特徴がある。第一の特徴は、歴史的システムの「正常な」機能から状況が根本的に変化していることである。「正常な」生涯には均衡への強い復帰圧力が存在するが、これこそが歴史的システムを「正常に」するものである。しかし、構造的危機においては、揺らぎは大きく、かつ恒常的であり、システムはつねに均衡から離れている。これが構造的危機の定義である。それゆえ、「革命」がどれだけ急進的であっても、その影響は「正常な」時期には限定的である。それとは対照的に、構造的危機の間は小さな社会的変化がきわめて大きな影響を与える。これが、自由が決定に優先することになる、いわゆるバタフライ効果〔蝶の羽ばたきのようなほんの小さなことがとんでもない大きな現象の引き金になること〕である。

構造的危機の政治闘争の第二の重要な特徴は、小さな集団が完全にその行動を決定できるようにオルタナティブ「精神」を組織することができない、ということである。相異なる利害を代表してそれぞれの短期的戦術を信奉するさまざまなプレイヤーが存在するので、彼らの間の調整を成功させるのは困難である。また、各陣営の活動家は、自分たちの行為の有用性を潜在的に支持する人びとがもっと増えてより大きな集団になっていくよう、つねに労力を費やさなければならない。混沌としているのは現在のシステムばかりではない。後に続くシステムをめぐる闘争も混沌状態にあるのだ。

私たちが知ることができるのは、実際に出現しつつあるさまざまな戦略である。「ダボスの精神」の陣営は深く分断されている。ある集団は、当面の、また長期的な厳しい抑圧を支持して反対者を粉砕するために、武装した執行者のネットワークを組織化することにその資力を投入する。他方には、抑圧は長期的に効果がないと感じる別の集団があり、「何も変わらないためにはすべてが変わらなければならない」というディ・ランペドゥーザ〔一九五八年刊行の小説『山猫』の作者〕の戦略を支持する。彼らは能力主義《メリットクラシー》や緑の資本主義、より大きな公平性、より多くの多様性、反乱者への気前の良さを語るが、これらはすべて、相対的な民主主義と平等を前提としたシステムを阻止しようとする精神に基づいている。

「ポルトアレグレの精神」の陣営も、同じように分裂している。その一つの集団は、移行期の戦術のなかに、自分たちの構築したい世界のイメージを取り入れており、その運動はしばしば「水平主義」と呼ばれている。実際にそれは、異なる背景や直接的利害を持つ人びとの間で議論を活発にして相対的合意を見つけようと努めており、運動と世界の機能的分権化の制度化を追求している。この集団はまた、しばしば「文明の危機」と呼ばれる現実を強調してきた。ここで言う文明の危機の現実とは、実際には、経済成長を目標にするのを拒絶し、それに代わって社会的目標の合理的バランスを追究すること――それは相対的な民主主義と相対的な平等主義に確実に結実していくだろう――を意味している。

「ポルトアレグレの精神」のもう一つの集団は、政治権力の闘争にはある種の垂直的組織が必要条件であって、それがなければ失敗する他ない、と主張する。この集団は、収益の再分配の実現に必要な手段を確保するうえで重要なのは、現在の世界における低「開発」地域で経済成長をごく短期間の内に達成することだ、と強調する。

したがって、移行期の構図は、単純な二大陣営の間の闘争というよりも、むしろ四つの集団が闘う政治領域から成る。すべての人を巻き込むこのような混乱状態は知的・道徳的・政治的なものであり、結果の不確実性を強めていくことになる。

現存するシステムの短期的問題を激化させるこの種の不確実性は、冒険心を駆り立てるもの(行動によって差異が生まれてくるという感情)であると同時に、機能不全的なもの(短期的な結果は不確かなので動きがとれないという感覚)でもある。このことは、現存するシステムから利益を引き出す人びと(資本家)にも、膨大な下層階級の人びとにも当てはまる。

以上を要約すれば、私たちが生きている近代世界システムが存続できないのは、それが均衡からあまりにも遠ざかり過ぎていて、無際限の資本蓄積を資本家に許容することがもはやできなくなったからだということである。下層階級も、歴史は自分たちの側にあって子孫が必然的に世界を継承していくとはもう考えていない。つまり、私たちは、後に来るシステムをめぐって闘争が展開される構造的危機のなかに生きているのである。闘争の結果は予測できないが、来る数十年のうちにはいずれかの側が勝ち抜き、合理的に安定した新しい世界システム（または複数の世界システムの組み合せ）が構築されるだろう、と確信することは可能である。私たちにできるのは、歴史的選択肢を分析して、望ましい結果をもたらすような道徳的選択をし、そこに至る最適な政治的戦術を評価することである。

歴史は誰の側にあるのでもない。何をすべきかについて判断を誤る可能性は誰にでもある。結果は偶発的であって本質的に予測できないものであり、私たちが望むタイプの世界システムを獲得するチャンスは五分五分であるが、それは決して少ない確率だというわけではない。

註

★1——Prigogine, Ilya, The End of Certainty: Time, and the New Laws of Nature (New York: Free Press, 1966), 166.〔イリヤ・プリゴジン『確実性の終焉——時間と量子力学、二つのパラドクスの解決』安孫子誠也・谷口佳津宏訳、みすず書房、一九九七年〕

★2——私はこのプロセスを、次の論文で説明した。Wallerstein, Immanuel, "The Concept of Hegemony in a World-Economy", in Prologue to the 2011Edition of *The Modern Word-System, II: Mercantilism and the consolidation of the European World-economy, 1600-1750* (Berkeley: Univ.of California Press, 2011), xxii-xxvii.

★3――確かに「マルクス主義者」は、ロシア革命と同じように二つの陣営、すなわち、社会民主主義者(または第二インターナショナル)と共産主義者(または第三インターナショナル)に分裂していた。しかし、彼らの相違点は、二段階戦略に関してではなく、むしろ、権力を掌握するという第一段階を達成する方法についてであった。さらに、一九六八年には、社会民主主義者たちは自分たちをマルクス主義者と呼ぶことを止めていたが、それに対して共産主義者たちは、自分たちをマルクス・レーニン主義者と呼ぶようになっていた。二つのインターナショナルの支持者の間の論争は、旧左翼にとって重要であっても、一九六八年の世界革命の参加者の多くを構成する若い人びとにとってはほとんど関係がないように思われた。というのも、これら若い人びとには、旧左翼の社会運動二つの変種について過小評価する傾向があったからである。

★4――当時、社会民主主義政党の主な政策――福祉国家――が、交代によって政権に就いた保守主義的な政党に受け入れられたことについて、想起しなければならない。保守主義政党は、細部で異議を唱えたにすぎなかったのである。私は、アメリカのニューディール・自由主義者を、さまざまな社会民主主義者の一つと考えている。ニューディール・自由主義者は、アメリカの政治史に特有の理由からニューディールという呼び名を使おうとしただけであった。

★5――大部分のラテンアメリカ諸国は、一九世紀の前半に形式的に独立国となった。しかし、ラテンアメリカの民衆闘争は、公式にはいまだに、植民地的世界における民族解放闘争に類似する強さを示している。

第2章

中産階級の仕事の消滅

——もはや逃げ道はない

ランドル・コリンズ
Randall Collins

今日、資本主義の長期的な構造的脆弱さが目立ってきている。ここ二〇年にわたり、コンピュータ化と情報技術の形態をとって進展してきた、機械による労働の技術的な代替は、今や加速化して中産階級の生存を脅かしている。私の議論は独創的なものではない。マルクスも、工場の機械体系に基づく労働の技術的代替のメカニズムについて触れている。マルクスの議論では、労働の技術的な代替が景気循環や利潤率低下を含む他のいくつかの理論的メカニズムと結びつけて展開されており、また現在のネオ・マルクス主義的理論では、金融化や金融危機と関連して労働の技術的代替が議論されている。だが私が強調したいのは、労働の技術的代替のプロセスが極端に推し進められるならば、マルクスやネオ・マルクス主義的理論におけるような他のプロセスとは関連なく、資本主義の長期にわたる最終的危機がそれ自身によって生み出される可能性がきわめて高い、ということである。景気循環の長さは不正確であいまいであり、その振幅の幅は可変的である。これは、コンドラチェフの長期波動や、グローバル・レベルの世界システムにおける覇権《ヘゲモニー》の交代が示している通りである。金融危機は偶発的で、適切な政策によって避けることができたかもしれないが、労働の技術的代替による構造的危機は景気循環や金融バブル以上に深刻である。それは、資本主義の未来を根底から脅かす。金融や景気変動やその他のメカニズムによって引き起こされる短期的危機もあるだろうが、私がここで注目するのは、次の三〇年から五〇年にかけて資本主義の終焉をもたらす可能性が高い、長期的な構造的変化である。

私は、マルクスから援用した教えの純粋さや正しさを当然のものとして主張しようとは思わない。今日の社会学が何かを信じているとすれば、それは、私たちの選択した世界の諸側面を扱う複数のプロセス、複数の原因、そして複数のパラダイムである。ヴェーバーは大きな意味において、社会学でマルクスを凌駕した。私たちは階級や政治、文化、そしてジェンダーの解釈についても語り合うが、長期的構造変化の主要な特徴、とりわけ構造的危機にも焦点を当てる。危機のメカニズムと長期的構造変化の方向を取り扱う際に、一連の理論が逆立ちして他の理論を押しのけているように見えるときにこそ、学際的な学問と高度の知的多様性の出番が求められる。私が強く支持しているのは、すでに一八四〇年代にマルクスとエンゲルスが公式化していた基本的洞察を継承発展させた理論である。

実際、それは焼き直されたマルクス主義であり、労働価値論や生産手段からの労働の所有剝奪でもなければ、類的存在からの疎外でも、存在論的な権利を主張するものでもない。また、危機が終わったときに何らかの最終的解放を仮定するものでもない。私はマルクス主義を焼き直して、長期的な経済危機の理論をつくった。私たちに必要なのは、危機に対応して生じることとそれに続いて政治的・社会的に生じることに関する、社会学のもう一つの理論である。結局のところ私は、経済危機の結果としての国家奪取の理論でも、それ自体、革命の理論でもなく、革命の原因に関して社会学者が何を学んできたのかを議論することになるだろう。それは、社会主義の未来について考えるものではあるが、社会主義の理論ではない。また、社会主義を過去においてよりもうまく未来に機能させようとするものでもない。それは何よりも、危機の理論である。

技術による労働代替は、生産設備や組織のイノベーションによって労働を節約することで、より少ない雇用労働者がより低いコストでより多く生産できるようにするメカニズムである。マルクスとエンゲルスの議論によれば、資本家は相互の競争を通じて利潤の増大に邁進するが、それに失敗した資本家は市場から駆逐される。また、労働者が労働を節約する機械にとって代わられるので、失業が増加して消費者の需要が減少する。技術は豊かさを約束するけれども、潜在的な生産物は、それを購入するのに十分な収入のある人びとが少ないために販売されることができない。マルクスとエンゲルスはこの基本的な構造的傾向を推定して、資本主義の崩壊と、社会主義がそれにとって代わることを予言した。

この理論が定式化されてから一六〇年以上も経過したのに、そういったことがなぜ起きなかったのだろう。よく知られているように、社会主義体制が権力に就いたところでも、資本主義的な経済危機によって社会主義への移行が推進されたのではなかった。社会主義体制が権力から脱落したときも、そうではなかった。ここで私が強調したいのは、技術的な労働代替を通じての資本主義の最終的な崩壊など存在しないということである。マルクスとエンゲルスは労働者階級の労働の技術代替を強調したけれども、ホワイトカラーの被雇用者や管理労働者、事務労働者、高学歴の専門職といった大量の中産階級の出現を予想しなかった。ここに、技術的な労働代替による資本主義危機の議論の復活を私が支持する理由がある。一九八〇年代あるいは一九九〇年代までは、機械化は主として肉体労働にとって代わるものだったが、ごく最近の技術革新の波においては、管理労働の代替や中産階級の縮小が著しく進行している。コミュニケーション技術である情報技術によって労働の収縮の第二の時代が始まり、雇用された中産階級がそれまで行っていたコミュニケーション労働の代替が進行した。今や機械化は、ロボット化とエレクトロニクス化の結合によって推進されている。ロボット化とエレクトロニクス化は、私たちの長期的な未来を指し示す醜い用語に新たに加わった不快な言葉である。

かつて労働者階級が機械化を通じて収縮したとき、資本主義は中産階級の出現によって救われた。しかし、今日のコンピュータ化やインターネット、新しいマイクロエレクトロニクス製品の登場は、中産階級を圧縮し始めている。技術による労働代替のこの第二の波のなかで、はたして資本主義は生き延びることができるのだろうか。

過去において資本主義は、技術による労働代替の危機から、五つの主要な逃げ道を通して逃れてきた。今やこれら五つの逃げ道が阻止されて行き詰まりつつあることについて、これから議論していこう。

第一の逃げ道——新しい技術は新しい職と新規の職業分野を創出する

新しい技術に対する悲観主義は、無益な間違った考えとされてきた。職人的労働者の職を奪う機械を打ち壊した一八一一年のラッダイト運動の参加者は、彼らの生産システムが工場制度に道を譲り、工場制度が広く産業を拡大させ工場労働者を一世紀にわたって増加させることになる、ということを知らなかった。二〇世紀の中頃に公式化された開発理論の主張によれば、産業には第一次セクター、第二次セクター、第三次セクター（抽出労働、製造労働、管理労働またはサービス労働）という段階を経由して運動する自然的傾向がある。だがこの開発理論は、特定の歴史的時期の経験を一般化しているにすぎない。こういったプロセスが永続する保証はないのである。例えば、すべての職の大多数を占めていた農業労働が今日の先進的経済では一％になったし、製造労働は約四〇％から一五％以下になった。これらの数字の変遷は、技術による労働の代替が及ぼす影響の大きさを示している。同じような縮小傾向は管理的・サービス的分野でも起こりうる。

資本主義的イノベーションのもっともすぐれた理論家であるシュンペーターは、新生産物——つまり利潤の主要な源泉——は生産要因を組織し直して新しい結合をつくり出すことで初めて市場に登場できるということを理論化したが、これには、シュンペーターがつねに「創造的破壊」と呼んでいたものが含まれている。だが、シュンペーターによって鼓舞された経済学者は、過去の趨勢から引き出されただけの推論を信頼して、新生産物によってつくり出される職の数が古い市場の破壊で失われる職を埋め合わせるという議論に賛成する。

しかし、そういった理論はいずれも、過去における古い雇用の消滅を埋め合わす新規雇用をもたらした救済弁である、コミュニケーション労働の技術代替については考慮していない。電話交換手や秘書が自動コンピュータ制御システムで職を失ったとき、失職していた人びとと同じだけの人がソフトウェア開発者やコンピュータ技術者や携帯電話のセールスマンとして職を得るだろうと言われたが、この人数がなぜ同じであるのか、誰もその十分な理論的理由を明らかにしなかった。この種の技術的でコミュニケーション的な仕事の自動化が――例えばインターネット販売を通じて――ホワイトカラー労働力の規模を縮小させるはずがない、ということの根拠についても、明らかにする者は誰もいなかった。だが実際には、私たちが主張するように、技術代替は進行している。この数年の間に、小売店の会計係は自動化されたチェックアウトにとって代わられ、下層の中産階級であるサービス分野の最大の雇用の一つが減ることになった。もっと高い技能レベルにおいては、新聞の規模が縮小したり消滅することで専門的なジャーナリストが職を奪われている。新聞は、少人数の有給のジャーナリストと、多数の愛好者や無給のブロガーが発信するオンラインニュースとの競争によって、その存在が次第に脅かされているのである。

中産階級のコンピュータ化は、同じ割合の新しい職が創出されることで埋め合わされるわけではない。新しい職が創出されるとはいえ、それらは排除された職の数と一致しないし、失われた所得を埋め合わせるわけでもない。このことは、解雇された労働者に対する職業訓練プログラムがなぜ構造的失業率に影響を与えることができないのかという理由でもある。コンピュータ化とインターネットは、ソフトウェア・デザインやウェブサイトの構築、情報提供サービスやコンサルティング・サービスといった、自宅から起動できる多数のオンラインジョブズのような新しい仕事の分野を創出してきた。このホーム・オンラインジョブズの支払いは低くなる傾向にあるが、アクセスが簡単で、競争相手——その多くは無料でサービスを提供している——の数が増加することを考えれば、不思議なことではない。情報技術(IT)は新しい活動を生み出すけれども、それが排除したのと同じ割合で有給の職を生み出しはしない。ウェブサイトに投稿されるニュースや意見の普及は、ジャーナリズムにおける有給の職業の排除を埋め合わせることにはならないのである。

ITで生み出された有給雇用を、それによって排除された職と比較することだけに焦点を当てて数十年間の趨勢を見れば、世界の雇用の七〇%以上がコンピュータ・プログラマーや、ソフトウェアとかコンピュータ・アプリケーションのデザイナーになることが推定されるが、それは事実だろうか。注意すべきは、コンピュータ化はまだ青年期にあって、幼年期を過ぎたとはいえ成熟期には程遠いことである。これは過度に生物学的な言い方であるが、さらに高度化されたコンピュータ化がまだこれから訪れるだろうということが重要なのである。機械が人間の高度な認知プロセスに優越する、人工知能(AI)の出現がそれである。コンピュータ・プログラムがすべてコンピュータや新たなアプリケーションの創出によって動かされるようになるとき、コンピュータ技術による中産階級の労働の代替はほとんど完成したものになり、コンピュータ・プログラムの職が逃げ道になることはもはやないだろう。それはけっして失われた職の数を埋め合わすのに十分ではない。時の経過と共に、コンピュータにとって代わられる労働と比較した人間のための職の創出量は、次第に減少して、両側の壁がどんどん狭くなっていく通路のように先細りしていくだろう。

アメリカのように発達した経済においては、サービス部門の職が労働力全体の約七五％に達したが、他方、製造業や農業、抽出産業の職業は減少した［Autor and Dorn 2013］。また、サービス部門はＩＴ経済によって収縮しつつあり、二五年前よりもずっと小さくなっている。さらに販売職はコンピュータによる広告やオンライン購入によって急速に自動化されており、電子商取引を行わない実店舗では、店員がエレクトリック・スキャナーにとって代わられている。管理職もまた、人工知能が発達するにつれて増大する圧力に支配されていくことになるだろう。

人間をコンピュータやその他の機械によって代替するこのプロセスの規模は、本質的に際限がない。何か偶発的なことが起きて、資本主義的競争という、労働の技術代替を推進する基本的メカニズムが変わることのない限り、技術による人間労働の代替は、次の二〇年ばかりか、一〇〇年、一〇〇〇年にわたって続いていくだろう。

コンピュータで作動する未来の世界は、必ずしもジョージ・オーウェルが『一九八四年』で描いた世界――監視と独裁的な国家支配のために高度の技術が利用される世界――ではないだろう。

オーウェルは、高度な電子工学はどうして政治だけでなく雇用にも影響するのかという経済的次元からの考察を見逃した。宇宙時代の冒険映画に描かれた未来の穏やかな描写と同様に、ロボットとコンピュータを所有するのは誰なのかという問題がまったく登場しない。実際の世界では、大型コンピュータ・システムは大資本家的所有層によって保有される（現に所有されている）。また、ITのハードウェアとソフトウェアは資本主義企業で生産されていて、著名なコミュニケーション企業も、他のあらゆる資本主義企業の形態と同じパターンの歴史的発展を示している（フェイスブック、グーグル、アマゾン、ツイッターなど、いずれの会社名も、これから数十年の内になくなってしまうだろう）。急速なイノベーションは、他のイノベーションや競争相手の急増と関連しており、金融市場、さらに、金融圧力や先行者の脱落によって生まれたごく少数の熱狂的投資の増加を通して、多くのものの中から選り分けられる。IT時代においても、以前の新技術の波と同じように合併から寡占へと動いていく。IT時代は始まったばかりなので、寡占への移行の速度が鉄道時代や自動車産業の時代とどう異なっているのか、まだ明らかではないが、これまでのところ、寡占に向かう現在のスピードは以前よりもずっと速いように見える（これは、中産階級の技術代替という中心問題から派生する問いである。技術代替が続く限り、寡占の度合いが高いか低いかということが資本主義の長期的危機に影響を与えることはそれほど多くはない）。

だが情報技術は別だ、と反論されるかもしれない。コンピュータ化は、大企業や大きな雇用者だけでなく、普通の人びとの利用や享受にも関わるものである。コンピュータは、資本家ばかりか、私たちの誰もが所有しているのであり、かつて（一九二五年あるいは一九五五年に）言われていたこと——自動車はたんに資本主義産業だけのものではない。というのも、自分で自動車を所有している私には、至る所にドライブに出かけ、束縛から解放されて後ろ座席に横たわったり、望むなら高速道路でスピード競争を楽しんだりする自由があるからだ——とよく似た状況にある。資本主義産業の生産物に対する熱狂は資本主義を成功に導く要素の一つであって、できるうちに楽しもうというのは結構なことだ。実際、あなたはいつでもどこでも携帯音楽を聞くことができるし、イメージやテキストや消費者用のＩＴデバイスを通じて何でも発信し閲覧することができる。しかし、そういったことは、あなたと同じような行動をとっている人に職があるのかどうかについては何も問題にしない。自動車の人気は、単に消費者の享楽を意味しているのではなく、数十年にわたって多数の高賃金の職を生み出してきた産業を反映するものでもある。技術による労働代替と資本主義的合併は、自動車部門における職を劇的に減少させてきた。人びとの注意と熱狂を集める今日の個人向けの電子デバイスについても同様で、それらの消費者が職を見つけられなくなれば、資本主義の危機は回避できないだろう。結局のところ、消費者はデバイスを買うことができなくなるだろうし、生産者はそれらを販売することができなくなるだろう。それこそが深刻で構造的な資本主義危機の形なのである。

第二の逃げ道——市場の地理的拡大

私たちは市場の拡大をグローバリゼーションとして考える傾向にあるが、グローバリゼーションは単に量的な差異の問題にすぎず、質的な類の差異ではない。国境の内部においても市場は、生産物が当初知られていなかった地域に広がることで発達してきた。このように、ある特定の地域に限られた条件は、他の場所から来た革新者に有利に作用する。地理的な広がりは生産物のイノベーションと歩調を合わせて進展し、市場フロンティアの継続的存在を維持していく。動態的な市場にはいつも、新しいものによる興奮や、〈中心である、中心とつながっている〉という文化的威信、あるいは、後進性からの脱却に努めようとする否定的な威信がある。地球規模または国家間規模におけるこのようなメカニズムの自由主義的解釈が、近代化理論または開発理論である。世界のどの地域も、おそらくすべてが十分に発展するまで、すなわち、第三次部門中心のサービス経済に到達するまで開発の諸段階を登っていくだろう、というのである。開発理論が言うように、こういったことがインドや中国で現実化するのを私たちは目撃している。第三世界の大国は、猛然と近代化の道を突き進んでいる。

このプロセスのネオ・マルクス主義的解釈が世界システム論である［Arrighi 1994; Chase-Dunn 1989; Wallerstein 1974-2011］が、これは、資本主義的市場の地理的拡大に関する比較的穏やかな解釈である。世界市場の支配は軍事力や政治的影響力によって強化され、覇権を握る中心部は、半周辺地域という媒介のおかげで周辺部の労働力や原材料を搾取する。世界システム論における中心／半周辺／周辺という パターンは、覇権の交代によって複雑になる。覇権の交代は、大きな戦争によって画期づけられ、世界市場の相対的な拡大と停滞というコンドラチェフ長期波動と連動する。しかし、連続的な覇権の循環――スペイン、オランダ、イギリス、アメリカ。それに中国が続く、と想定されている――は、周辺部が枯渇して地球のすべての地域が完全に資本主義市場に移動すれば、論理的には終焉する。もはや、安全弁も搾取のための地域も存在しなくなり、資本主義の利潤は枯渇することになる。

世界システム論の予測の独自なメリットはさておき、私が強調したいのは、市場のグローバリゼーションが今や中産階級の職を奪っていることである。インターネット技術によって、インド――あるいは、他のあらゆる地域――のホワイトカラー労働者も、コンピュータ化されたビジネス向けのサービス職を得るために世界の中核的な資本主義地域で競争できるようになった。過去には中産階級の労働者は肉体労働者よりも競争から保護されていたが、今ではそのようなことはない。インターネットは、入手可能な職にアクセスできる、これまでよりずっと多くの労働者を創出する。というのも、労働者が遠方の労働場所に物理的に移動する必要がないからである。だが、現代のグローバリゼーションには、以前よりも急激な労働の国際化や国際的労働移動が伴っている。管理労働者や専門的労働者は、自分たちの専門的知識と交渉スキルを、地球の至る所にある企業所在地に物理的に移動させるが、このことは、上層の中産階級の労働が単一の労働市場に同質化していくとか、管理費用の低廉化とか、高度の技術職でも代替が可能になる、といった大きな効果をもたらす。インターネットを通して繋がりが拡大することによって、職を得るための競争は激しくなり、中産階級の賃金は低下していく。このようなプロセスは、比較的最近に見られることである。ここ数十年、上層中産階級はジェット機での豪遊を享受していたが、コストを削減しようとする経営者が従業員に強要した構造的解雇の影響を受けて、そのような贅沢ができなくなってきている。なぜなら、高レベルの専門的・技術的スペシャリストは、以前、つまり、彼らが国民的領土によって守られていたときよりもずっと激しい、競争的で不確実な状況に直面しているからである。

国際的移民は安価な労働を、過去においては製造業の中心部に、ごく最近では先進サービス経済の低生産性部門に提供することによって、豊かな国民の労働者階級から職を奪っている。コミュニケーション技術は文化資本を地球全体に均質的に広げていく傾向があるので、今や、中層および上層の中産階級の労働は減りつつある。

第三の逃げ道——金融のメタ市場

労働者階級の労働と中産階級の労働が技術的に代替されるなら、すべての人が資本家になって不況が消滅する、ということはありうるのだろうか。従業員年金基金が金融市場で大きな役割を演じるようになるにつれ、また、金融サービス企業が拡大して以前より広い顧客向けの投資を積極的に販売するようになるにつれ、このような議論が展開されるようになった。現に、住宅所有が普及しているアメリカのような国では、住宅価格の高騰が、住宅所有を投機的投資として扱う機会ばかりか、消費者の支出のための現金形態で住宅価格の上昇からホームエクイティ〔住宅価格から借入額を差し引いた後の純資産としての住宅価値〕を引き出す好機をもたらすことになった。しかし、このような金融取引は、最近の経済危機、とりわけ二〇〇八年の金融崩壊の短期的源泉の一つになった。

私は、アメリカの最近の問題が資本主義の終焉の始まりになっている、と主張しているのではない。おそらく私たちは、他の危機と同じようにこの危機を、一定の長期的な損害を残しながらも短期的には乗り切っていくだろう。金融危機に関して広く議論されてきたが、ここで私が検討したいのは、短期的な危機ではなく、中産階級の労働の技術代替を金融化が促進することについてである。

最近の金融取引は、金融市場におけるメタ市場相互のピラミッド化という、資本主義のより深い構造的傾向の実例である。資本主義は、それが自己維持的成長の段階、あるいは内的に推進された拡大の段階に入ってからは、物的財やサービスの市場と金融商品の市場とを連結させてきた。シュンペーター［Schumperter 1939］は企業家的資本主義を、借り入れた貨幣によって遂行される事業として定義した。再生産の循環するフローから新結合〔生産諸要素の結合の仕方における新機軸を意味するシュンペーターの用語で、新商品、新生産方法、新市場、資源の新供給源、新市場の五項目から成る〕が取り出されないのであれば、静態的な市場は現存のストックと労働力を再生産するだけであり、新結合は未来に向けた借入によってなされることになる。それゆえ、シュンペーターの考え〔Schumpeter 1911〕によれば、銀行は資本主義システムの司令部であり、発展のための新しい配置がどこでなされるのかを決定するのであるが、金融業は本質的に投機的なために、現存する物的配置に対するその関係が大きく変化する可能性がある。金融システムの最上層は、物的財やサービスとして実際に売買されているものの価値よりもはるかに多くの価値から成っているが、このことは、例えば、国際的な通貨投機に使われた、GDPの規模と比較してきわめて膨大な貨幣量、あるいは、とくに二〇〇八年の金融崩壊前の異常に膨張したヘッジファンド〔株式や金融派生商品などに分散投資し、高い運用収益を追求する投資信託〕に見られる。

私は、メタ市場をピラミッド化するという表現で、低い秩序の金融商品のなかにより高い秩序の市場をつくり出す歴史的傾向について語っている。現実の社会的実践においては、いかなる貨幣も、未来に支払う約束を意味するものである。それゆえ、金融の専門家は、支払うという約束を、ほとんど限りなく次々と複雑なレベルに持っていくことができる。ローン、担保権、エクイティ商品〔債券を株式に転換することができる転換社債や、株式を一定価格で買える権利が付いている債権であるワラント債などの総称〕、ボンド〔多数の投資家から長期の大量資金を調達するための債務証書〕――これらすべては、金融市場のピラミッドの相対的に低いレベルにある。短期売買の株式、二次的市場〔抵当権が貸し手と投資家の間で売買される場所〕で再販される住宅ローン担保証券〔不動産に対する抵当権を小口に証券化した金融商品〕、レバレッジド・バイアウト〔買収先企業の事業収益を担保に金融機関から資金調達をして行う企業買収のこと〕、ミューチュアル・ファンド〔ファンドマネージャーが投資家から集めた資金を株式や債券で運用し、運用成果に応じて収益を分配する金融商品〕、ヘッジファンド、そしてその他の複雑な取引制度は、支払うという約束のうえに構築されたより高い秩序の市場である。原理的には、どれだけの層が積み重ねられるのか、その上限は存在しない。これらのマネーがより低いレベルの財やサービスに転換することは難しいが、より高いレベルにおいては、きわめて大量の額の金融商品が生み出されうる。それらは同じ計算単位――ドル、ポンド、ユーロ――で表示されるので幻想が生まれるが、それらの名目的な額があまりにも大きくなりすぎると、現実の物質的世界で現金に換えることは実際には不可能になる。

ピラミッド化された金融市場は高度の社会的構築物である。言うまでもなく、すべては何らかの仕方で社会的に構築されているが、物質的な制約との関係が他のものより希薄なものもある。例えば軍隊は、とりわけ戦場では高度な社会的構築物であり、ナポレオンが言ったように、戦場における道徳と物質的なものとの割合は三対一である。敵の五倍の規模と武器をもつ軍隊であるなら、最低限の社会的結束を維持しさえすれば、ほとんどいつも勝利することになるだろう。だがピラミッド化された金融商品の世界では、道徳的なもの〔すなわち、ネットワークとそこにおける感情的な気分との相互作用のプロセス〕と物質的経済との割合は、六対一〔借り出された貨幣と実際の銀行預金との比率〕から、高度なレバリッジの金融取引のように一〇〇対一までありうる。私たちは社会学者として、社会的構築物を、哲学的に不変的なものではなく、ネットワーク構造に対するその静態的な関係、および、時間を通しての急増と崩壊というそれらの動態において理論化されうる一連の変数として考察しなければならない。

ここで私が強調したいのは、金融のメタ市場がさらにピラミッド化していけばいくほど、それらはより不安定になって危機を招きやすくなり、低いレベルの物質的経済で生じていることとまったく釣り合わなくなって急騰と暴落が生じる、ということである。しかし、資本主義を維持したいという点から見れば、確かに楽観的な側面もある。金融市場は本来的に柔軟で、どんな大きさにも膨張できる魔法の素材で出来た巨大な気球に似ている。それは、すべての人が金融資本家になって金融市場で大きなゲームを演じることができるという、もっともらしい考えに通じる。実際、金融市場への大衆の参加は二〇世紀末と二一世紀初頭の間に、従業員年金基金や株式市場における多数の少額投資家を通して発展し、膨張する住宅市場のポンジスキーム〔集めた資金を実際には運用しないで、後から参加した出資者の資金を以前からの出資者に〝配当〟として偽って渡すことで、自転車操業的な投資詐欺を続けること〕での住宅抵当証券の所有を通して急増した。

これはどこまで進展するのだろう。また、資本主義を救うことができるのだろうか。金融市場の不安定性とその急騰・暴落の傾向を想定するなら、それは確かに障害の多い道だろう。これは、一六三七年のオランダのチューリップ投資熱や一七二〇年の南海バブル事件〔一七二〇年にイギリスで起きた投機ブームによる株価の急騰と暴落〕以来の、長期的な歴史的パターンである。投機の崩壊はきわめてありきたりのことなので、シュンペーターは『景気循環論』〔Schumpeter 1939〕において、景気循環を資本主義に本質的なものとして、その発現を自己推進的な資本主義的動態の歴史的標識として考えた。だが私たちは、歴史的議論の向きを変えることができる。投機の崩壊はつねに景気の最低位をもたらしたが、結局のところ、金融市場が再び上昇に転じることになった。金融危機は資本家の動物的本性から生じるが、歴史的記録が示すように、その回復はつねに可能だろう。こうして、再び私たちは、すぐれた理論的基礎もないままに経験の一般化を手に入れてしまう。だが、金融危機が、中産階級の職の構造的減少や、事実上の全労働力を襲う技術代替の危機と結びつくとき、いったい何が起きるだろうか。金融部門の収入が、あらゆる人の収入の主要な源泉として俸給や賃金にとって代わるまで上昇することはあるのだろうか。

ここで、すべての人が投資の収益で暮らす資本家になる、あるいは、金融部門自体が雇用の中心分野になる（すなわち、金融労働が増加する）、という二つの可能性が考えられる。このうちの第一の可能性、つまり、すべての人が金融の投資者として生活するような未来を思い描くことは困難である。投資を開始するには、ゲームに参加するのに賭け金がかかるように、最初の手元資金として当初の蓄積基金がいくらか必要である。小口の投資家は賃金や貯金、年金で開始するが、それらは技術による職の代替というシナリオのもとで、遅かれ早かれ枯渇することになるだろう。

今、私たちは理論的なフロンティアに立っている。政治経済学の未来には、ホレイショの哲学〔シェイクスピアの『ハムレット』の第一幕第五場でハムレットが臣下ホレイショに向かって語る、以下の台詞にある哲学。「ホレイショよ、この天と地の間には、哲学の思いも及ばないことがたくさんあるのだ」）のなかでは夢にも考えられなかったようなものが含まれるが、すべてが自動化される未来に、あらゆる人びとが金融投資家、つまり賭博人生のギャンブラー予備軍として生涯を過ごすということなど、考えられるだろうか。すべての人が投資家として人生を送りカネを儲け続けることなど、できはしない。一部の人は好景気の時でも元手を失うし、投機的バブルが崩壊する時期には多くの人が破産する。そして、ひとたび投機的な市場から落伍すると、自分の力で有給の雇用を見つけられない限り、投機的市場に戻ることはないだろう。

金融市場は本質的に不平等であり、ピラミッドの頂点にいる少数の大プレイヤーのもとに富を集積させる。より良いネットワーキングの有利性やファーストムーバー・アドバンテージ（早く開始・実行したものの方が、後から開始・実行したものよりも優位に立てること）、インサイダーの視点、小さな投資家よりもうまく経済変動から抜け出る能力、といったものが不平等を拡大させる。小さな投資家は、より高次のメタ市場の大きなプレイヤーに、低い秩序の市場の中小プレイヤーから利益を得る力を与える。ピラミッド化された貨幣のレベルは、ヴィヴィアナ・ゼリザーの理論[Zelizer 1994]、すなわち、貨幣は同質ではなく、それ固有の社会的ネットワークの内部で流通する特殊的通貨の多元的で多様な集合である、ということを例証する。例えば、ヘッジファンドの流通のなかでプレイする人びとは、人と組織がきわめて制限された集団であるため、小さなプレイヤーは法的にそれらの市場に入ることさえ許されないが、おそらくこれは重要なことではない。

未来の素朴で牧歌的な金融ユートピアにおいては、中核の投資家は超リッチになり、小さな投資家も分け前に与ることになるだろう。とはいえそれは、全経済を通じて消費者の支出を維持し、そのことによって資本主義の機構を継続させていくには十分でないだろう。金融市場がさらに大きな集積に向かう傾向がないなら、底辺の小さな投資参加者が搾取されることになるだろう。

第二の可能性として、技術による労働代替が金融部門の雇用を侵害することが予想される。私が資本主義の楽観的シナリオで述べたような、金融市場はすべての人を資本家にする、あるいは、すべての人を金融部門の被雇用者にすることによって、そうでもしなければ縮小していくしかない中産階級を支えることができる、という説明は信頼できるだろうか。他のすべての労働が技術的に代替されるとき、金融労働は雇用の縮小を補うことができるだろうか。金融雇用自体のなかではなぜ技術による労働代替が生じないと言えるのだろうか。銀行の出納係や事務職を排除しているオンライン銀行や大量の金融商品を取り扱う銀行さえもが雇用する労働力を減らしていることを通して、私たちはすでに、技術による金融雇用の代替が始まったばかりの今の傾向について見てきた。資本主義擁護の経済学者の教義によれば、不熟練労働はより熟練した専門職によって代替されるが、金融専門職の分野ではそれがどの程度まで拡大しうるのだろうか。一九九〇年代を通して見られたような一時的な増加は、おそらくつかの間の段階であったことが分かるであろう。いずれにせよ、自動化された未来において大多数の労働者がヘッジファンドの運用管理者としての職を得るだろう、と想像することは難しい。だがこれは、資本主義が提供しなければならないいちばん夢のある――誰も実際の生産的な労働をせず、すべての人が金融取引業者として暮らしを立てるという――未来かもしれない。おそらく私たちは、二一世紀のもう少し後でいつかこのような経験をすることになるかもしれないが、それは資本主義の最終的な崩壊への準備段階であろう、と私は予想する。

第四の逃げ道――政府の雇用と投資

今や私たちは、資本主義に本来備わっているのではない、外部からの救済の逃げ道に到達した。そのうちでもっとも有力なものは、ケインズ主義的福祉国家による解決策である。資本主義は、一九三〇年代、一九四〇年代、一九五〇年代の福祉国家によって救われた。イデオロギー的右派が自らを救済できないことが明らかになったときに自由主義的左派が資本主義を救った、という議論が五〇年前に広くなされたが、技術による中産階級の労働代替を政府支出が救済することはできるのだろうか。

政府による直接雇用の主要な形態は、中産階級の公務員職であった。したがって、そのような職が自動化されコンピュータ化される傾向が続くなら政府雇用も収縮していくだろう。だが、雇用を守る意志が堅い政治体制であれば、職の自動化を拒んでこれに抵抗するだろう。この種の新しいラッダイト〔機械打ちこわし〕政策が、一九四〇年代後半から一九七〇年代までイギリスの労働組合と社会主義的政治家によって試みられた。雇用を保護するために技術的に遅れた状態にとどまるなら、おそらく労働意欲を低下させて、政治的に成功することはないだろう。イギリスでは、このような雰囲気がサッチャーリズムの支持者による反動をもたらした。過去に起きたもう一つの例に軍事的ケインズ主義があるが、それは、軍事生産によって経済を刺激することを伴う、軍隊における雇用の増加であった。しかし、現代の軍隊はハイテク化を遂げて、コンピュータや人工衛星、空中センサー、遠隔操作される小型の監視システムやデバイス・ターゲットなどによって制御された戦闘部隊への転換を進めてきた。軍隊はロボット化の最前線であり、総動員型の世界戦争でさえ、二〇世紀に見られたようなタイプの大規模な軍隊を生み出すかどうかは疑問である。

直接的政府雇用の他に、今日の景気刺激策のお気に入りのツールである政府支出がある。これらの大部分は、物的インフラ――道路、橋、空港、エネルギー、および、いわゆる情報ハイウェー――への投資である。だが、これらの分野でもコンピュータ化と自動化が遂行され、技術による労働代替の傾向が高まっている。さらに、技術による職代替の流れを止める可能性を低下させているのが、民間部門への政府投資である。政府は、とりわけ、このような投資を効率的に遂行するという信念に従って、労働コスト、それゆえ雇用を削減することを少しもいとわない資本家の役割、あるいは少なくとも資本家的監視者の役割を引受けることになる。

別のタイプの市場介入は、プライベート・マーケットプレイス〔インターネット広告市場における付加価値の高いプレミアム広告枠〕の規制、労働時間短縮の指令、解雇規制といったものである。これらの政策は大陸ヨーロッパの諸国家で広く実施されてきたが、技術による労働代替への傾向を遅らせたにすぎなかった。全体としてこのような政策には、既存の職の保有者を保護し若年者を排除するきらいがあった。この問題は、政府が意識的に若年者を大量に雇用すれば解決できたが、(その軍事的バージョンを除外すれば)それが実行に移されることは稀であった。しかし、第五の逃げ道が示すように、卒業証書などの教育資格を過度に増加させることで事実上こっそりそれが行われてきた、と私は思っている。

原則として、政治的意志――すなわち、政治文化によって定められた政治権力の行使とビジョン――によってしか制約を受けない政治的政策は、何でも実行に移すことができる。中産階級の技術代替に大きな影響を及ぼすことを国家が遂行し続けるとしても、政治文化によって受け入れられるまでにまだ長い道のりがあることは明らかである。民間経済を支える混合的な「自由主義的」政府の政策は、資本主義が未来への道をもたつきながらも進んでいけるようにするかもしれない。とはいえ、私的利潤の追求が経済の原動力になっている限り、この混合アプローチが技術代替の長期的問題を解決することなどありそうもない。

私たちは、二、三%程の小さな変動を伴う、失業率一〇%の今日のアメリカにおける圧力についてだけでなく、基準失業率が三倍ないし五倍にもなりうるコンピュータ化された未来についても考察しなければならない。大量失業の危機という状況に対して政府は福祉国家的な道で対応することを選んだが、その道への障害については容易に推察できる。というのも、現在の政治領域にはそういった障害が溢れているからである。一つは、奮闘しているインターネット企業家を含む中小企業の間で頑強に続くと予想される、反税運動である。これらの企業はインターネットによって激しい競争に曝されており、雇用促進のために行動することでシステム危機をもたらす政府に反対する。もう一つの障害は、政治に関心のある選挙民、とりわけ失業者と不安定就業者――彼らは今や、ますます高学歴で、それだけに政治的関心が高い住民から構成されている――の要求である。

競い合うさまざまな力が働いているが、勝つのはどの諸力だろうか、また勝利の程度はどれくらいだろうか。制限されない自由市場的資本主義は、野放しにされるなら、そのようなシステム危機を阻止する術を持たない。そのお気に入りの改革――資本家が望む何らかの方法でより大きな拡大に取り組むよう彼らを鼓舞するような、減税や政府規制緩和――はいずれも、技術代替を推し進めると同時に、金融取引や金融危機を含むその他の諸問題をもたらしうる。福祉国家を推進する諸力は、原理的には失業問題を解決するかもしれないが、国家の財政問題に遭遇する。費用のかかる福祉国家に基金を投資する国家には、金融市場の圧力に自分自身を曝して自国通貨の購買力を破壊するリスクがある。福祉国家政策は、あちらを立てればこちらが立たずという立場に陥ってしまうように見えるだろう。このことを、日常の政治における直接的難題としてではなく、長期的な観点から考察してみよう。深刻な構造的ジレンマに陥った国家は、システムの根本的破壊に向かって運動する。国家の財政危機は、国家崩壊の主要な構成要素の一つである。これにただ二つの構成要素――探し求める解決策をめぐっての国家エリート間の分裂と、外部からの急進的運動の高まり――を付け加えさえすれば、国家の崩壊は現実のものとなる。国家エリート間の分裂は、ここでは単に、金融市場との連携を維持する人びとと、失業や不平等を緩和するために国家を進んで利用しようとする人びととの対立が急進化することを意味する。失業率一〇％というもたつくポスト不況経済の文脈では、これら二つの立場の二極化はそれほど激しくない。しかし、失業率を五〇％に想定するなら、そして、深刻な不況が伴うことが確実だとすれば、全面的な国家崩壊の可能性は大きくなるだろう。この時点では、所有制度を革命的に転覆させることがもっともありうる解決策になる。そのなかには、金融システムの統制を握ることによって政府自身の通貨を金融システムが破壊できないようにすることが含まれている。その場合、資本主義に特殊的な特徴ばかりか、その制度的土台までが崩壊することになるだろう。

第五の逃げ道――教育証明書のインフレと他の隠されたケインズ主義

仕事に必要な資格のインフレとは、以前より大きな割合の人口がより高度の卒業資格を持つようになるにつれ、職に就くための教育要件が上昇することである。従来の教育証明書あるいは卒業証書の価値は、より多くの人がそれを有するようになるにつれて低下するので、多くの人は学校により長く滞在するよう動機づけられる。アメリカでは、高等学校（すなわち、一二年間の中等教育）の卒業証書は第二次世界大戦前には比較的希少であったが、今では高卒であることがごく普通になったので、それは労働市場で何の価値も持たなくなった。大学生の数も若者層の六〇％以上に達しており、大卒資格も高卒資格と同じ運命を辿っている。それは世界的な傾向である。韓国では今日、高卒者の八〇％が引き続き高等教育に進学する。卒業資格のインフレがもたらす重要なことは、若者が教育市場に戻ってさらに高い卒業資格を求めるようになっていくということである。原理的に、それは際限なきプロセスであり、かつての中国王朝時代の官吏階級の状況に近づいていくだろう［Chaffee 1985］。当時の中国では、三〇代や四〇代になっても官吏試験を受験し続けたが、現在そのようなことになれば、少数のエリートは別にして、人口の大多数が影響を被ることになるだろう。さまざまな諸国は教育のインフレをそれぞれ異なる割合で経験してきており、二〇世紀の後半以降はすべての国がこの道を辿っている［Brown and Bills 2011］。

卒業資格educational degreeは社会的に価値があることを示す通貨で、職へのアクセスと交換される。すべての通貨においては、自動的に加速される貨幣の供給の増加が、制限された財のストックを追い求めてその価格を騰貴させる（あるいは、購買力を減少させる）が、卒業資格の場合も同じように、その供給増加は上層の中産階級の職を得るための競争をさらに激化させる。こうして、教育のインフレは自己原因的に進行する。卒業資格を追求する個人的な観点から見れば、その価値低下に対する最善の対応はさらに長く教育を受けることである。高学歴の資格を持つ人が多くなればなるほど職を求める競争は彼らの間でそれだけ激化するので、雇用主が要求する教育要件はいっそう高くなる。こうして、教育のさらなる追求の激化やより激しい競争、職業資格のインフレがもたらされることになる。

このような全般的な卒業資格のインフレ・プロセスを通じて、もっとも高い教育を受けた層がますます大きな割合の所得を受け取るようになったが、少なくともアメリカではこの傾向が一九八〇年代から目立ってきた。とはいえ、この特殊的な歴史的時期を、すべての時間と場所の永続的なパターンに適用することについては、慎重にすべきである。加熱する資格証明書をめざす競争の頂点にいる人びとは、いくつかのプロセス――(a)技術による労働代替が、まともな賃金で働く肉体労働力の最後の部分に次いで低賃金の事務労働を襲ったとき、競争の頂点にいる人びとは比較的安全な避難所にいた。(b)教育の階層制のさまざまなレベルの間で、労働遂行の質が明らかに拡大した――から利益を引き出した。しかし、学校教育のインフレ・スパイラルは、十分に認識されてこなかったけれども、競争の頂点にいない学生に疎外感の拡大とやる気のない態度をもたらした。これらの学生は学校教育をもっと長く受けるように強いられたが、エリート職に就くことはできなかった。卒業資格の価値の低下と低い昇進基準は、このプロセスの徴候である。学校教育の拡大が公的な成人規範からの疎外をますます大きくしていったことについては、一〇代の若者や若者文化、とりわけ若者ギャングに関する民俗学《エスノグラフィ》で考察された、見過ごすことのできない証拠がある［Milner 2004］。若者ギャングが最初に出現したのは、労働者階級の若者が労働力になる代わりに卒業を延期するよう初めて圧力をかけられた、一九五〇年代の初頭であった。彼らのイデオロギーは明らかにアンチ学校であった［Schneider 1999; Cohen 1955］が、これは、ギャングに属するマイノリティ集団や彼らの反道徳的態度を共有する多数派集団できわめて広範囲に広がった対抗的若者文化の源泉である。今日、サービス部門の低層部の職を信頼できる誠実な従業員に任せられないことに、雇用主は不満を述べている。しかし、このことは、十分な技能スキルを提供する大衆的中等教育が失敗したためというより（顧客に礼儀正しく挨拶したり、正しい住所に荷物を届けたりするのに、高等学校の数学や科学はほとんど必要ではない）、単純労働をすることで感じる疎外が広がっていることに起因している。大衆的で価値が低下した教育システムはエリート職への道を学生に用意していると言っているが、実際には、学校の仲間の八〇％を打ち負かさなければ単純労働しか職がないような経済に大部分の学生を送り込んでいるだけである。そのような学生たちが疎外されていると感じても、不思議ではない。

職業資格のインフレが教育膨張の主要なメカニズムであるにもかかわらず、このプロセスについての明確な認識は、実際にはフロイト的な仕方で意識から遠ざけられてきた。この場合、理想化し抑制する媒体である教育世界の規範《スーパー・エゴ》は、支配的なテクノクラート的イデオロギーである。このイデオロギーの主張によれば、職の技術的要請の上昇は不熟練労働を駆逐し、そして今日の高技能職は絶えず教育レベルの上昇を要請する。三〇年前、私は『資格証明の社会』［Collins 1979］において、技術変化が資格要件の上昇を要請する原動力ではないことを明らかにする証拠を集めた。教育の内実は、主に技術的要請によって決定されるのではない。最先端のスキルを含むほとんどの技術スキルは、仕事をするなかで、あるいは暗黙のネットワークを通して学習されるのであって、教育の官僚的組織は、せいぜい、革新されたスキルを一般的に標準化しようとするだけである。私は、技術変化と資格のインフレに関する最新の研究［Collins 2002; Brown and Bills 2011］において、一九七九年に公表した自分の結論を覆すものを見出しはしなかった。職のごく小さな割合が科学技術教育から利益を得ていることは事実であるが、それが教育の大衆的な膨張を推進する原動力になるということはない。将来、大部分の人が科学者あるいは熟練した技術者になるなどとはとうてい考えられない。実際、富裕国で職が増加している最大の分野は、自動化するよりも人間を雇うほうが安い低技能のサービス職である［Autor and Dorn 2013］。現在のアメリカ経済における最大の成長部門の一つがタトゥー美容室である［Halnon and Cohen 2006］が、タトゥー美容室は、資格証明が要らない小規模ビジネスであって低賃金であり、これまでのところ企業支配を免れている、さらに主流文化からの疎外を売りにしている、といったことによって特徴づけられている。

教育証明書のインフレは、誤った想定——より多くの教育がより多くの機会均等を生み出せば生み出すほど、ハイテクの経済的パフォーマンスはそれだけ高くなり、さらに多くの質の高い職が生み出されるというイデオロギー——のもとで拡大しているとはいえ、それは、中産階級の雇用の技術代替に対するある程度の解決策を想定している。教育証明書のインフレは、より多くの人びとを労働力の外部に置くことによって余剰労働を吸収することに貢献する。例えば学生が、直接的に、あるいは低金利の（最終的には無返還の）貸付の形で資金支援を受け取るならば、それは隠された移転支出〔政府が一方的に給付する社会支出〕として機能する。福祉国家がイデオロギー的に不人気なところでは、教育神話が隠された福祉国家を促進する。初等教育、中等教育、高等教育の数百万人の教師と彼らの管理者を増やすなら、教育インフレという隠されたケインズ主義が資本主義を実際に浮揚し続けることになる、と言ってもいいだろう。

教育システムが公的に融資される限り、それは隠されたケインズ主義——隠された形態の移転支出と呼び水的な経済政策、失業者に郵便局の壁に絵を描かせたり野生生物保護キャンプで植林させたりすることで雇用を創出するニューディール的政策——として機能する。教育の膨張は、実際、ケインズ主義的経済政策のうちで事実上、正統であると認められた唯一の形態だとしても、公然とそのようなものとして認められているわけではない。それは、ハイテクと能力主義という旗印のもとで膨張していくのである。テクノロジーがさらに教育された労働力を要請するということは、間接的な意味で真実である。誰も認めようとはしないが、学校を、収縮する労働市場からの避難所にするのは労働の技術代替である。たとえ解雇された人びとが学生人口を膨張させる人数と同じであっても、そうである限り、システムは生き残るであろう。

摩擦は支出する側で生じる。学校教育(すべてのレベル：初等レベル、中等レベル、高等レベル、そして、新たに追加されるすべてのレベルを含む)に支払うのは、主に、政府の提供、あるいは民間の購買という二つの方法による。これらはいずれも、経済不況の時期には圧力となって政府収入を圧迫する。二〇一〇年前後の時期には、アメリカでも他の多くの諸国でも、公共教育支出が政府予算のうちの大きな割合を占めるようになったので（とくに地方レベルで）、教育費削減の運動が引き起こされることになった。例えば、今や若年層の五〇％が大学に進学しているチリでは、万人のための無料の大学教育を求める学生組織と、ますます多くの高等教育を民間市場に押し出そうとする行政官および保守派納税者との間で闘争が起きている。類似する問題が、フランスやその他の国の学生をも困惑させてきた。高等教育の財源が主に（そしてますます）学生自身と彼らの家族によって負担されるようになってきているアメリカでは、学生ローンの形態での負債の累積——今や（二〇一一年の時点で）GDPの一〇％に近づいている——が関心を集めてきた。技術による労働代替への対応のために学校教育の滞在期間を延長している学生数と学生ローンによってもたらされた経済規模から推定するなら、技術による労働代替と資格の価値低下は、この先の二〇年ほどは、全体としてのシステムにとって途方もなく高くつくものになるだろうと考えられる。学生ローンがGDPの五〇％、あるいは一〇〇％に上昇するなら、いったい何が起こるだろうか。

教育は政府にとって大きな出費であり、そのことは将来の教育の膨張を制限する傾向をもたらす。教育支出が上昇するにつれ、民営化や、資金の負担を学生あるいは両親に移転させようとする圧力が高まっていくが、中産階級が経済的に収縮していくと共にこれもまた限界に直面する。アメリカでは二〇一二年に、どの種類の卒業資格が職を得る費用に見合っていないか——職の獲得が成功するか失敗するかにはかかわらず——についての、一連の公表が行われた。一個人の解決策としては、教育競争から脱落することしかないにもかかわらず、特定の技術教育を求めるという選択が若年者の間で人気があった。アパレルデザインやコンピュータ・プログラミング、ビジネス・スクールのような領域における学校が急増してきたが、職業教育への移動は、資格証明の価値低下につながっていかざるをえないだろう。これらの職業分野における競争激化と職業資格のさらなる価値低下が予測できる。職業訓練生の低い就職率を批判して政府貸付への彼らのアクセスを否定するという問題が、政治領域においても制度基準認定機関・監督機関においても論争されるようになった。すなわち、卒業資格の価値低下が明確な問題になったのである。

解決策として、再び情報技術が求められている。大学はオンライン講座に突き進むことで規模の経済を達成させる。これらのオンライン講座のいくつかは、従来型の教室で行われる授業よりもずっと低い料金で受講できるとして販売される。利他的に無料で提供されるオンライン講座もあるが、いずれも職業資格のインフレを妨げることはできないだろう。実際、双方とも、さらに多くの教育を受けた人たちを市場に押し出すことで資格の価値低下を増大させている。現在の時点では、新しい種類の職業資格は大学の卒業資格〔学士〕と違うものとして分類されており、その意味で、それらは直接的に大学の卒業資格と競争していない。しかし、まだそうではないにしろ、実際には、新しい形態の安価な教育通貨が伝統的で高価な教育通貨と並んで創出されているのである。教育通貨が厳密に貨幣のようであれば、グレシャムの法則が適用されて、安価な通貨が高価な通貨を駆逐することになる。また、ヴィヴィアーナ・ゼリゼ［Zelizer 1994］とハリソン・ホワイト［White 2002］を通して知られているように、経済社会学では高品質の経済対象が安価な経済対象と並んで別の循環のなかに存在しているが、教育証明書の生産もおそらくそうあり続けることになるだろう。

これはジレンマである。教育を安価にする努力は、教育分野自体における雇用削減効果をもたらすことになる。少数の有名大学がオンライン講座を通して授業を独占するなら、そして、少数の有名教授が電子媒体の助けを借りて膨大な量の授業をすることができるなら、教育という一つの雇用分野が技術によって代替されることになる。その結果、時代遅れの納税者の反乱がもたらすのと同じ効果が生じる。住民の税負担の短期的な減少によって、同じ住民が就くことのできる職が減少するという間接的影響がもたらされるのである。

資本主義の危機からの五つの脱出ルートのなかでは、教育の継続的なインフレがもっとも有効だと私には思われる。資格証明のインフレによって推進される教育システムの拡大は教育システム自体における潜在的な重大局面に到達するだろうが、これは必ずしも最終的なものではない。現在のところ、私たちは教育を通しての救済を信頼しているが、幻滅と再生を繰り返すので、一連の安定期と停止期、そして再起動というプロセスを予測することができる。しかし、教育を通しての救済が次第に政府によって維持されるようになるなら、教育という名のもとでの社会主義に到達する可能性が出てくる。自由主義的政府が、さもなければ失業してしまう人びとを養うために教育システムの拡大を維持し、それをケインズ主義的な安全弁、および、被雇用者の減少しつつある部門や資本家からの移転支出の形態として用いる、ということが考えられるからである。

しかし、そのような政府を持てるようになるには、おそらく資本主義に対する革命的と言えるほどの幻滅感が必要とされるだろう。

本格的な危機はいつ起きるのだろうか

中産階級の労働のコンピュータ化は(二〇世紀の最後の一〇年以来)、(ほぼ一九世紀全体と二〇世紀の四分の三を要した)肉体労働力の機械化よりもずっと速いテンポで進行している。労働者階級の労働力が破壊されるのに二〇〇年ほどかかったのに対し、技術による中産階級の労働代替はせいぜい二〇年を経過しているにすぎない。

世界システム論によって、将来の資本主義の危機の時期に関するもう一つの予想が出されている。ウォーラーステインとその同僚は、システムの長期的循環の理論的モデルを、資本主義世界システムについての初期の著作において提起した。世界システムの中核地域は、拡大局面では周辺から不利な条件で抽出された資源によって利得をあげる。覇権は周期的に、中核内部の闘争を通して、とりわけ覇権国家《ヘゲモン》を脅かすまでに上昇する半周辺地域によって脅かされる。最終的に中核は追いつかれることになるが、これは、企業家的利潤の新領域における競争の増大が最初の革新者の手で得られた利潤を低下させるのとまったく同じである。この点で、世界システムはシュンペーターの企業家精神の循環と同じように——ただし、世界的規模で——機能する。新しい循環ごとに、拡大と利潤のための新しい機会が新しい覇権国家の指揮の下で生じる。だがその背景には、システムの周辺に編入され組み入れられうる外側の領域が世界システムの外部に存在しなければならないという決定的な条件がある。したがって、世界システムには最終的な終着点がある。すべての外部地域がそれに編入されたときがそれである。この時点では、中核と半周辺での利潤を求める闘争が、征服される新しい経済地域を発見することによって解決されることはない。世界システムは、循環的危機だけでなく最終的な転換をも遂げることになる。

ウォーラーステイン［またArrighi, 1994］は、過去の循環に基づいて、おおよそ二〇三〇年〜二〇四五年頃に世界システムの危機が来ると予測する。中産階級の技術代替メカニズムによって生じる危機の時は構造的失業が増大する速度に依存する、と私は考えている（構造的失業の増加率は、合衆国で失業手当を申請する人の数のような、手頃な専門用語だけで測ってはならない。それは、就業できずに雇用分野から完全に排除された成人人口の割合という、きわめて適切な尺度で測定されるべきである）。失業率一〇%というのはアメリカ的な基準で見ると苦痛である（経済危機に見られるような）二五%の失業率は大きな困難であるとはいえ、それは過去において経験されたことである。失業率が労働可能人口の五〇%あるいは七〇%に達するとき、資本主義システムは、過少消費と政治的動揺の両面から、維持できないような圧力のもとに置かれるにちがいない。そのような失業率など想像できないと思うなら、電子機械によるあらゆる種類の労働の技術的代替という視角を通してもう一度考えてみよう。技術による労働代替率がこの一五年の間に加速してきたことは明らかである。ことによると構造的失業率は、二〇四〇年までに五〇%に、そしてその後まもなく七〇%に達するかもしれない。大まかに言えば、これは、二一世紀の中頃に資本主義の最終的危機が到来するという、世界システム論の提唱と一致している。

反資本主義革命——平和的か、それとも暴力的か

技術による労働代替がもたらす危機が非常に深刻になれば——きわめて少数の人びとしか労働せず、人口の大部分が失業するか低賃金のサービス職を求めて競争するような、高度に自動化されコンピュータ化された世界が出現すれば——、革命が起こるだろうか。

ここで私たちは、経済危機論から離れて革命論について検討しなければならない。一九七〇年代以来、革命論は大きくつくり変えられている。スコチポル［Skocpol, 1979］やゴールドストーン［Goldstone, 1991］、ティリー［Tilly, 1995］などの著者は、国家体制の盛衰に関する比較研究を通して、国家崩壊的革命論と呼びうるものを確立した。革命の成功は、下からの不平不満を抱く貧しい大衆ではなく上層部で生じることに依存する。革命の主要な要因は、第一に国家の財政危機で、国家がその経費、とりわけ、公安部隊や軍隊警察の費用を支払うことができなくなることである。国家の財政危機は、革命の第二の要因としての、それにどう対処するかをめぐるエリート間の分裂が加わるときに致命的になる。一般的には軍事的要因がつねに含まれるとは限らないが、私たちは、第二の要因〔エリート間の分裂〕を付け加えることで国家崩壊的革命の連鎖を辿ることができる。つまり、国家の財政危機はしばしば累積的な軍事支出から生じ、次に、エリートの行詰り

が、政府の正当性を否定し根本的な改革の要求を引き起こす軍事的敗北によって深刻化する。そして、エリート間の分裂は国家機構を麻痺させ、急進的目標を掲げる新しい連合に道を開くことになる。このような権力の真空――今日、社会運動の理論家が政治的機会構造〔人びとが集合行為を行う際に抱く成功への期待に影響を及ぼす政治的要因のこと〕と呼んでいるもの――のなかで、社会運動が首尾よく発展していくのである。社会運動はしばしば底辺からの不満の名においてなされるが、そのような急進的運動は一般に、最良のネットワークと組織化という資源を有する上層中産階級の集団によって主導されている。ド・トクヴィル〔一八〇五―一八五九。フランスの政治思想家〕がかなり前に認識したように、運動の急進性は貧困化の程度と無関係であり、急進性の程度を決定するものはむしろ、激発する闘争のイデオロギー的・感情的な動態の領域に含まれていることが多い。とはいえ、このことをどう理論化するのかという問題はまだ未解決のままである。

実際、あらゆる革命は現時点まで、資本主義市場の経済危機からではなく政府の崩壊から生じているが、その中心的な構成要素は政府予算そのものにおける財政危機である。しかし、その危機は通常、それより大きな経済の大危機から独立している。それゆえ、将来的に革命は、国家崩壊という狭いメカニズム、すなわち、国家中心的な財政危機やエリートの行詰り、国家執行機関のマヒを通して起こり続ける可能性がある、ということになる。国家の危機は全面的な経済危機よりも頻繁に起きるが、これを労働力の技術代替という長期的文脈のなかに置けば、どのようなことが生じるだろうか。いくつかのことが起こりうる。必ずしも技術代替の規模が最大というわけではない特定の国家で革命が起きるかもしれないし、革命が起きても技術代替を解決する措置がとられないかもしれない。また、革命が起きて明確な反資本主義的転換がとられることもあるだろう。

歴史は多様な要因によって動かされており、未来は、五つのサイコロが同時に六という数字になるのを待つ中国のゲームであるヤッツィーのように、複数のサイコロを転がすゲームに似ている。つまり、国家の崩壊と戦争の敗北、技術代替による世界の至るところでの失業という、三者の絶妙な組み合わせを通して、全般的な反資本主義革命が未来のある時点で生じうるのである。

資本主義の危機は行動計画《アジェンダ》を要請する。政治的に目覚めた民衆はある時点で資本主義の危機に対処しなければならないが、それは国家の崩壊という古典的な道を通してなされるだろう。国家の正統性が疑われ、国家自体が機能を停止することになる（財政危機そして／あるいは外部の政治的両極化を反映する、国家上層部の政治的分裂によって機能不全になる）。警察と軍隊が組織的な首尾一貫性を失って分解するとき、組織された暴力の独占は崩壊する。暴動や群衆鎮圧あるいは内乱によって広範な暴力が生み出されるかもしれないし、そうならないかもしれない。いくつかの革命の時期（例えば一八四八年のフランス二月革命）には、緊張した危機が相対的に小さい暴力で解決されたが、それは、現存体制が組織的一貫性を失っていてその継続を引受ける者がおらず、すばやく新しい議会権力が制定されたからであった。同様に一九一七年二月のロシアでは、群衆と兵士との間の散発的な暴力と動揺の数日後、ツァー体制は退位と統治の拒絶という突然の混乱に結果した。これらの事例は、新しい革命体制が数年後に権力の強化に苦しむかもしれないことを示すものでもある。とくに復古主義的運動が新しい体制に反対する時はそうである。その時の暴力は、最初の革命的移行期よりもしばしば激しくなる。革命的時期をその直後の時期から区別すれば、革命的な国家崩壊のプロセスがそれほど暴力的であるとは限らないのである。政治社会学は、革命後の統治の強化がいかなる条件のもとで平和的あるいは暴力的になるのかという問題をまだ取り上げていない。私たちに言えるのは、歴史上の革命とその強化に見られる一連の暴力は資本主義の最終的危機においても生じるということだけである。もっとも危険な可能性は、暴力的変革の脅威として敵の目に映った反資本主義革命の展望が新ファシスト的解決を引き起こすことである。資本主義を救うための民衆の復古的運動に支持された権威主義的体制が十分な再分配を実行に移すことによって大量に失業した住民は、結果的に、転覆を警戒する警察国家のもとで生き延びることになる。民主主義的ポスト資本主義と比べてファシスト的解決の試みが実現する可能性がどれほどなのか私たちには分からないが、ウォーラーステインはフィフティ・フィフティになるだろうと推測している。

しかし、望ましいオルタナティブも十分に考えられる。資本主義から非資本主義的な政治経済システムへの制度転換、すなわち制度的革命が平和的な政治プロセスを通じて生まれることがある。資本主義の危機がきわめて深刻である——大多数の住民の構造的失業、少数の裕福な資本家が所有する、収入をもたらすほとんどの仕事をこなすロボットとコンピュータの登場、経済の深刻な不況——ならば、ある時点で、反資本主義的綱領を掲げた政党が選挙によって権力を握ることがある。いくつかの与党あるいは連合は、資本主義的な生産・分配・金融を、労働市場と利潤追求のシステムの外側で再分配するシステムと交代せざるをえなくなるだろう。

ソヴィエト陣営の崩壊からちょうど二〇年経った今日、名ばかりの共産主義の中国に巨大な市場が広がり、同時に世界の至るところで市場イデオロギーの勝利が起きているような政治的環境のなかでは、このような選挙政治はありえないように思われるかもしれない。しかし、二〇世紀を振り返れば明らかなように、政治的雰囲気は二〇年または三〇年ごとに大きく揺れる傾向があり、技術代替による失業の構造的傾向が引き続き深刻化するならば、未来に向けた次の二〇年における人びとの考え方が大きく反転しないとは限らないのである。

平和的な制度革命は可能である。中産階級の構造的危機が深刻になればなるほど選挙政治への多くの人びとの参加がより進み、これと連動して、相対的に非暴力的な移行の展望が見えてくる。

構造的危機はどのように複雑に展開していくだろうか

世界は相互に交錯する多様な因果関係の産物であり、すべてが位置関係や因果的連鎖、記憶の特殊性のなかにある。したがって、資本主義の構造的危機には多くの変異が伴うだろう。ここで問題になるのは、名前や日付、脚本ではなく、大きな複雑さの次元、つまり、資本主義があまりにも自己破壊的で持続できなくなって危機の性格を根本的に変えることになるような、大規模なプロセスである。

多くのプロセスと問題——人口の高齢化、医療費の爆発的増加、民族紛争と宗教紛争、環境危機、大量の大陸間移民、さまざまな規権の戦争——によって、未来は複雑になっていくだろう。それゆえ、これらが技術による職の代替に由来する危機にどのように影響するのかという中心問題に焦点を当て続ける必要がある。そのいくつかは技術による労働代替を悪化させていくだろうし、いくつかは国家崩壊への圧力を加えて、革命の機会や、サイコロゲームで多くの六の目が出る割合を高めていくだろう。他方、未来を複雑にするこれらの要因はいずれも、技術による労働代替を押し戻し、中産階級の雇用を増加させ、オートメーションとコンピュータ化の影響を相殺する新しい職を創出するだろうが、それは、資本主義を救うのに十分であろうか？　これらの問いを念頭に置きながら、未来を複雑化する要因の簡単なチェックリストについて考察していくことにしよう。

①グローバルな不均等

資本主義の危機を推進するメカニズムは、世界のさまざまな国と地域において異なる強さで作用する。アメリカや西ヨーロッパで進展している中産階級の技術代替という危機は、世界の残りの地域——中国、インド、ブラジル、あるいは将来的に重要になる他の場所——ではその進捗状態が異なる。後者の地域が資本主義にとどまっているのに、特定の国の内部で反資本主義的転換を成功させることなどできるのだろうか。それは、世界における、その特定の国の経済の規模と重要さに依存する。経済規模が小さい小国の革命はほとんど影響力をもたず、容易に打倒されることになるだろう。世界経済の大きな割合を占める大国の革命は強固であり、流れをつくる力がある。強い軍事力を持つ体制が他の体制に介入して自国の経済的利益を保護し、彼らのイデオロギー的近親者を支援する、という傾向を考慮すれば、反資本主義的体制のよろよろした変化の連鎖は、二〇一一年直後に起こったアラブの春〔二〇一〇年から二〇一二年にかけてアラブ世界において発生した、市民による非暴力の民主主義運動〕で見られたような介入をもたらす可能性がある。また、例えば二〇三〇年に、アメリカあるいはEUで大規模の経済危機が発生して反資本主義的体制に移行するなら、他のまだ繁栄しているいくつかの資本主義国家（おそらく中国）がそれを阻止するために介入する、ということもありうるだろう。このような介入が成功するか否かは、関連資源とか物流の拡大や地理学的ポジションといった、地政学的要因に依存する［Collins 1995］。

こういったシナリオは、もっと大きなプロセスのなかではあまり大きな意味を持たなくなる。資本主義の構造的危機は普遍的な傾向なのであり、たとえ地域的な滞りが生じるとしても、あらゆる種類の労働のコンピュータ化と排除の進展は至るところで続いていくだろう。このような条件のもとでは、資本主義的な覇権国が長く生き残ることはできない。よりよい再分配によって消費者の需要を生み出し、経済を成長軌道に戻すポスト資本主義的体制は、自らの危機で行き詰まって手に負えなくなった資本主義国家を打ち負かすことができるかもしれない。

②他の次元の闘争のために資本主義的危機が曖昧になること

多数のさまざまな闘争が、多元的な世界のなかで同時に展開している。未来における資本主義危機の最終的段階では他の諸問題も混ざり合うことになるだろうが、それらの問題はしばしば感情的で劇的な性格を帯びており、そのためそれらは公的関心の最前線に踊り出てしまう。

ほんのいくつかのことを列記してみよう。宗教的問題：現在は、イスラム教徒とその対立者（キリスト教徒、ヒンズー教徒、ポストキリスト教的西欧の世俗主義者、ポスト共産主義的後継国家など）との間の闘争がもっとも激しいが、未来においては別の軸の宗教対立も出現しうる。人種的／民族的／国民的アイデンティティに関する問題：公職の利権の分配をめぐる闘争の対立範囲、民族別の資源へのアクセスの割り当てと政府規制（アファーマティブ・アクションなど）、移民を防ぐ国境警備、移民の排斥、領土紛争、民族間の戦争。しかし、民族間の調和あるいは統合を促進する運動をしても、その後、かつての排他主義的目標を追求する運動によって反対されるかもしれない。また、多くの政治的関心を取り上げる一時的な論争点がたくさんある。これらには、スキャンダルや汚職容疑、人身攻撃、残虐行為など、時には「文化戦争」の事態にまで高められた道徳的問題が含まれる。しかし実際のところ、構造危機をさらに重要なものにするのは、それが構造的だということであり、そのことは、社会生活の存続の物的・組織的基盤に影響を与える制度的配置をめぐる不可避的な争いに関係する。構造的問題は、スキャンダルと違って立ち消えにはならず、しばらくの間無視されることがあっても引き続きその影響をもたらしていくのである。

構造的危機が排他主義的問題によって覆い隠されてしまうことは避けられない。民族や宗教、ジェンダー、ライフスタイルなどをめぐる闘争は、資本主義の危機を強めることもあれば、ポスト資本主義への革命的転換を遅延させたり妨害したりするのに十分なほどそれを曖昧なものにすることもある。もし大多数の人びとが、抑圧され傷つけられた民族集団や宗教、ジェンダー等々としてのアイデンティティを通して動員され、自分たちの不平・不満が資本主義システムに反対する人びとの利害と一致すると認めるなら、闘争が危機と転換をさらに進めていく可能性も出てくる。過去の革命においては、階級動員の上に排他主義的アイデンティティが重ねられることがしばしばあったが、それは未来にも起こりうると思われる。他方、特殊なアイデンティティを重ね合わせることは、経済問題から注意を逸らし、反動的な運動のための動員基盤として機能することになりがちである。つまり、彼らは、改革者に対して民族的・宗教的等の敵意を抱くためにシステムの改革に反対するのである。こうして再び私たちは、未来の資本主義危機の深刻さについて思い知らされる。理論が示すのと同じくらい資本主義危機が深刻であれば、ポスト資本主義への移行より他にそこから逃れる方法はない。民族的、宗教的、ライフスタイル的な闘争、そしてその他のあらゆる闘争は、ポスト資本主義的移行期が問題を解決する危機を、動員された政治的諸勢力が最終的に結集するまで引き延ばすのであり、移行が起きるかどうかではなく、移行にどれくらい時間がかかるかということが長期的な問題になるのである。

③戦争

二一世紀の中頃に起こると推測される資本主義の危機は、戦争と連動するだろう。ある国に反資本主義革命が勃発すると、資本主義体制を回復するために外部からの干渉が生じる結果、戦争が続発的に引き起こされる可能性がある。外部からの支援と干渉によって内乱が起こり長期化することもあれば、好戦的なポスト革命国家が革命の輸出を推進するために別のどこかに戦争を生み出すこともある。しかし必ずしもそうではなく、革命（とくに平和的な政治的移行）の後に戦争が続いて起こらない経路もある。未来の偶発的な多様性を予言しようと努めるよりも、むしろ、戦争は資本主義を救うのか、あるいは資本主義の危機を高めることになるのかという、何よりも大切な問いについて考察しよう。戦争は概して、とりわけ敗北した側で革命を促進させる。しかし、戦争に勝利した側で、戦費が国家の財政危機をもたらすために革命が起こることが時にある。反資本主義運動が強い世界では、資本主義を維持しようとする国家が戦争の勝利者になったとしても、力によって資本主義を維持していくことができるのだろうか。それは一時的に可能であるかもしれないが、大規模な労働の技術代替による危機が深刻化すれば、この方法で解決することはできないだろう。戦争のシナリオは、ポスト資本主義的移行を遅らせるだけである。

④環境危機

長期的気候変動や自然資源ならびに人間諸活動の成果の破壊は、大規模な破滅的結果をもたらし、未来における生命や暮らしを危険に陥れる。そこで、次のような問いが提起される。環境危機は、資本主義的危機が克服されるような資本主義への移行をもたらすだろうか（数々の環境危機を解決していくことは資本主義の危機を解決するだろうか）。環境危機と資本主義的危機が結びついてお互いを悪化させているなかで、共通の解決に対する機運は高まっていくのだろうか。それとも、同時的解決策が失敗に終わることになるのだろうか。

環境危機が資本主義危機とかみ合うことはありうるが、環境危機が資本主義の生き残りを助けるというオルタナティブの可能性はとても考えられない。とくに、さらなるコンピュータ化と自動化というハイテクの経路を辿っていくと思われるグリーン産業が、労働の技術代替を相殺するのに足るだけの雇用を創出することはないだろう。地球の一部の地域は他の地域よりも早く、人間の苦痛という点で考えただけでも恐ろしい環境危機の破壊的影響を被るだろう。逆に環境の変化は、一部の地域に新しい優位と好機を作り出すだろう。世界のいくつかのゼロメートル地帯は水浸しにされ、他の場所は、干ばつや熱波、汚染等々のために人が住みにくくなるだろう。その一方で、一部の寒冷地域はより住みやすくなるだろう。例えば、氷河の溶解が新しい海洋を作り出し、ロシアやカナダ、およびこれらの未開拓地に隣接した他の諸国にとって好都合となる。こうしたことによって、大量の移民圧力が生まれ、人道的災害が引き起こされて数億の人びとが殺戮される可能性もあるだろう。今から数世紀後に世界人口の一〇％が失われたとしても、それにもかかわらず歴史の冷徹な目は、世界の人間のほとんどが生き残って変化に適応した、と報告することになるだろう。

現在、環境危機と、中産階級のハイテクによる労働代替によってもたらされる資本主義危機とが同時に進行しており、環境的に荒廃した地帯から居住可能な地域への大量難民の流出は、すでに過剰状態にある労働市場の競争をより激化させている。オートメーションによって過剰なものとなった多くの人びとのライフチャンスを押し下げている安価な使い捨て労働は、経済危機をさらに悪化させていくだろう。移住する少数民族集団の飛び地や、居住しやすくなった地理的辺境において、いくらかの新しい雇用が生まれることはありうる。けれども、労働の技術代替による危機の全般的傾向を環境危機が阻止することはないように思われる。もはや居住できなくなった地域から避難する難民やそれに対する移民排斥運動は、資本主義危機の解決にさらなる混乱あるいは遅延をもたらすことになるだろう。人道主義的な観点から難民や移民を受け入れた世界の一部の地域の人びとの思いやりは、資本主義とその問題を超える移行をめざした運動に感情的エネルギーを注いでいくことになるだろう。環境危機は概して、反資本主義のシナリオの可能性をさらに高めていくように思われる。

大きな環境破壊がいつ起きるのかということは決定的に重要である。環境危機に関する周到な予測によれば、二一〇〇年頃に人間の居住の大きな破壊が起き、この時、海面はゼロメートルの沿岸地域を水没させるほど上昇する。そして、大きな人口密集地域では農業が衰退し、水不足が差し迫ったものになる。しかし、資本主義の危機の到来はもっと早く、二〇三〇年から二〇五〇年になるだろうと予測され、それは環境危機よりも影響力が大きいと考えられる。というのも、資本主義の危機の方が最初に深刻化するからである。

ポスト資本主義的未来と経済体制の間で揺れ動く可能性

資本主義の後に来るものは、資本主義企業や金融取引によって生み出された富の私的領有という現在の仕組みを変える、大規模な再分配のプログラムでなければならないだろう。このような再分配のプログラムは、現在の大部分の管理的・専門的雇用を含むあらゆる労働形態のコンピュータ化と機械化によって代替される、大多数の人びとにまで及ぶだろう。またそれは、資本主義の破滅的軌道を支えている現在の金融機関の支配権を握ることにもつながるだろう。そのようなポスト資本主義的制度は、おそらく国家社会主義による二〇世紀の古典的実験よりも分権化された形態で形成されうると思われる。

資本主義の終焉によって歴史は終わりになるだろうか。もちろん、そうはならない。資本主義が終わっても政治がなくなるわけではない。それどころか、うまくいけば、ポスト資本主義体制は民主的になるだろう。民主主義が単なる資本主義の防御壁ではなくそれ自体に価値があるということが認識されて、もっと大きな努力がなされるようになるかもしれない。政治には、つねに新しく方向変化させていく可能性がある。

反資本主義革命は人びとを幸福にするだろうか。デュルケム（Durkheim［1893］）の議論によれば、人間の歴史における幸福のレベル（おそらく不幸のレベルと言うべきだろう）はいつもほぼ同じである。新しい状況は新しい願望と新たな比較基準をつくり出すが、人間の組織にはともかく対立が本来的に備わっている。私たちが二〇世紀におけるさまざまな社会主義体制の歴史から学んだことは、それらの体制には固有の闘争が内包されているのであまり多くを期待してはならないということである。それらには主として、資本主義的でないというメリット、そして、資本主義危機から逃れているというメリットがある。

私はあえて、反資本主義体制が永続的であるとは予言しない。おそらく反資本主義体制は、選挙による交代を通じて、あるいは、五〇年から一〇〇年のこれから先に起こる未来の革命を通じて、それ自体を変えていくだろう。社会主義体制が資本主義体制よりも平和的であるべきだということに深い理由は存在しない。マックス・ヴェーバーが論じたように、あらゆる国家権力の組織は、世界の活動領域にチャンスがあれば権力の威信を拡大しようと努める。だから、軍事支出の増大による革命への道が再び繰り返される可能性があるのだが、それは実際、旧ソヴィエト連邦を打ち倒したものであった［Collins 1995］。歴史は終わりを遂げない。それどころか、未来の世紀は資本主義的形態と社会主義的形態との間の一連の揺れを経験することになるだろう。それゆえ、まだその他の形態が生じるかどうかも予測できないのである。

国家社会主義体制の経験は、破滅的と言わないまでも非常に不快なものであったので、この体制が再び魅力を回復することなどできない、とこれまで議論されてきた。しかし、未来における資本主義の潜在的恐ろしさとバランスをとりながら考えていく必要がある。未来の資本主義では、少数のエリートがすべての大企業を所有してあらゆるコンピュータ設備やロボットを販売あるいは操縦し、人口の大部分がエリートやロボットに仕える職を得るために仲間争いすることが放置されるのである。私は、ユートピア社会主義とその大げさな希望の復活を予言しているわけではない。政治的アクターがオルタナティブの流れを認識し、一つのシステムが危機に支配されて維持できなくなるときにどのような逃げ道を選択するのか、その局面について予言しているのである。資本主義が極端に悪化するとき、社会主義への転換が起き、しばらくかかって諸問題が国家社会主義によってきれいに片づけられた後、国家社会主義自体に固有のやっかいな性格が反動を引き起こすこともあるだろう。それゆえ、政治経済の二つのシステム間の揺れが、将来の数世紀にわたって生じることになるだろう。

ポスト資本主義は、おそらくあらゆる経済的不平等を終わらせはしないだろう。社会主義体制の過去の経験が示すように、社会主義体制は不平等のレベルを約半分引き下げたが、このことは、社会主義社会と資本主義社会のジニ係数〔社会における所得分配の不平等を測る指標〕を比較すれば明らかである。そして、ソヴィエト連邦崩壊後には不平等が急増している。社会主義は、資本主義によって生み出された蔓延する不平等を改善し、大多数の人びとに人間的な雇用を回復させるための何かをするけれども、人びとはやがて退屈になって不満になるのかもしれない。そして五〇年も経てば、一九八〇年代に起きたような共産主義に対する幻滅が繰り返されることになるのかもしれない。未来の集権化された計画経済は、権威主義的になることもあればそうならないこともあるだろう。確かにそこでは、きわめて優しい形態ではあるにしろ、コンピュータ化された技術やロボットが全面的に使われ、高圧的な社会的存在感をもたらす調整と監視の手段が用いられることになるだろう。この種のシステムに内包されている権力政治が消滅することはないと思われるが、これは、未来における対立につながるもう一つの道である。

未来の社会主義への不満と共に、市場が復活する可能性が出てくる。計画経済の内部に許される余地があれば（自由主義的な混合形態ということもありうるだろう）、取引のネットワークが発達して企業家は新しい事業を立ち上げ、中央集権化された計画が企業家による大きな革新性によって打ち負かされてしまう可能性がある。人びとの欲望を駆り立てる投資や金融が再び姿を現し、投機と金融取引のピラミッド型メタ構造の新しい段階が始まるかもしれない。社会主義体制が十分に民主主義的であるなら、資本主義運動は選挙で支持を集めて経済の国家管理の一部あるいはすべてを取り除くことになるだろう。社会主義体制が権威主義的であるなら、国家崩壊や体制変革の開始をもたらすような状況になると、革命理論が再び実践的な意味を持つようになるだろう。遠い未来――例えば、二二世紀あるいはその次の世紀――に資本主義が復活するとしても、それで歴史が終わることはないだろう。資本主義が現在の資本主義と同じ自己破壊の傾向を伴いながら復活するなら、世界は経済の資本主義的制度配置と反資本主義的制度配置との間の揺れをもう一度繰り返すことになるだろう。

要するに、長期的範囲の未来――それがどれほど長期に渡ろうとも――には、それぞれ弱点を持つ中央集権的国家計画と蔓延する市場経済との間で一連の変動が起こるだろう。人類の解放ではなく、これら二つの社会経済的ジレンマのなかで生じる揺れを実際に経験することになるのは確かである。

結論

ここで、私の分析の図式的な性格について強調したい。私は、資本主義内部の不平等の拡大と関連する最重要事項としての、資本主義的労働市場の長期的・構造的趨勢に焦点を当ててきた。ハイテク技術革新――コンピュータ化、ロボット化、機械による人間のコミュニケーション労働の代替――が進行する局面は、今日、最高潮に達しており、一〇年ごとにますます極端になっていくことは間違いないだろう。人間の柔軟な創造的認知能力の細部にまで接近するような、完全に発達した人工知能はまだ存在していない。その基準に人工知能が近づいていくにつれ、代替することのできる労働力の等級はそれだけ高くなっていくだろう。おそらく今から五〇年以内には、ほとんどすべての労働がコンピュータとロボットによって行われて少数の技術者と修理人員しか要らない未来が来るだろう、と思い描くことができる。ロボットは肉体労働をする労働者階級と等価であり、すでに工場ロボットは、まともな賃金支払いが必要な製造業の職の多くを代替することに寄与している。稼働能力もあり、センサーや内蔵コンピュータを備えたさらに発達したロボットは、上層の労働者階級と中産階級の熟練労働と代替するばかりか、管理職や専門職にもとって代わるような人型ロボットにまで発達するだろう。これは、SF小説の身の毛もよだつようなファンタジーと類似するものではない。未来の真の脅威は、フランケンシュタインがつくり出した人口怪物のようなロボットの反乱ではなく、ロボット所有者である少数の資本家に資する、技術による労働代替の最終段階なのである。

技術化された未来がどのようなものになるとしても、技術による労働代替という構造的傾向は、短期的、循環的、偶発的な危機を経過しながら資本主義そのものの危機を押し進めていく。また、不平等を拡大するこの傾向は、消費者市場を減らして資本主義を持続できなくしていくだろう。それゆえ、図式的に言えば、危機を解決する方法は、資本主義を、社会主義的所有や、強い中央集権的な規制と計画を意味する非資本主義システムと取り替えることしかないだろう。この移行がいつどのように起きるのかは、私の理論的枠組みをはるかに超える歴史的に特異で複雑に込み入った問題である。

要点は依然として、技術による中産階級の代替が進むことによって、今日支配的な地位にある資本主義が二一世紀の末には没落するだろう、ということである。この移行が平和的になされるのか、あるいは恐ろしいものとなるのかは、今後の研究課題である。

参考文献

Arrighi, Giovanni, The Long Twentieth, London: Verso, 1994.〔土佐弘之監修『長い20世紀——資本、権力、そして現代の系譜』作品社、二〇〇九年〕

Autor, David, and David Dorn, "The Growth of Low-Skill Service Jobs and the Prolarization of the U.S.Labour Market." *American Economic Review* 103 (2013): 1553-97. http://econ-www.mit.edu/files/1474

Brown, David K., and David B.Bills, eds. "Special Issue: New Directions in Educational Credentialism." *Research in Social Stratification and Mobility* 29 (2011): 1-138.

Chaffee, John W. *The Thorny Gates of Learning in Sung China*. Cambridge: Cambridge University Press, 1985.

Chase-Dunn, Christopher. *Global Formation. Structures of the World Economy*. Oxford: Blackwell, 1989.

Cohen, Albert K. *Delinquent Boys: the culture of the Gang*. New York: Free Press, 1955.

Collins, Randall. *The Credential Society: Historical Sociology of Education and Staratification*. New York: Academic Press, 1979.〔新堀通也訳『資格社会——教育と階層の歴史社会学』有信堂高文社、一九八四年〕

Collins, Randall. "Prediction in Macro-sociology: The Case of the Soviet Collapse." *American Journal of Sociology* 100 (1995): 1552-93.〔田原音和訳『社会分業論』筑摩書房、二〇一七年〕

Collins, Randall. "Credential Inflation and the Future of Universities." In *The Future of the City of Intellect*, edited by Steve Brint. Stanford. CA: Stanford University Press, 2002: 100-122.

Durkheim, Emile. *The Division of Labour in Society*. New York: Free Press, 1964 (初版1893).

Goldstone, Jack A. *Revolution and Rebellion in the Early Modern World*. Berkeley: University of California Press, 1991.

Halnon, Karen Bettez, and Saundrain a Cohen, "Muscles, Motorcycles and Tattoos: Gentrification in a New Frontier." *Journal of Consumer Culture* 6 (2006): 33-56.

Milner, Murray Jr. Freaks, Greeks and Cool Kid: *American Teenagers, Schools and the Culture of Consumption*. New York: Routledge, 2004.

Schneider, Eric C. Vampires, *Dragons and Egyptian Kings. Youth Gangs in Postwar New York*. Princeton: Princeton University Press, 1999.

Schumpeter, Joseph A. *The Theory of Economic Development*. New York: Oxford University Press, 1911.〔塩野谷祐一・中山伊知郎・東畑精一訳『経済発展の理論――企業者利潤・信用・利子および景気の回転に関する一研究』(上・下)岩波書店、一九七七年〕

Schumpeter, Joseph A. *Business Cycles: A Theoretical, Historical, and Statistical Analysis of the Capitalist Process*. New York: McGraw-Hill, 1939.〔金融経済研究所訳『景気循環論――資本主義過程の理論的・歴史的・統計的分析』(全5巻)有斐閣、一九五八－六四年〕

Skocpol, Theda. *States and Social Revolutions*. New York: Cambridge University Press, 1979.

Tilly, Charles. *Popular Contention in Great Britain*, 1758-1834. Cambridge MA: Harvard University Press, 1995.

Wallerstein, Immanuel. 1974-2011. *The Modern World-System*. Vols.1-4. Berkeley: University of California Press.〔川北稔訳『近代世界システム――農業資本主義と「ヨーロッパ世界経済」の成立』岩波書店、一九八一年。川北稔訳『近代世界システムII――重商主義と「ヨーロッパ世界経済」の凝集 1600-1750』名古屋大学出版会、一九九三年。『近代世界システムIII――大西洋革命の時代 1730-1840s』名古屋大学出版会、一九九七年。『近代世界システムIV――中道自由主義の勝利 1789-1914』名古屋大学出版会、二〇一三年〕

White, Harrison C. *Markets from Networks*. Princeton, NJ: Princeton University Press, 2002.

Zelizer, Viviana. *The Social Meaning of Money*. New York: Basic Books, 1994.

第3章

終わりは近いかもしれないが、誰にとっての終わりなのか

マイケル・マン
Michael Mann

序文

私のような歴史社会学者は過去を観察するのは得意であるが、未来の予測となるとまた別である。とりわけ、国民国家あるいは資本主義のような大きな社会制度の未来について予言するのは困難である。しかし、問題とされる制度がそれ固有の内的な発展論理やそれ自身の循環、それ固有の矛盾を有する「システム」だと考えるなら、その未来を予測することは容易になる。というのも、現在の発展論理を見つけ出すことによって、ありうる未来を描き出すことができるようになるからである。資本主義の場合、それができる、と多くの人が考えている。とりわけ新古典派経済学者は、資本主義には均衡へと向かう内的傾向を有する規則的な景気循環があると捉えている。そうであれば、資本主義の現在の困難の後に回復が到来し、次に新たな危機とその回復が続くことになる。おそらくすべてが、発展の全面的な上昇軌道の途上にあると想定されているのだろう。コンドラチェフやシュンペーターのように、頻発しないとはいえ脅威をもたらすもっと深い循環を認識する人びともまた、いくつかの内的規則性を有するものとして、そして（コンドラチェフの場合）予測可能なものとして循環を捉えている。均衡の概念に懐疑を示したケインズさえもが、国家のわずかな助けを介してならば長期的に均衡が回復することを否定しなかった。これらのモデルには（シュンペーターの場合はそうではないが）、資本主義のイメージを永久的なものとして伝える傾向がある。マルクス主義者もまた、発展の内的論理を有するものとして資本主義を見ているが、彼らは資本主義を――すべての生産様式と同じように――、最終的にそれ自身を崩壊させることになるシステム的矛盾を内包するものと考えている。

システムの要素は、世界システム論――その主要な理論家はイマニュエル・ウォーラーステインである――と呼ばれているものにおいて明白である。マルクス主義者やシステムの理論家にとって予言の困難性はただ一つ、資本主義の後を継ぐものは何かという問いのなかにある（なぜなら、彼らの多くが、将来は社会主義的であるという信念を失ってしまったからである）。資本主義についての理論的見通しの大部分は西側から生まれているが、現在、西欧の資本主義が諸困難に直面しているのは明らかであるために、資本主義の終焉のシナリオが関心を集めている。

私は、楽観的であれ悲観的であれ、これらの確信に満ちた未来に関するビジョンをできるならば共有したいと思うが、そうできない三つの理由がある。それらのビジョンを共有することを妨げるものは、第一に、人間社会についての私の一般的モデルである。私は社会をシステムとしてではなく、多様に重なり合うネットワークの相互作用として把握している。そのなかで最も重要なのは、イデオロギー的力関係、経済的力関係、軍事的力関係、政治的力関係という四つのネットワークである。そしてこれら四つに、地政学的関係を、軍事的力と政治的力の独特の混合――この混合の仕方は、伝統的に「ハードな」地政学と「ソフトな」地政学と呼ばれているものの間で変化する――として付け加えることができる。これら四つあるいは五つの力の源泉にはそれぞれ発展の内的論理や傾向があるので、資本主義のなかに、均衡への傾向や循環や矛盾を見出すことができる。社会的力の他の源泉にも同じように、それらに匹敵する傾向が見出されうる。例えば、攻撃 対 防衛の循環、あるいは可動性 対 固定性、あるいは破壊力の継続的拡大といったものは、いずれも軍事的力関係の内的傾向であり、また、近代国家の長期的発達や国民国家による帝国の代替は、政治的力関係に固有な支配的傾向である。イデオロギーについて言えば、支配的イデオロギーが「機能している」ように見えるかそうでないかによって、また、危機の解決策として現時点で提供されている代替的イデオロギーのどれが採用されるかに応じて、それは異なった発展の循環を経験する。

これらのさまざまな動態は、互いに「直角に交わる」関係にある。つまり、これらの動態は相互に作用するけれども、システムを形成する仕方で作用し合うわけではない。それゆえ、私たちは、ある程度までしか力の源泉のなかにある「内的」動態を確認することができない。なぜなら、それぞれの動態はその他の動態から絶対的に自立しているのではなく、それぞれの発展がその他の発展に影響するからである。ひとたびそのような相互作用の重要性を認めるなら、私たちはもっと複雑で不確実な世界に入っていくことになる。例えば、そのような世界のなかでは、資本主義の発展はまた、イデオロギーや戦争や国家によって影響を受ける。資本主義のこれまでの二つの危機、すなわち、大恐慌と現在の景気大後退について説明しようとするとき、そのことが明らかになるだろう。しかし、残念なことに、そのために未来を予言するのがいっそう困難になるのである。

第二に、お互いにかなり異なる諸国民国家とマクロ的地域がきわめて大きな地球という惑星のなかに存在している、という事実によって複雑さが高まる。そのために一般的傾向は、他のところよりも一部の国や地域で明確に確認されることになる。今、ギリシャには真に深刻な資本主義的危機が存在していると思われるが、隣国のトルコの危機は小さいし、中国ではほとんど危機が見られない。これらの相違はまた、世界史的発展の多様な軌道を生み出し、例えば中国が経済的にアメリカや西アジアを追い越すかもしれないことを示している。マクロ地域的な移動には多くの歴史的先行例が見られるのである。

ところで、核兵器の出現によって、諸国家やマクロ的地域の間のいかなる敵対関係も戦争では解決できないだろうことが、世界の歴史において初めてはっきりした。と言っても、戦争が起こりえないわけではなく、そのことが第三の複雑さを提起する。人間は、合理的に計算する機械ではない。人間は時として、明確な解決策がないような複雑な問題に直面する。また、道具的合理性ではなく価値合理性とヴェーバーが呼ぶものに駆り立てられて、全体的なイデオロギーのために個人の打算的利害を犠牲にすることもあれば、理性を上回る強い感情に支配されることもある。それゆえ、人間の行動を予測することはしばしば不可能になる。二〇世紀において人間は、今日の私たちには非合理的であるように思われる意志決定をたびたび行って、二つの破滅的な世界戦争に突入したり、人間社会のユートピア的な全面的転換を追求したりしたが、二一世紀が二〇世紀とは異なると考える理由は存在しない。

したがって、予測に関して私にできるのは、せいぜい、ありうるオルタナティブなシナリオを提起することとくらいである。資本主義の終焉、控えめに言えば資本主義の衰退が、アメリカや西側にとってばかりか、世界経済全体や地球全体にとっても近いことであるのかどうか、考察することにしよう。私のシナリオには、他の著者と比べて楽観的なところもあるが、地球のより広い範囲をカバーしているところもある。それぞれのシナリオは、資本主義が社会的力の他の源泉や危機と複雑に相互作用することによって影響を受ける可能性があるが、私は、これらのシナリオ——おおざっぱな推測にすぎないシナリオだが——にどれほどの実現可能性があるのか、明らかにするよう努めたいと思う。

システムと循環

私は、資本主義の最終的危機を単一のシステムとして描写する理論に疑問を抱いている(可能性がある二つの例外については、後で説明する)。例えば、「資本主義世界システム」は危機にあるというウォーラーステインの見解を取り上げてみよう。彼の世界システム論は二つの構成要素から成っている。第一の構成要素は、資本蓄積の論理によって推進される、繁栄局面と不況局面を含む五〇年から六〇年周期の、次第に悪化するコンドラチェフ循環で表現された資本主義の「内的」危機である。彼によれば、次の不況はいっそう悪化したものになって、資本主義を実際に破壊することになるかもしれない（彼はとにかくそう望んでいる）。また、今私たちは資本主義のシステム的危機に突入しているが、それは、利潤水準が低下しており今後もほとんど不可避的に低下し続けるだろうからだ、と彼は考えている。

第二の構成要素は、長期の「覇権《ヘゲモニー》」循環において表現される地政学的危機である。覇権は支配を意味し、危機はさまざまな覇権体制の間の過渡期に出現する。ウォーラーステインの例を見れば、覇権はオランダ共和国からイギリス帝国へ、さらにイギリスからアメリカへと移行している。これらの地政学的循環は、経済循環よりも可変的で長くなる傾向がある。オランダからイギリスへの覇権の移行にはちょうど一〇〇年かかり、イギリスからアメリカへの移行には五〇年を要している。ウォーラーステインによれば、アメリカの覇権は今や衰退しつつあり、約七〇年から八〇年の支配を経てまもなく終わることになる。彼には、当然のことながら、後に何が続くのか分からない。彼は中国の覇権を一つのありうる未来として指摘するが、単一の覇権国が現れないことの方が可能性が高いと考えているように思われる。人間は単一の主権を必要とするというホッブス的見方を前提とすれば、それは暗い先行きを示している。彼は資本主義の危機と覇権の危機を、互いに弱め合うものとか互いを複雑にするものと見ておらず、一定の状況では資本主義の循環と覇権の循環の危機が同時に起こって互いを強めるために全体のシステム危機が引き起こされる、と考えている。

これは洞察力ある簡潔な理論であるが、私にはその半分も受け入れることができない。まず、以下のようなウォーラーステインの歴史的覇権国について考えてみよう。彼によれば、オランダ共和国は、ヨーロッパにおける最初の覇権国として奇妙な選択をしたように見える。オランダ人は、資本主義的制度の先駆けとなった一七世紀の後半に、陸と海の両方で自分たちを巧みに防衛して数々の植民地を獲得した。にもかかわらず、彼らがヨーロッパを支配したことは一度もなかったし、ましてやヨーロッパ以外の世界を支配することはなかった。この当時、ハプスブルグ家とフランスはヨーロッパの指導的な勢力であったが、大陸（および、その諸帝国）は基本的に複数の権力から成る地政学的構図の下にあった。一九世紀にはイギリスの方が支配的になったが、それは、イギリスが最大の海軍と帝国、そして、しばらくの間は準備通貨を持つ、指導的な産業的・資本主義的権力であったからである。しかしイギリスは、ヨーロッパ大陸に対しては覇権的でなかった。というのも、イギリスは自らを防衛するために、他の諸国家との勢力均衡を当てにしていたからである。次にウォーラーステインは、ドイツとアメリカという二つの潜在的覇権国間の、アメリカが勝利する以前の対抗期間について考察する。彼は、一九一四年から一九四五年までの時期をアメリカとドイツの「三〇年戦争」として描いている。それは、アメリカだけが遅れて参入する戦争——アメリカは、日本に攻撃されて初めて第二次世界大戦に参入した——についての奇妙な描写である。アメリカの覇権は実際には第二次世界大戦後に確立されたが、それは、ドイツと日本のファシストや軍人の虚勢によって始められた自滅的な戦争の意図せざる結果であった。そして、イギリスとフランスの帝国が終わり、世界の大部分に対するアメリカの覇権は、経済的自給自足の経済の道に転換しつつあったソヴィエト連邦によって補完されることになった。

このような一連の偶発的な結果は、社会的力の四つの源泉のすべての複雑な相互作用から生じた。すでにアメリカは、両大戦間期に指導的な経済大国になっていた——第二次世界大戦がなければ、アメリカのドルはおそらく準備通貨を他の国民通貨と分け合っていただろう——が、その軍事的あるいは地政学的な力は経済力と比べてはるかに小さいものだった。アメリカは戦争の結果、歴史的例外とも言える唯一の世界帝国、世界が今までに経験したことのない唯一の真の覇権国となったのだった。しかし、唯一の単独事例であるがゆえに、覇権の循環を確認することはできない。とはいえ、アメリカがごく最近まで有していた覇権は今や弱体化しており、二〇二〇年から二〇二五年ぐらいの時期におそらく終わりを迎えることになるだろう、というウォーラーステインの意見に私は同意する。この独自な世界史的プロセスは、アメリカに固有な危機をもたらすだろう。

ところで、ほぼ一定の持続性を持つ、上昇局面と下降局面から成る継続的長波としてのコンドラチェフ循環について見てみよう。コンドラチェフの主張によれば、コンドラチェフ循環には五四年の周期がある。そうであるなら経済は、一九三三年に底を打ち、それから一九六〇年までの二七年間は上昇し、さらに一九八七年に最下点まで下降した後、二〇一四年のピークまで上昇していかなければならない。しかし、今日、経済回復のようなものは感じられない。彼を継承する人びとは循環について、変動の幅を物価で測定するか生産量で測定するかによって異なってくる二つの仕方で描いてきた。ある人は一九七二〜一九七三年を上昇の開始（物価が上昇したという理由で）として、別の人はこの時期を下降局面の開始（実際のところ、生産は低下しなかったが、少なくとも西側では成長率が低下したという理由で）として捉えている。また、二つの世界大戦によって、上昇が終わったのは一九一三年か一九二九年なのか、次の上昇の開始は一九三八年か一九四五年なのかといった、さらなる不一致点が生み出されている。このように、循環に関して意見の一致がほとんど見られないので、循環の規則性に対する私たちの疑問は消えることがない。

ウォーラーステインは、コンドラチェフ循環について自分自身の解釈をしている。彼によれば、生産の最後の上昇局面は一九四五年に始まり、一九六七〜一九七三年にピークに達した。経済の西側地域に当てはまるように思われるこのことは、資本主義に固有な循環の産物というより、外部からの経済的刺激をもたらした第二次世界大戦の終結の結果であった。最初にアメリカとイギリスによって合意され、次いでアメリカのすべての同盟国によって承認された、グローバルに規制された資本主義が確立されたが、それは、累積的な消費者需要――戦争の間、強制的に抑制されていた――のおかげで繁栄することができたのだった。累積的な消費者需要は、戦時中の技術革新と結合することで、かつてないほどの高成長を伴う前例のない「資本主義の黄金時代」を生み出し、ほとんど世界中に高成長が広がった。この時期の後、西側の経済は、一九七三年頃から上昇局面が始まるはずだった二〇〇〇年にかけて、深刻な停滞を経験した。それから一〇経ってもまだ上昇局面は始まっていない。しかし、西側が景気後退に陥った後、世界の大部分の地域で急成長が続き、一部の国ではいまだにそれが続いていることに注意しよう。一番目に日本、次いで東アジア諸国、そして、中国、インド、さらに他のＢＲＩＣｓ諸国が、いずれも急成長を経験した。西側を研究している経済学者の間でさえ論争を引き起こしたコンドラチェフ循環は、世界の残りの大部分には妥当しないように思われる。

資本主義においては、上昇局面と下降局面が不可避的にやってくる。長期的に上昇した後、アクターが自信過剰になって深刻な不況をもたらすことはありうる。確かに二一世紀の最初の一〇年間、銀行家と国内の購買者はそのような行動をしたが、そこに何らかの確かな規則的パターンを見つけることは難しい。また、真にグローバルな経済活動のパターンも稀に見られただけである。とはいえ、資本主義の将来の危機に対するある種の対処法を過去の危機から得ることはできるだろう。私は、理論は詳細な経験的研究に基づかねばならないと考えている。それゆえ、資本主義の歴史における二つの最も深刻で、しかも十分なデータを有する危機である、一九二九年代の大恐慌と二〇〇八年の景気大後退の検討に向かうことにする[★1]。

二つの危機には多様な原因があるが、その大部分は主に国内的な経済的要因である。というのも、読者の方々が推察されるように、二つの危機は経済的な出来事であり、資本主義には一定の「内的」論理があるからである。しかし、経済の外部から生じる要因に由来する危機もあれば、偶然的要因によるものもある。いずれの場合も、危機は一つの深刻な問題から始まったのだが、その問題は、それまで見過ごされてきた経済的、あるいは経済的でない別の弱点が「発見」され誇張されるにつれて、次第に大きな問題へと転換していくことになった。そうでなければ、プロセス全体が容易に別の方向へ進んでいた可能性がある。それらの危機はまた、不均等な形で世界中に衝撃を与えた。ほとんど無傷なままに終わった国民経済もあれば、効果的な政策を素早く講じて危機を免れた国もあった。こういったことはすべて、単一のシステムの論理が作用していることに疑念を抱かせる十分な理由である。また、それらは残念なことに、未来の経済危機を予測する機会を減らしてしまうのである。

農業における過剰生産から(部分的には第一次世界大戦によって)始まった大恐慌は、ベリー・アイケングリーンが証明したように、列強の中央銀行が協力してもイギリスが覇権を発揮してももはや維持できない金本位制によって次第に拡大していった。第一次世界大戦後、各国は、実用主義的な経済分析よりも国家の威信と名誉というイデオロギーに駆り立てられて、その場しのぎに、自国通貨と金とのほとんど非現実的な交換比率〔イギリスは大戦前のレートである一オンス＝四・八六ポンドという旧平価〕で金本位制に復帰した。これに加えて、一方ではドイツとオーストリアとの、他方ではフランスとイギリスとの地政学的緊張が大恐慌の一因となった。フランスとアメリカは金を蓄蔵した。旧体制は、自由放任の経済や株式市場のバブル、製造業の古い形態から新しい形態への終わりなき移動にイデオロギー的に執着したが、これらすべてが経済の雇用創出力を低下させることになった。アメリカでは、市場原理主義に根ざした当時の連邦議会と連邦準備制度理事会による政策の行使が、台風の目となる重大な失敗をもたらした。この時期は、「清算主義」と呼ばれるもの――非効率的な企業や、産業、投資家、労働者を破壊するための緊縮政策の追求――が、すさまじい勢いで最高潮に達した時であった。上から滝のように連鎖的に落下する、これら多様な要因のうちの二つか三つが欠けていたなら、これを循環的景気後退と呼んだかもしれない。しかし、諸要因が滝のように連鎖的に落下する事態は、けっして不可避的なことではなかった。

しばしばグローバルなものとして議論されている大恐慌は、世界を均等に巻き込んだわけではない。大恐慌に激しく襲われたのは西ヨーロッパと英語圏諸国だが、これらの地域においてさえ巻き込まれ方に違いがあり、アメリカやカナダやドイツは、イギリスの六倍、フランスの三倍にものぼる一人当たり所得を失った。最初の株式の大暴落に続いて、大恐慌は世界の広範な地域に影響を及ぼしていくが、中国への影響はほんのわずかだったし、ソヴィエト連邦や日本、日本の植民地であった韓国と台湾、そして東ヨーロッパは、大恐慌を通じて成長し続けた。それゆえ、大恐慌は実際にはそれほどグローバルではなく、おそらく白人諸国中心の大恐慌と名づけられるべきものだったと思われる。というのも、大恐慌によって最も深刻な影響を受けたのは白人だったからである。一部の国は、金本位制から離脱して自国の経済を財政支出で膨張させることにより、大不況から相対的に早く脱出した。アメリカは最終的には大恐慌から脱出したけれども、回復は進行中であるというルーズベルト政権の自信過剰がアメリカ経済を一九三七年のデフレに導いて、「二番底の」景気後退をもたらすことになった。実際、第二次世界大戦による産業需要の高まりだけが、アメリカ経済を完全に回復させることができたのである。

以上のことから、非経済的要因がきわめて重要であることは明らかである。例として、危機における軍事的力関係の役割を取り上げよう。第一次世界大戦は、大恐慌に著しい影響を与えた。多くの貧しい諸国は戦争中、自国の農産物の輸出を大きく拡大することができたが、戦後になって戦闘国の農業が生産を再開すると過剰生産が生み出され、次いで深刻な価格低下が生じた。また、戦争は同意に基づく金本位制を破壊し、地政学的敵対関係を解決するための平和条約の失敗が、政治経済に関する国際協力をより難しいものにした。危機は、複数の列強間の地政学的政治の必然的結果ではなかった。なぜなら、戦争前には、そういった地政学的政治が経済的安定性をもたらしていたからである。危機は、とりわけ恐ろしい戦争という地政学的遺産の結果だったのである。

戦争が資本主義あるいはイギリスの覇権の衰退によって引き起こされたのであればシステムの議論は支持できるけれども、そういったことに妥当性はない。資本主義が出現する前の数世紀は、ヨーロッパは異常なほど好戦的な大陸であり、戦争は依然として、外交の停止状態という性格を帯びていた。そして第一次世界大戦は、大陸の以前の多くの戦争と同じように、弱体な依頼国（今のセルビアとベルギー）の防衛に列強が踏み切ったときに始まった。軍国主義はヨーロッパの伝統だったのである［★2］。大恐慌においては、異なるいくつかの因果連鎖が、あたかも支流が合流して大河に流れ込むように、さまざまな小さな危機を寄せ集めて大危機をもたらすことになった。どんどん悪化していく状況は後になって「見出された」のであり、相異なる衝撃が到来しようとしていることを予期したものは誰もいなかったのである。

二〇〇八年の景気大後退

ここで重要な問題は、現在の景気大後退が続くのか、それとも悪化するのか、事によれば資本主義を崩壊に導くような諸力の動員に至ることもあるのだろうか、ということである。まず、景気大後退の諸要因を簡単に分析することにしたい。ここでもまた、いくつかの因果連鎖が次々と生起して危機を生み出していく様子が見られる。景気後退は、いくつかの因果連鎖が合流して生じた、主にアメリカにおける危機から始まった。因果連鎖の第一は、アメリカの覇権とその結果であるグローバル・インバランス〔貿易収支におけるアメリカの大幅赤字と、日本や中国の大幅黒字との不均衡〕が、政府と普通のアメリカ人が外国から大量の通貨を極端に低い金利で借入れ、最終的には返済不能に陥るほどに負債を累積させることを可能にした、ということである。第二に、それに続く金利の上昇が住宅抵当ローンのバブルを崩壊させ、事実上の衝撃を初めて引き起こしたが、第二の要因であるこのような因果的連鎖は、「財産所有民主主義」、すなわち、住宅購入者の国民を創出するという政治家のイデオロギー的関与を前提とするものでもあった。第三の主な要因は、こういった政治家のイデオロギー的関与が、金融規制が廃止された後で行われたことである。第四の要因は、アメリカにおける不平等の著しい拡大である。これら最後の二つの要因はいずれも、アメリカの政治システムにおける新自由主義的イデオロギーと、銀行および最高経営者の権力との合体によって推進された。このことは部分的には、アメリカにおける製造業から金融業への移行に起因している。この移行によって、短期的な「株主価値」が主要企業の目標となったのであった。イギリスでも同じ要因が作用したが、それは、金融資本と新自由主義が両国で支配的だったからであり、他のほとんどの諸国ではこれらの要因はそれほど顕著なものではなかった。しかしながら、ドイツのインフレ恐怖症（この恐怖症は、インフレはヒトラーを出現させる原因だったという歴史的神話から引き起こされた）は新自由主義の主張する政策と一致しており、ヨーロッパにおけるドイツの経済力は、この財政的保守主義を大陸全体に普及させることになった。景気大後退では、軍事力ではなく、新自由主義とインフレ恐怖症という形態のイデオロギー的な力が大きな役割を演じたのだった。

こういったイデオロギー的圧力によって、金融サービス部門のウィズキッズ〔天才的な才能を示す若者たち〕が「出現する」ことになった。彼らの数学の方程式は、実物経済とますます無関係になっていく複雑な金融商品に、根拠のない信頼をもたらした。経済はそのすべてのパラメータを正確に計算し予測することのできる純粋な市場システムだ、と誤って信じている彼らは、新古典派経済学のイデオロギーをリスクの数学的モデルへと転換した。リスクのさまざまな要素がお互いに重なり合いながら次々と展開していくだろうことを予測した人は、ほとんどいなかったのである。

さらに危機は国際的に広がっていった。それは、アメリカの覇権が低下したからではなく、アメリカとその経済やドル、そして数理経済学者が依然として覇権を握り続けていたからである。アメリカの経済活動の衰退は、債務問題を抱える諸国ばかりか、アメリカの主要な貿易相手国であり「行いが優れていた」諸国――これらの諸国はドイツやフランスのように、債務や著しく拡大する不平等、新自由主義や金融資本に誘惑されることがなかった――にも影響を与えた。そして、ひとたび景気後退と資本収縮が始まると、債務が維持不可能であることを露呈する部門や諸国が、神聖な投資家の精査によって「明確にされる」ことになった。景気大後退の直前の二〇〇七年における、ヨーロッパ諸国に関するＩＭＦのデータは、ＧＤＰよりもわずかに高いレベルの負債を抱えているのはギリシャとイタリアだけであったことを示している。ＥＵ全域の政府債務の平均は、全体としてのＯＥＣＤ諸国の平均よりもやや低かった（七一～七三％）にすぎず、ギリシャの政府債務のレベルだけが大きな問題になっていた。だが、アイルランド、スペイン、イタリアでは(アメリカやイギリスにおいてと同じように)、民間債務が急上昇していた――イタリア経済の大きな弱点はその生産性の低さにあった――のであり、これらの諸国の経済は、アメリカ発の金融危機がなければ「露呈される」ことがなかったと思われる、それぞれの弱点を抱えていた。景気後退が生じ、それが緊縮政策によって悪化させられたとき、経済活動の低下は収入の低下をもたらし、その結果、政府債務は今やあらゆるところで急上昇することになったのだった。

ヨーロッパの危機がさらに悪化したのは、景気後退によってユーロ圏の外部からの打たれ弱さが「露呈した」ときである。ユーロ圏のこの弱さは、景気後退を、ユーロ圏自身の内的インバランスがいちばんの原因である大きなソブリン危機へと転換させた。EUの豊かな諸国から、財政赤字を隠していたギリシャ政府を含む貧しい諸国への大量の資本流出は以前から存在していたのだが、この危機が激化していったのは、ひとえに、ユーロ圏一七カ国のエリートたちが財政金融機能を有する中央銀行によってユーロを適切に支えることなく、共通通貨を通じて連合を「深化させていく」のに熱狂したためである。これは、構造的な政治的脆弱性であった。イタリアやスペインほどの規模の脆弱性を抱える国が窮地に陥るならユーロを十分に支えることはできないということを、エリートたちは知っていた。それなのに、確信犯的ヨーロッパ主義者としての彼らは、加盟国ごとの財政を創出しようとする国内の選挙民の提案を拒絶してでも、このようなリスクを進んで引き受けたのだった。ユーロ圏で近年実施された三つの国民投票のいずれにおいても投票者がEUのより穏やかな深化にさえも反対したことから、エリートたちにはこうした状況が分かっていたのである。これらのエリートにとっての政治的理想は、ぶざまな政策失敗をもたらす経済学的知恵に優越することであった。ヨーロッパの危機はさらに、イギリスとドイツのそれぞれ異なるイデオロギー的理由で押し進められ、また、脆弱なユーロ加盟諸国の経済に強制された緊縮プログラムの徹底によって悪化していくことになった。相異なる経済的・イデオロギー的・政治的な因果連鎖(この場合、軍事的連鎖は存在しない)の偶発的な重なり合いが、いっそう悪質な「二番底の」景気後退へと連続的に流れ込んでいく恐れは、依然としてある。

実際、景気大後退は再び世界中にきわめて不均等な形で広がっていった。GDP成長に関する世界銀行のデータから、ほとんどすべての国が二〇〇八年または二〇〇九年に不況を経験したことが分かる。事実、この短い局面の間に、世界的に危機が広がっていった。アメリカ、および、ロシアやその東の隣国までをも含むヨーロッパ全体、そしていくつかの貧しい債務国で危機が深まっていった。しかし、二〇一〇年までには、ブラジルやメキシコ、トルコ、ナイジェリア、カナダ、マレーシア、韓国、シンガポールのような重要な国を含む多くの諸国が立ち直り、二一世紀になると、それらの諸国のGDP成長率はきわめて高くなった。インドとインドネシアの成長率がほとんど以前の最高レベルまで回復する一方で、中国の公式の成長率は一〇%から八%まで下落したものの、それでも世界に羨まれるほどの成長率であった。これらの諸国はすべて、カナダを別とすれば、私たちが「低開発」諸国と呼んできた国であるが、その大部分は、構造調整

〔IMFが債務を負った途上国に、融資の交換条件として強要した新自由主義的な開放政策〕の数十年から教訓を学んで、外国人への大きな債務を避けるために準備通貨を蓄積してきたのであった。だが、そのような仕方で行動してこなかった諸国は、深刻な影響を被ることになった。カナダは大きな被害を受けなかったが、それは、この国の新しい採掘産業が、厳格に規制されていた銀行部門にとって比較的小さな役割しか果たしていなかったからである。他の諸国が危機からの深刻な影響を免れるには、準備通貨の蓄積があれば十分であったと思われる。たとえ各国の準備通貨の蓄積がシステムの危機につながったとしても、それはさまざまな政策によって回避することができただろう。

大恐慌と同じように景気大後退は、一部の国にとってだけ悲惨であった。アメリカ発の金融危機は、金融のつながりを通して、また国際貿易の減少を通じて世界中に拡散していったが、多くの国はすぐにそこから脱却した。というのも、これらの諸国には、異なった構造的配置、つまり、経済的・政治的・イデオロギー的にいくらか異なる配置がなされていたからである。機能した主要な構造は、団体協調主義的または開発主義的な国家(韓国)、大きな成長が巨大金融機関を含んでいない経済(金融危機から脱出した大部分の諸国)、新自由主義的要素が少ないこと(金融危機から脱出した大部分の諸国)、外国からの負債を回避するような慎重な政策(アジアの大部分)、そして金融資本の厳格な規制の維持(カナダ)であった。非常に大きなマクロ地域である南アジア・南東アジア・オセアニアの大部分は、こういった理由から、また、中国との貿易取引量が多いということから（これは、オーストラリアの景気回復が早かった大きな理由である）、ほとんど景気大後退の影響を受けなかった。景気大後退に直面したときにとる正しい政策は損害を最小にすることであり、それを悪化させるのは間違った政策である。さまざまなマクロ地域における支配的な政治とイデオロギーは、結果に対して責任を負っている。ユーロ圏のソブリン債務危機は、さまざまな因果連鎖――EUの独自的な政治的リズムと制度、ドイツ（およびイギリス）のエリートによる、緊縮とインフレ回避のイデオロギー的選択――を媒介にして、アメリカの金融危機の波及として出現したのだった。多くの発展途上国における資本主義の内的論理は、本質的にさらなる成長をもたらすことになるだろう。このことに対する脅威があるとすれば、それは、外部、すなわち、アメリカとヨーロッパが自ら招いた弱さからくるものであろう。

現在の危機は、さらに悪化してほとんどすべての人を飲み込むことになるのだろうか。ユーロ圏の崩壊は明らかに、ユーロ圏諸国にとって恐ろしい出来事になるばかりか、貿易と投資にもグローバルな影響を大きく及ぼすことになるだろう。そしてまた、イギリスのような非ユーロ圏のヨーロッパ諸国に直接的な打撃を与えるだろう。というのも、これらの諸国は他のところよりもユーロ圏と交易し投資しているからである。この打撃は、近隣諸国を超えて、ロシアから中近東や北アフリカ、さらに、ヨーロッパの最大の貿易相手でありヨーロッパへの投資者でもあるアメリカにまで波及するだろう。南アメリカも、とくにスペイン経済の崩壊によって困難に突入することになるだろう。アメリカとEUの経済が縮小すれば、世界貿易への影響はきわめて深刻化すると思われる。というのも、アメリカとEUは世界のGDPのほぼ半分を占めており、しかも、現在の経済はかつてないほどグローバル化しているからである。インド、そしてとりわけ中国も著しい輸出減少に見舞われるだろうが、それは、多くの人が予測するような「二番底の景気後退」よりもはるかに深刻な資本主義のシステム的な危機を示すものである。とはいえ、西側諸国における資本主義のシステム的な危機は、発展途上にある世界の残りの諸国におけるそれよりもおそらくずっと悪化していくだろうと思われる。

ユーロ圏諸国が協力すれば財政状況を改善することができるだろうが、それでもこの連鎖的破局が実際に起きる可能性はある。なぜなら、EUを統制しているのは大衆でなくエリートであり、今までエリートたちは、どれだけコストを払っても解決を見出すことに共通の利害があると認識していたからである。ここで問題になるのは(他の諸国と同じように)、経済を救い出したり刺激したりするために利用できる財源が二〇〇八年よりも少ないことである。しかし、人間の行動と政治的意志がきわめて重要であると私は強調したい。このことは、私たちが結果を予測できないということを意味する。だが私は、この景気後退を通してもっと多くの諸国が、アメリカの共和党によって主張されイギリスの保守党政権で実際に実行されている新自由主義的な緊縮政策をとり、ドイツのインフレ恐怖症がこれを強化するようになれば、そのときにはもう一つの大恐慌――今度はもっとグローバルでシステム的な危機になるだろう――が起きるに違いない、と予測している。その反対に、ヨーロッパの人びとが彼らの集合的な利害を認識し、それに基づいて行動するなら、そして、各国がフランス政府の主張するようなよりケインズ主義的な道をとるなら、さらなる悪化が食い止められるかもしれない。いずれにせよ、最終的には経済状態の回復が訪れるだろうが、前者(緊縮政策を採用する)の場合には回復が遅くなるだろう。そのうえ、今回の場合は〔一九三〇年代の大恐慌と違って〕世界戦争の助けがないのである。経済の回復が完全雇用を復権させていくのかどうかについて、これから議論していくことにしよう。

資本主義は循環の形態をとって発展するが、循環が時間的に規則的なパターンを維持していくのかどうかはまた別の問題である。循環の景気後退局面は時に、一部は「国内的な」経済的要因を通じて、一部は高くつく戦争や政治の手詰まりや、危機に適応しない政策をもたらすイデオロギーを通じて、よりいっそう悪化していく。大恐慌/景気大後退という二つの大きな事例では、イデオロギーが危機を悪化させる重要な要因であった。というのも、大恐慌のときは、信頼できるマクロ経済的イデオロギーがまだ何も現れていなかったからである。また、景気大後退のときには、新たなマクロ経済的イデオロギーが出現したのは、ケインズ主義的政策の明らかな失敗によって長期の市場拡大が終わり、それに続いて、とりわけ金融部門の規制緩和が実施された後であったからである。政治的・地政学的諸関係も重要であるが、それらはほとんど予測できないように見える。しかし、これらの危機から引き出されるべき、将来の危機の可能性を理論的に少なくさせうる経済学的教訓は存在しているように思われる。とはいえ、権力をもつエリートがこれまでに適切な教訓を引き出してきたかどうかはまったく疑問である。景気後退にある経済に押しつけられた新自由主義的緊縮政策は、不幸なことに、一九三〇年代初頭の清算主義〔不況によって非効率の企業が淘汰されることで経済全体が強くなると考え、公的資金を投入して企業を救済することに反対する政策〕が助けにならなかったことを想起させる。また、二〇世紀の二つの非人道的な戦争がそれぞれ正反対の影響を与えたこと、さらに予測の問題を難しくしたことに注意する必要がある。第一次世界大戦が景気後退を大恐慌へと押し進めたのに対し、第二次世界大戦は、各国の最大の経済成長とアメリカの覇権に大きく寄与したのであった。

アメリカの覇権とアメリカの悩み

近い将来にアメリカが最大の経済的衰退を被ることはあるかもしれない。ウォーラーステインの主張によれば、アメリカがいちばん強かった時期は一九四五〜一九七〇年で、その後は衰退が継続的に続いている。だが、私はそのように思わない。世界の総GDPに占めるアメリカの割合は実際には一九五〇年から一九七〇年にわたって低下したが、それは、日本とヨーロッパの経済が回復したためであった。次に、一九七〇年から二〇〇五年までは、世界の準備通貨としてのドルの利点をアメリカがうまく利用したので、事実上の変化はあまりなかった。その後、アメリカの覇権の相対的低下が生じたが、それはインドと中国が高度成長したためであった。しかしアメリカは、ドルが依然として強い通貨であるため、二％以下の低金利で無制限の現金を借りることができる。そして、経済の生産性と成長率ではほとんど毎年、ヨーロッパや日本を上回っている。

ＩＭＦとベリー・アイケングリーンが推測するように、ドルは二〇二〇年後もしばらくは世界の準備通貨として残るだろう。また、アメリカは世界の軍事支出の四八％を占めているが、それは過去最高の割合にのぼる。さらに、圧倒的な特許数やノーベル賞受賞者、エリート大学、ポップカルチャーを有するアメリカは、良かれ悪しかれ、今後も覇権国であり続けるだろう。

言うまでもなく、こういったことが長く続くわけではないだろうが、衰退の徴候がアメリカ人を悩ませ始めているのかどうかは疑わしい。アメリカの巨大な軍事力は実際、この一〇年の間に敗北を味わい、その政治的・イデオロギー的な力関係はほとんど危険な水準にまで達している。また、対立を生む不平等の拡大が政治家によって意図的に推進されてきた。企業の経営上層部と巨大な機関投資家（とくに保険会社と年金基金のボス）が癒着して、法外な額の報酬とボーナスを自分自身に支払っている（これに対して彼らは三五％ではなく一五％の税率を支払うだけでいい）が、このことも不平等の拡大に大きく寄与している。逆進税や企業による強奪、元気のない経済成長が重なって、景気後退とイデオロギー的疎外が生じているのである。

しかし今のところ、アメリカのイデオロギー的疎外は政治的解決に向かっていない。というのも、何がなされるべきかについての二つの対立的な考え方が生み出されているからである。第一の共和党主導の考え方は、この国の経済的病を政府のせいにして非難し、市場主導の繁栄を回復するために政府の規模や規制力、課税の縮減について提唱する。景気後退からの脱出策として緊縮措置を優先することは、大恐慌を深刻化させた「清算主義的」戦略と不愉快なほど類似している。リベラルな民主党員によるもう一つの解決策は、「ウォール街」として象徴的に名指しされる大企業と巨大銀行を非難して、より多くの政府規制や再分配のための課税や公的支出の増加を通じた、国家主導のケインズ主義的成長への道を提案する。しかし、現在の政治的行詰り、とくに共和党のきわめて反動的で後ろ向きの姿勢では、このような大きな未来の課題に立ち向かっていくアメリカの能力を信じることはできない。アメリカは、アノミー〔無規範状態〕（デュルケムによれば、アノミーは社会統合を弱め、衰退を促進する）や共通の規範の欠如、デュルケムやマルクスの言う疎外に悩まされているのである。

共和党員は、大衆に対しては緊縮、金持ちに対しては繁栄という提案を雇用創出の政策と考えているが、金持ちは多くを消費しない。金持ちは貯蓄し、資本余剰を生み出し、金利を下げて、景気後退を引き起こすことになる消費者債務を何よりも奨励するが、このようなことは、戦後ずっとアメリカの豊かさの基礎であった、大衆の消費需要に基づく経済の根底を危うくする。共和党のイデオロギーはますます科学と対立する方向に進んでいるが、これはアメリカの未来にとって不幸なことである。共和党員は経済政策をめぐって、いちばんの問題が党内分裂であった民主党員よりもずっと団結していたので、新しい政策課題を指示することができた。共和党の指導者は、レトリックにおいてはイデオロギー的であるが、実際の政策ではいつも実用主義的であった。しかし、自由市場原理主義の方が、国家介入主義よりもアメリカの大衆文化と共鳴する。戦後の経済的繁栄期における実際の経済政策は「商業的ケインズ主義」の形態をとっていたが、その内実は、国家に管理された市場、つまり、市場と国家の妥協であった。だが、当時の、とくに共和党側の政治的レトリックが焦点を当てていたのは、ほとんど自由市場と自由企業だけであった。つまり、アメリカ人は実際には大きな国家を持つようになったけれども、そうでないような振りをしていたのだった。今日もそのように、自由市場に訴えることが政治的優位の確保につながる。なぜなら、その方が、慈悲深い国家に訴えることよりもイデオロギー的にアメリカに根差しているからだ。それゆえ、選挙民も政治家も、有用な経済政策を採用することはできないだろうと思われる。

アメリカの弱点は他にもある。軍事支出と医療支出が非常に大きく、双方とも、他のすべての諸国におけるそれらの支出の二倍以上になっているのだが、それでも、海外での軍事介入や、国内の死亡率ならびに平均寿命の統計から見ると、きわめて貧弱な成果しかあげていない。それなのに政治家は、相変わらず軍事支出と医療支出を、新しい課税はしないという信条と同じようにほとんど神聖で犯すことができないものと見なしている。したがって、アメリカの経済的資源の枯渇と公的債務の増加はこれからも続いて、この国にさらなる負担を課すことになるだろう。四つの社会的な力〔経済的力、政治的力、軍事的力、イデオロギー的力〕のすべてにおけるこれらの弱さはアメリカを衰退させてしまうかもしれないが、そのように断言することはできない。アメリカ人は相変わらず新しいものを生み出し、勤勉に働いている。彼らの産業は、依然としてきわめて動態的である。それゆえ彼らは、自分たちのイデオロギー的・金融的・軍事的・政治的な力を取り戻すことができるかもしれない。もしできなければ、そのときドルは準備通貨の地位を失って、アメリカ人は借金することができなくなり、自分たちがもっと高い税金を進んで支払う――これはありそうもないことだが――ことをしない限り、アメリカの軍事力は衰退していくだろう。ともあれ、アメリカの覇権は、遅かれ早かれ、今後半世紀の内に終わりを遂げることになるだろうが、あまり優雅な終焉にはならないだろう。

といっても、このことが資本主義のシステム危機を引き起こすとは限らない。しかし、アメリカの覇権を継承する国は、別の単一の覇権的権力ではなさそうである。それは、中国でもインドでもなければ何らかの他の一国でもないだろう。中国やインドの現在の成長率はきわめて高いが、これらの国も、産業主義とポスト産業主義の成熟したレベルにひとたび達すればもっと正常なレベルに下落することは必然的であり、乗り越えねばならない自身の危機を抱えることになるだろう。どの国も未来において、最近までのアメリカほど強い力を持つことはないだろう。人間社会は未知の領域に入り、より多元的な政治と複数の準備通貨が調整されたバスケットの方へと向かっていくだろう。このようなことは、これまでの人類の歴史で見られた通常の事態であるが、残念ながら世界経済で役立つわけではない。人類の歴史は二〇世紀の前半に壊滅的な戦争を経験したが、今日では、国家間戦争が過去の事となったと考える十分な理由がある。アメリカ人が戦争への熱狂を失うときには、特にそうである。

しかし、これまですばしこく脱出してきた諸国のリストから見ると、旧来の西側から、成功裏に発展しつつある大部分のアジアを含む世界の残りの諸国へと経済力が移りつつある、という印象を強く持つ。中期的に最もありそうなシナリオは、世界平和を維持しながら、アメリカ、EU、四つのBRICs（ブラジル、ロシア、インド、中国）の間で経済的力を分かち合う、というものである。BRICsの経済──とりわけロシアと中国の経済──には、西側諸国の大部分──とりわけアメリカ──よりも多くの国家規制が含まれているので、中期的な資本主義は国家主義的な要素が多くなるだろうと思われる。

資本主義市場は枯渇するか？

ここから、長期的な問題に移ることにしよう。これまで私は、資本主義にはシステム的危機を規則的にもたらす一般的「運動法則」があるという考え方に疑問を呈してきた。そして、過去と現在の大危機を、唯一のシステム的なものとしてではなく、偶発的というより、経済的および非経済的な異なる因果連鎖が次々に生起して累積することから生じるものとして描いてきた。これまで危機は世界中に不均等な形で打撃を与えてきたが、それは、地経学的（地経学は経済覇権の回復のための戦略理論）・地政学的な力の移動に対応していたからである。つまり、以前の危機は、実際には世界システムの弱さではなく、グローバルな資本主義とグローバルな地政学における力の地理的移動を表示していたのである。

しかし、イマニュエル・ウォーラーステインもランドル・コリンズも、地球全体における資本主義の終焉の可能性を本書で考察するとき、以前の危機も現在の危機も参考にしてはいない。むしろ彼らは、未来に破滅すると考える資本主義発展の長期的傾向を確認する。彼らの議論によれば、資本主義が利潤と雇用を維持する能力には限界がある。彼らがまず引き合いに出すのは地球の市場の地理的限界であり、資本主義的成長が次第に地球を埋め尽くしていくことを指摘する。そして、先進国の資本家は、保護規制のない安い労働でより多くの利潤を生み出しうるような場所に製造業を輸出することによって低成長段階の問題を解決した、と述べる。これは、資本主義の危機の「空間的解決」と呼ばれているものである。雇用は北アメリカから南アメリカ、次いでラテン・アメリカや中国やベトナムに流出し、さらにこのプロセスはアフリカや中央アジアへと続いていく、とされている。コリンズはとりわけ、中産階級の知的労働が世界の他の諸国に輸出されることを心配しているが、すべての地域が資本主義の内部に吸収されて資本主義市場が地球を埋め尽くしたとき、いったい何が起きるだろうか?

ウォーラーステインの主張によれば、農業国に大量の投資が入ってから、労働者が十分に組織化され賃金を押し上げて資本を流失させるまでには、約三〇年を要する。資本主義にとっての外部が地球からなくなれば、あらゆるところで労働費用が高くなって利潤が低下するだろう。それでも資本家は賃金を削減しようとするが、しかし、今や彼らは、グローバルに組織された労働者階級を相手にしなければならず、労働者階級の抵抗によって資本主義のグローバルな危機が生み出されることになるだろう。だが、このシナリオが現実のものになるまでにはしばらく時間がかかる。なぜなら、まだ中国とインドの膨大な数の人口のほんの一部しか、最小限に規制された産業経済あるいはポスト産業経済に吸収されていないからである。すべての人口がさらに吸収されるには三〇年以上かかるだろうし、それに、このプロセスはアフリカや中央アジアではまだ始まっていない。とりわけ、これらの地域の人口増加は二一世紀の末まで続くと予測され、人口増加率は最も貧しい諸国で最大になるので、地球全体が資本主義によって埋め尽くされるのはこの世紀の終わりになるだろう。

だが、地球が経済的市場の限界に達するというこのモデルを、私は理解困難なものと考えている。安価な労働がなくなれば、もはや資本主義はこの源泉から超過利潤を刈り取ることができなくなるが、新興の発達した諸国における労働生産性の上昇と消費者需要の増加がこれを補い、すべての人が社会的市民権を持つような、より平等で改良された資本主義が、地球規模で生み出されることになるかもしれない。これは、資本主義の終焉ではなく、全地球が第二次世界大戦後の西欧の労働者が享受したのと同じ権利を持つような、よりましな資本主義の出現を意味する。第二次世界大戦後の先進国の富の大部分は、(石油を除けば)結局のところ、世界の残りの地域との関係を通じてではなく先進国間の貿易や生産を通じて創出されたのであった。つまり、戦後期の経済的繁栄は、主として先進国自身の高い生産性と高い消費者需要の結果として生まれたのであり、その大部分は超過搾取される発展途上国の労働に依存するものではなかった。これと同じことが、未来において今度は全世界的な規模で起きることなどありえない、と言うことはできないだろう。

そのうえ、新しい市場は地理的要因のために制限される必然性がないし、また、新しいニーズを育てることによって創出することも可能である。資本主義は、どの家族にも二台の自動車やさらに大きな家、より多くの電子デバイスが必要である、と説得するのが得意である。このようなことも五〇年前に誰が予測できただろうか。孫たちの世代は、今から五〇年後には何を消費しているだろうか。彼らの消費の好みを予測することはできないが、相当な消費需要があるだろうことは確実である。市場は地域によって固定されず、地球が一杯になっても新市場を創出することができるだろう。もちろんそれは、一部の人が「技術的修正」(技術を使って問題を作り、解決する方法)と呼んできたものに依存しており、シュンペーターが「創造的破壊」と呼んだものに類似している。シュンペーターは、創造的破壊——企業家が貨幣を技術革新に投入することによって、新しい産業の創造と古い産業の破壊が生じること——を資本主義のダイナミズムの核心として認識した。アメリカの大不況は部分的に、主な伝統的産業が停滞する一方で新興産業が活気づいてきたものの、それらの産業は当時の資本と労働の余剰を吸収するほどには大きくなかった、ということによって引き起こされた。資本と労働の余剰の吸収は第二次世界大戦とその直後の時期に達成されたが、それは、戦争の犠牲になって抑圧されていた膨大な消費者需要が戦後、急激に解き放たれたからであった。

さて、いま決定的な問題は、もう一つの技術的修正が起きつつあるかどうか、あるいはまもなく起きる見込みがあるかどうか、ということである。マイクロエレクトロニクスやバイオテクノロジーのような新しい動態的な産業が出現しているが、問題は、これらの新産業が、とりわけ、労働集約的ではなく資本集約的になりがちな西側の労働市場に対して十分な技術的修正を提供できるほど大きくなかったことである。西側の大部分の諸国における製造業の衰退は、新しい産業によって減らすことができないほど大量の失業を生み出している。コンピュータやインターネット、移動通信装置といった最近のイノベーションは、利潤や雇用の増加を生み出す能力においては鉄道や電化や自動車と比較にならないが、「グリーン革命」は近年の例外で、主に貧しい諸国において農業生産の大幅な増加をもたらした。さらに重要なのは、医療や教育の部門の拡大である。これらの部門はより労働集約的であり、しかも、そこで使用される労働はより知的でより中産階級的である。これらの部門は、寿命や高齢期が長くなるにつれて拡大を続けていくだろうが、それと共に学歴偏重主義も強まっていくと思われる。

ランドル・コリンズは、人間社会が雇用の衰退という惨禍と闘ってきたさまざまなシナリオの可能性を列挙してそれらを批判する点において、きわめて説得的である。しかし今や、逆転が起きている。ここ数十年にわたる経済的拡大は、実際、グローバルな雇用の増加を生み出しており、それは世界人口の実質的な増加を上回っている。一九五〇年から二〇〇七年までの雇用の増加率は、人口増加率よりも約四〇%も高かったのである。世界の相対的に富裕な諸国を代表する組織であるOECD(経済協力開発機構)によれば、かつてないほど多くの人びとが働いている。だが、人口が増加して、多くの女性を含むもっと多くの割合の人びとが職を求めているために、絶対的な失業者数もまた上昇している。公式の労働市場における女性の解放は西側諸国の最大の雇用問題であったけれども、グローバルな失業率は一九七〇年から二〇〇七年までは約六％と変わっていない。国際労働機関によって集計されたＩＬＯ統計によると、景気大後退の後でさえ、グローバルな雇用は増加し続けているが、それでもグローバル雇用の伸び率は危機以前のわずか半分であるにすぎず、しかも世界的に不均等な分布状態にある。雇用の伸びは、二〇〇九年にはＥＵ（二・二％）とその近隣諸国を含む発達した経済諸国や、旧ソヴィエト連邦の独立国家共同体（〇・九％）において低下したが、世界の他のすべての地域では上昇した。雇用の対人口比率も先進国と東アジアで低下したが、他のところでは、二〇一〇年までに二〇〇七年の水準に戻った。このように、失業はこれまでのところ西欧の問題（わずかな程度ではあるが日本の問題）であり、まだ世界的な問題になってはいない。

西側における損失は、世界のそれ以外の地域にとっては利益であり、全体としての世界にとって恩恵となる。しかし、先進国の労働市場は、将来、高い失業率どころか、労働力不足になっていく可能性がある。平均寿命はまだ上昇し続けているが、出生率が人口を再生産するのに必要な水準以下まで低下したので、ヨーロッパ、北アメリカ、日本は、このギャップを埋め合わせるためにかなりの移民を必要とするようになるだろう。他の諸国がさらに発達していくとしても、これらの人口学的趨勢は継続すると見込まれる。二一世紀の後半には世界人口の全体が減少し始めると予測されるが、そういったことは、大量失業が最終的に資本主義の終焉につながりもしなければ、それを引き起こすこともない、ということを説明する。

コリンズが指摘するように、資本主義はその破壊を埋め合わせるのに十分な創造をなぜ無期限に続けられるのかということに、必然的理由など存在しない。それはただ、長期にわたって起きてきたことにすぎない。創造的破壊がなぜ終焉することになるのか、それについても然るべき理由は存在しない。発展過程がいかなる新しいニーズを生み出すのか、それは誰にも分からない。後で、もう一つの創造的部門について指摘しよう。

とはいえ、同僚のコリンズによる悲観的な想定は正しい。この想定には、資本主義の崩壊よりもありうると思われる、二つのオルタナティブの未来の一つを生み出す可能性がある。第一は、構造的失業が高いままで「三分の二／三分の一」社会が出現するような、かなり悲観的な資本主義のシナリオである。そのシナリオによれば、三分の二の人びとは高学歴で高い技能を持ち、正規雇用を得て暮らしぶりもいいが、残りの三分の一は社会から排除されている貧しい人びとで、彼らは反乱しないで済むだけの福祉と慈善を受け取るか、あるいは抑圧されてしまうかである。彼らはマイノリティなので革命に成功する可能性は小さく、社会に包摂されている人びとが排除された人びとに少しも共感しないだろうことは十分にありうる。排除された人びとは、無価値な脱落者、たかり屋、福祉で女王のような暮らしをしているペテン師、等々として否定的に見られているのである。いくつかの国では、民族的／宗教的マイノリティが貧しい人びとの間で大きな比率を占めており、彼らへの否定的な民族的／宗教的非難が、前述したようなステレオタイプに付け加わる。排除された人びとは世襲的な下層階級になり、包摂と排除の亀裂が深まっていくだろうと思われる。包摂されている人びとの大部分がこの亀裂を維持することに賛成であるのに対し、排除されている人びとの多くはそれに反対するだろう。福祉の程度は西側諸国で異なっており、スウェーデンやドイツのように、貧しい人びとを主流の社会のなかで維持するのに積極的な国もあれば、アメリカのように消極的な国もある。悲観的なシナリオはすでにアメリカに存在しているので、それがどのようなものなのかは認識できるだろう。もちろんヨーロッパにも、悲観的シナリオの出現を認める社会学者がいる。それによれば、最終的に消滅するのは資本主義ではなく労働者階級だということになるが、そのようなシナリオでは、ほとんどの歴史を通じて存在してきたような、よく組織された資本家と分断されてあまり組織されていない労働者とから成る非対称の階級構造が生み出されるだろう。社会制度は、あまりよく機能していないときでも、被抑圧者の間から対抗組織が生まれない限りは生き残るのである。

多く搾取しているにもかかわらず反対者がいない資本主義という、まだ実現されていないこの悲観的なシナリオは、とりわけ左派の人びとにとって戦慄的である。世界の左派が今日ほど弱体化したことはない。ブラジルのポルトアレグロに本部を置く急進派の世界組織である世界社会フォーラムは、北と西欧の抑圧に対する南の抗議が西側諸国によるグローバルな資本主義的搾取に根差していた時期には、大きな影響力を持っていた。しかし、まだ発展し続けている「南」が、まとまりのある全体として存在することを止めてしまった。このことは、中国やインド、ブラジルが、温室効果ガスの削減を引き延ばしにする西側諸国や日本と手を結んで貧しい諸国の異論に反対している、気候変動に関する最近の議論において明らかである。

第二のオルタナティブのシナリオは、もっと楽観的である。それは、資本主義市場が地球を埋め尽くすことで利潤と成長率が低下するだろうということに同意する。そして、利潤と成長率の低下は持続的低成長の資本主義として安定する、と主張する。こういったことは、もちろん新しいことではない。資本主義の大きな突破口は一八世紀と一九世紀のイギリスで生じたが、イギリスの成長率はどの年においても二%を超えていなかった。イギリスの成功物語は、むしろ、年当たり一%以上の平均成長率がきわめて長期にわたって続いたことにあるのだが、二〇世紀になると成長のテンポが速くなった。二つの世界大戦の間に最も成功した発展途上国（日本とその植民地、ソヴィエト連邦）は約四%という史上先例のない成長率を達成し、また、二〇世紀の終わり頃には、中国とインド（そして今では他の諸国）の成長率が約八%に達した。これらの成長率は少なくとも二〇年にわたって続いてきたが、それは低下せざるをえないだろう。そして次に、アフリカと中央アジアの成長率がさらに上昇していくと思われる。これらの地域の成長率が歴史的なイギリスの成功物語の一%にまで低下するには長い時間を要するだろうが、アメリカとヨーロッパの成長率は急速にこのレベルになるだろう。現在の景気大後退においては、ほんの少数の国がマイナス成長率を一年または二年間、経験したにすぎなかったのに、なぜ一%の成長率が資本主義の危機に繋がるというのだろう？　なぜ資本主義は、低成長のグローバル・システム――その歴史の大部分においてはそうであった――として存続することができないのだろう？　低成長が資本主義にとって一般的であるのなら、二〇世紀――より正確に言えば、西側諸国の一九四五年から一九七〇年までの時期と東欧諸国の二〇世紀末――は、例外的なものとして見なされることになるだろう。この低成長のシナリオはまた、投機の役割を縮小し、金融資本の力を弱体化させることにもなるだろう。その結果、（目下のところ十分にありうる）現在のような景気大後退が繰り返される見込みは小さくなるだろう。もちろん、労働条件が世界中で改善されていくなら、それは大きな朗報である。そのとき、すべての人類は、日本がすでにここ二〇年に経験してきたような、ほとんど定常状態の経済に生きることになるだろう。資本主義の未来は、無秩序な動揺ではなくて退屈なものだと思われる。

二〇五〇年頃のある時点で最も起こりそうなシナリオを一つ選ぶように求められるなら、低成長のグローバル資本主義だと私は主張するだろう。この低成長シナリオは世界中に今よりも平等な条件を波及させるけれども、一国の人口のおよそ一〇％から一五％が臨時雇いまたは失業中の下層階級になるだろう。先に描いた二つのシナリオが混合する状況は、諸国を工業化させた一九世紀ときわめて類似している。私は、多くの革命が起きるとは思っていない。

革命的変革を妨げるものは、まだある。資本主義のオルタナティブとしての共産主義革命とファシズム的革命は、大惨事を引き起こした。それらは、これまでに出現した唯一のオルタナティブであったが、繰り返されることを望んでいるものは誰もいない。しかし社会主義は、革命的であれ改良主義的であれ、決して弱まってはいない。原理主義的キリスト教、ユダヤ教、ヒンズー教、イスラム教は、世界的に影響力を持っているけれども、事実上、物的救済を非現実的に考えるきらいがあるため、そのような二〇世紀の世界的なオルタナティブのイデオロギーは失敗に終わっている。グローバル経済に編入された貧しい諸国で、社会主義的、あるいはそれに近い運動の台頭を予測することができるが、それらの運動は改良主義的になる可能性が高い。現代の社会革命のほとんどは、支配体制を動揺させてその正当性を失墜させる大きな戦争がなければ生じることはなかった。ロシアと中国で起きた二〇世紀における二つの最も大きな革命の必要不可欠な原因は、世界大戦(資本主義の危機よりもさまざまな要因を内包する)だったのだ。戦争は、ありがたいことに世界中で減少傾向にある。実際、国家間の戦争を行い続けているのはアメリカだけである。反資本主義的革命運動は、規模を問わず世界に存在しておらず、革命はありそうもないシナリオのように思われる。終焉が近いのは、実際のところ、革命的社会主義の方なのである。

左翼の未来は、改革主義的な社会民主主義か改革主義的自由主義になるのがせいぜいのところだろう。雇用主と労働者は、資本主義的雇用(工場の安全、賃金、給付金、職の保障、等々)の不正義をめぐって闘争を続けるだろうが、そのありうる結果は妥協や改革であろう。発展途上国ではおそらく、二〇世紀の前半に西欧の人びとが行ったのと同じような、改良されたより平等な資本主義を求める闘争がなされるだろう。そして、西側諸国の場合と同じように、一部の国が他の国よりも成功するだろう。中国は今、深刻な問題に直面している。中国の驚異的な成長の成果の分配はきわめて不均等であり、大きな抗議運動を発生させている。革命的な動乱が中国で起きる可能性は確かで、それが成功すれば、ロシアで起きたような、資本主義への歩みと不完全な民主主義をもたらすことになるだろう。またアメリカも深刻な課題に直面している。というのも、アメリカの経済は、軍事費や医療費を抱えすぎているために政策が損なわれて機能不全に陥っており、保守主義的イデオロギーが科学や社会科学に敵対しているからである。要するに、アメリカの相対的地位の低下は不可避であり、世界の他の諸国を上回る道徳的優越性をアメリカが主張することには真実味がない、という認識が高まっているのである。

世界の終焉？

だが、私がこれまで説明してきたどのシナリオも、二つの世界大戦をはるかに上回る他の二つの潜在的危機のために、進行が狂ってしまう可能性がある。まったく新しいこれら二つの危機は、きわめてシステム的でグローバルなものであって、国境やマクロ的地域の境界内に限定されることはない。なぜなら、それらはすべての人間が呼吸している大気圏から生じているからである。

第一のグローバルな脅威は、核戦争の軍事的脅威である。この脅威の重大性はほとんどまったく予測できない。というのも、それは、そのうちのどれが起こるか分からない一連の出来事の全体に依存するからである。これまでは二つの権力衝突、つまり、最初はソヴィエト連邦とアメリカ（およびその同盟国、イギリスとフランス）との権力間の対立、次に、中国に隣接するパキスタンとインドとの対立があっただけである。これらの場合、相互確証破壊〔どちらが核兵器を先に使用しても、最終的には双方が核兵器によって完全に破壊し合うに至ることを、互いに確証すること〕の脅威が両陣営で明らかであったので、二つの半危機の後には、エスカレーションの回避を訓練するという対応がなされた。核の抑止力が働いたのである。

だが、二つ以上の強国がさらに複雑な衝突に巻き込まれるなら、結果はもっと悲惨なものになるだろう。二つの世界大戦を引き起こしたのは、一部の国が他の諸国の意図を読むことができなかったような、多数の強国の衝突であった。中東では、イスラエルがすでに核兵器を保有しており、イランはその目標に近づいているが、こういったことは、近隣の強国が同じように核兵器を保有するよう挑発するだろう。これは、中東にとってもその隣国にとっても、また、世界の大部分の石油供給国のみならず世界全体にとっても危険なことである。これらの軍備競争は資本主義とは無関係であり、核戦争が勃発するなら、生き残った者は皆、悲惨さのなかでは資本主義など目立たない存在にすぎなかった、と考えるだろう。おそらくイランは説得されて核兵器から撤退するだろうし、サウジアラビアやイラク、トルコが核兵器を獲得して応酬に出ることもないだろう。そして、核武装した多数の強国の敵対によってもたらされる危険は、人間の理性で克服することができるだろうと思われる。だが、テロリストが核兵器を盗むというシナリオもありうる。一部のテロリストが空想的な目標に動機づけられている以上、誰もこの結果を予測できはしない。テロリストの空想的目標は、これまでいちばん危険なイデオロギーなのである。

第二のシステム的危機は、第一のシステム的危機とは異なって、特別の回避的行動がとられない限り大いに予測できるものである。気候変動が起きているのである[★3]。大気、海水、陸地が温暖化しつつあり、気候変動が大きくなってきているが、これらは主に人間の行為から生じている。温室効果ガスはどこで排出されてもすべての地域の住民に影響を及ぼすので、温暖化の脅威はグローバルであり、その排出は他の悲惨なシナリオ——食料と水の枯渇、北極・南極の氷冠やツンドラの溶解、海水の浸水、等々——を伴っている。すでに数百万人の人びとが、地球温暖化の影響を受けて死の時期を早めかけている。いくつかの貧しい諸国は、人間社会が発展の方向を根本的に変えていかない限り、二〇年から三〇年の間に生活が脅威に曝されることになるだろう。

人類が温室効果ガスの排出を大幅に削減する行動に立ち上がろうとするなら、過去一〇〇年を通じて大きな成功を達成してきた三つの大きな制度〔資本主義、国民国家、消費者の市民権〕に根本的な異議を唱え、それらを改革する必要がある。その制度の第一は、資本主義である。というのも、資本主義は、現在、世界において支配的な生産様式であるからだ。もちろん絶頂にあった国家社会主義も、同じように環境に対して破壊的だった。急進的な環境主義者が言うように、私たちは社会を「利潤の踏み車」から救出しなければならない。例えば、厳しく規制する「命令と統制」の国家を通じて、また、企業の資源のスループット〔資源を経済活動で使用することで生み出される汚染物質または廃棄物〕の量に応じた課税を通して、あるいは温室効果ガス排出量の低い優良産業に投資するよう資本家にインセンティブを与える「キャップ・アンド・トレード」制度のような市場メカニズムを通じて、営利企業を規律訓練するのである。このような政策が厳格に追求されるなら、規制が非常に多くても資本主義は生き残るだろう。多くの産業は温室効果ガスの高い排出者ではないので、資本家が結束してそのような政策に反対する必要はないと思われる。こういったことはまた、低排出量技術が利潤と新しい雇用を創出するという、「創造的破壊」のもう一つの段階をもたらすことになるだろう。一部の企業家はすでにこれを見込んで、オルタナティブな燃料や、湿地帯とか森林の保護、その他、斬新な環境的分野に投資を移している。現在のところ、オルタナティブなエネルギー技術はまだ多くの雇用を世界で生み出していないが、それらが規範になるならば変わっていく可能性がある。コペンハーゲン合意センターからの最近の報告にあるように、いくつかの条件――急速な技術革新や規模の経済の著しい進歩、同じ環境政策の世界的規模での実施、関税または国内的要求としての保護主義的措置の採用――が満たされるならば、雇用は代替技術部門で増加し、また租税政策は雇用の創出を目標に掲げることができるようになる。租税が、現在のように一般の営利企業や労働にではなく、再生不可能な資源のスループットの総量に課せられるなら、労働の雇用が促進されるだろう。これは、創造的破壊の次の波になりうるだろうが、少なくとも化石燃料に依存する産業を破壊することは確かである。

資本主義だけが制限されねばならないのではない。私たちは、成長への留まることのない国民国家の執着をも抑制する必要がある。すべての国民国家は国家的成功をＧＤＰの成長によって評価するが、ＧＤＰの成長は環境劣化を増進させる。成長への執着を抑制することは、一つの選挙サイクル期間内での短期的成長を促して権力の維持だけを考える政治的エリートを抑制することを意味する。短期的には、温室効果ガスの低排出体制によって成長が低下していくだろうことは確かだが、うまくいけば、成長が長期的に高まっていくこともありうる。逆に、何らの温暖化対策もしない「従来通りの」シナリオは、長期的には地球とその住民に悲惨な結果をもたらすことになるだろう。しかし、長期においていったい誰が生きているというのだろう？　政治家も選民ももちろん生きていないだろうが、彼らは現在まだ、外国によって主権が縮小されることに激しく抵抗する国民国家主権の時代にいる。それゆえ、温室効果ガスの排出規制は国際的でなければならず、好き勝手なことをするすべての国民国家の自律性を厳しく制限する政府間協定が必要とされるのである。

環境保護運動によって、おそらく最終的に大幅な排出量の削減が始まり、資本家や政治エリートや有権者は説得されることになるだろう。そしてEUは、すでに他の領域でそうしてきたように、主権の壁を超える道を先導していくことができるようになるだろう。しかし、こういったことが何もなされないのであれば、私たちは第三の「消費の市民権」――人びとは、この消費の市民権に従ってより多く消費するようになるので、ますます多くの経済成長を市民の権利として要求することになる――が無限に膨脹していくことを規制しなければならない。地球環境の大惨事を回避するには、普通の市民が自分たちのライフスタイルを変えなければならないのである。だが大惨事は、実際にそれが起きるまでは、抽象的で遠いことであるように思われる。

近代の三つの大きな勝利――資本主義、国民国家、市民権――が、環境危機に対して責任を負っている。これらの因果的連鎖は、政治的力関係に媒介されながら主に経済から生じる、資本主義を超えた問題である。近代の三つの勝利はいずれも、非常に高い秩序である、おそらく達成できないようなかなり抽象的な未来のために挑戦を受けなければならないだろう。もしそれが成功すれば、低成長への資本主義の傾向は強まっていくだろう。環境規制には、諸国家の集団的行動による国際協定を通じての多くの政治規制が伴うだろう。新しいタイプの市場から国家への揺れであるそれは、社会主義的なものではなくて、新しい形態の市場規制的な超国家的集産主義である。しかし現在、このようなことが生じる可能性は薄いように思われる。アメリカは、これら三つのいずれの闘争も開始しようとしないばかりか、ごく小規模の排出削減計画にさえ加わらないだろう。中国は排出削減計画を策定しており、党の指導者にそれを押し進める権限があるが、彼らの努力のすべては中国の急速な工業化に阻止されている。その状況は、工業化に成功しているインドやその他の国のケースと同じである。目に見える気候変動の影響が二一世紀の中頃に地球上のあちこちで深刻な被害をもたらすまでは、温室効果ガスの削減は何も実施されないだろう、と私は予測する。

気候問題の最前線は熱を帯びている。おそらく技術的なブレークスルーが生じるだろうが、太陽光も風力も現在のところ、まだそこまでに至ってはいない。低温核融合〔数百万度の温度で起こる通常の核融合と違って、室温またはそれに近い温度で起こると仮定される核反応〕の実験や多様で革新的な太陽光電池、あるいは溶融塩の蓄電システムによる太陽光発電は最終的に大きな成果をもたらすだろうが、石炭業界が提唱する煙幕としての「クリーンコール・テクノロジー〔石炭火力発電所の発電効率の向上などを含む、環境低負荷型の石炭利用技術の総称〕」には希望が持てないだろう。世界の大衆は環境保護運動に感化され、政治家を説得してより多くの環境政策を実施させるようになるだろう。温室効果ガス低排出産業の資本家は高排出者への強力な対抗勢力となり、企業家と科学者は協力して新しいグリーンテクノロジーを中心とする創造的破壊の段階を切り開いていくだろう。しかし現時点では、これらの可能性の兆しはいずれも見えていない。もちろん、資本主義のグローバルな危機が続いて世界的生産が減少に転ずることになれば、〔すでに「織り込み済みの」排出量が増加し続けた後で〕排出量の増加は停止するばかりか、その低下さえ始まるだろう。逆に言えば、資本主義や国民国家、消費者市民権が制限されるなら、GDPの成長率はグローバルな合意を通じて低下し、すべての人がゼロ成長で満足するようになるだろう。困難な状況にあっても何か良いことはあるものだ!

しかし、行動が間に合わずに気候災害が猛威をふるい始めるとすれば、どうなるのだろう?楽観的なシナリオは、その時点で世界の諸国家が協調的な行動をとり、資本主義や国民国家、市民に厳しい規制を課すようになるだろう、と言う。しかし、そうならない場合には、さまざまな悲惨なシナリオ——北の相対的に恵まれた諸国家と富裕な諸国家による「要塞資本主義」の大きな障壁の構築、「要塞社会主義」、世界の他の地域に敵対する「環境ファシズム」、大量の難民の飢え、資源戦争（核保有国間の戦争ではないだろうが）――が予測される。後世の人びとはそのような体制を「資本主義的」、「社会主義的」、「ファシズム的」などと呼ぶかもしれないが、彼らがどう呼ぼうとも、結局のところ、悪意のある特徴づけがなされることになるだろう。もちろん、そのような脅威に直面するときに人類が何をするのか、予測することは不可能である。

結論――終わりは近いのか、そうではないのか

私は、将来を予測するうえで最も適切だと考えられる代替シナリオを提示した。何よりも私が主張したいのは、近代社会と近代資本主義はシステムではないということである。それらは相互に重なり合う多様な力のネットワーク――それぞれの力のネットワークには、固有の独自的な因果連鎖がある――によって影響されるが、そのうちで最も重要なものが、イデオロギー的力、経済的力、軍事的力、政治的力である。次に述べるような未来においてありうる相互作用の一部は、他のものよりはっきりしている。第一に、アメリカは世界におけるその覇権的地位を失いつつあって、その巨大な軍事力によっても国益の目標を達成できないように見えるが、それはほとんど不可避的なことだと思われる。覇権の終わりは近いのである。実際、もし四つのあらゆる社会的力を通じて連なっていくその多様な現在の弱さが修復されないならば、アメリカの力はさらに沈下していく可能性がある。第二に、ＥＵは現在、主に唯一の政治的弱点であるユーロの不信任のために経済的諸困難が悪化しており、やはりアメリカと同じように脅威に曝された状態にある。

ヨーロッパにとって、ほとんどすべてのことは、第一義的には経済的力よりも政治的・イデオロギー的な力であるこの問題をどう解決していくのか、ということに依存している。第三に、グローバル経済における力は、西側諸国から他の成功しつつある地域へと移動し続けているので、結局のところ、資本主義のさらに多くの政治的規制が必要になってくるだろう。これらのことは、いずれもきわめてはっきりしている。

それ以上のことについてのシナリオは不透明である。資本主義を「創造的破壊」と考えるシュンペーターに従うならば、創造は発展途上の地域において行われ、破壊は西側の地域で行われることになるだろう。だが、このことによって、以前の時代の多様な力のネットワークに戻ることはまずないだろう。というのも、現在の資本主義はグローバルに組織されているからである。経済の内部から生じる諸力が資本主義のグローバルな危機に繋がることはおそらくないだろう。もっとありうることは、ひとたび世界において現在よりも平等な力の分配が達成されるならば、世界の経済成長が鈍化し、安定的で繁栄してはいるが低成長の資本主義経済へと動きが進行する、ということである。これは、人口の一〇%から二〇%程度の、排除されたマイノリティの階級を伴うことを除けば、世界にとってかなり幸福な展望であろう。

しかしながら、核戦争および気候変動の段階的拡大という二つの危険なグローバル危機のために、こういったことすべてが狂ってしまう可能性がある。これらのグローバル危機の第一は、資本主義の外部から発生する因果連鎖の結果であり、第二は資本主義よりも大きな因果連鎖である。

どちらも、資本主義の終わりばかりか、人類の文明の終わりさえもたらすだろう。昆虫が地球を引き継いでいくだろうが、最終的には、事態が永遠に続くことはないだろう。政策決定が重要である。人間は、原理的により良い未来のシナリオとより悪いシナリオとの間で自由に選択することができる。それだけに、未来は究極的に予測不可能である。通常私たちは、短期的には合理的に行動するが、時として、感情的に、またイデオロギー的に、非合理的な行動をする。これこそ、なぜ私たちが資本主義または世界の未来を予測することができないのか、ということの究極的な理由なのである。

註

★1——私はそれらについて、『社会的な力の源泉』の最後の2巻において詳しく論じた。以下を参照のこと。Mann［2012］において大不況を論じた第7章と第11章、およびMann［2013］のなかで景気大後退について論じた箇所を参照のこと。

★2——以下を参照のこと。Mann［2012］, Chapters 2 and 5.

★3——私はMann［2013］の第12章「グローバル危機：気候変動」のなかでこの問題を詳しく論じた。

参考文献

Michael Mann, *The Sources of Social Power: Volume3, Global Empires and Revolution, 1890-1945* (New York: Cambridge University Press, 2012).〔『社会的な力の源泉：第3巻：グローバル帝国と革命1890-1945』〕

Michael Mann, *The Sources of Social Power: Volume4, Globalization 1945-2012* (New York: Cambridge University Press, 2013).〔『社会的な力の源泉：第4巻：グローバリゼーション1945-2012』〕

第4章

共産主義とは何であったか

ゲオルギ・デルルギアン
Georgi Derluguian

資本主義市場の消滅可能性を議論する本書において共産主義国家について考察することには、明白な理由がある。いまだに多くの人にとって共産主義は、天まで届く工場の煙突群や消費財の不足、個人崇拝、粛清といった恐ろしいそのイメージと共に、資本主義の第一のオルタナティブとして思い浮かべられているからである。といっても、そのことにそれほどはっきりした理由が存在しているわけではない。ソヴィエト陣営の崩壊は、それが起こってしまうと、当然のこととして受け取られた。なぜなら、今や共産主義は、ほとんどすべての人にとって明らかに非効率的で抑圧的であるように見えるからである。だが、一九五〇年代と一九六〇年代には、ソヴィエト連邦の驚異的な軍事的・科学的な力を称賛し恐怖する意見が支配的であったし、多くの専門家でさえ、その民族問題は解決済みであると考えていた。一九八〇年代にゴルバチョフが行ったペレストロイカの激動の一〇年間に、東西における多くの人びとは、モスクワから始まった人道主義的な良さを受け入れる用意ができていると感じていた。今日、中国市場の奇跡は、資本主義の最も大きな成功として、また未来の希望として称賛されているけれども、いまだに共産党員の資格を保有する多くの中国人企業家が存在しているという奇妙な点は無視されている。この事実は、共産主義が崩壊に終わったとする決まり文句に疑問を投げかけるものである。

確かにソヴィエト連邦は崩壊した。ソヴィエト連邦は、終わりに近づくにつれ、本質的には企業の新興財閥《オリガーキー》に支配される高度産業社会になっていったのだが、このことから、発達した西欧資本主義の崩壊が起きるとすればどのような類似性があるのか、経験的な知識に基づいて問題を議論することができるだろう。とりわけ、仮定上の反資本主義革命が一九一七年の古典的なパターンを辿っていくのか、それともむしろ、一九八九年の市民動員型に似た展開をすることになるのか。このことこそが、本書のなかでソヴィエト連邦について考察したいと考えるいちばんの理由である。この本の著者であるイマニュエル・ウォーラーステインとランドル・コリンズの二人は共に、現在の時点で資本主義の終焉を予測しているが、彼らが一九七〇年代にそれぞれ異なる理論からソヴィエト連邦における共産主義の没落を予測していたことは、特筆に値する。

ここで私は告白しよう。一九八七年に、私はモザンビーク人民共和国の大使館で、アメリカ市民であるイマニュエル・ウォーラーステインと会うことになっていたが、その許可をKGB〔ソヴィエト連邦の情報機関・秘密警察〕の外交官から得ていなかった。マプト〔モザンビークの首都〕のポラナ・ホテルの周りに茂るジャカランダの古木のもとで待っているとき、私は、グレアム・グリーン〔一九〇四～一九九一年。イギリスの小説家で、『第三の男』や『スタンブール特急』などを執筆〕のスパイ小説に出てくる登場人物のような気持だった。若いソヴィエトの将校である私が著名な西側の学者とアフリカの一国で秘密裏に会うことなど、冷戦の代理対立という状況下ではできないことだった。この狂気じみた危険に私を駆り立てた知的好奇心は、出版禁止の本に触れる興奮を経験した人だけが良く理解できるだろう。ソヴィエト連邦の検閲官は、ウォーラーステインのネオマルクス主義理論を、言うまでもなく異端派と見なしていた。ウォーラーステインは私の不安を察知して、愛情深く次のように予測した。「安心なさい。ソヴィエトのあなたたちの世代は、まもなく世界の至るところを自由に旅することができるようになるでしょう。そのことがあなたたちを今よりずっと幸福にすることになるのかどうかは、私には分かりませんが……」。私の疑い深い顔つきを見て、彼は微笑みながら付け加えた。「あなたたち世代はその頃までにはどう呼ぶかさえ分からなくなっている——そう言っても差支えないだろう——一つの事件〔一九一七年一一月のボリシェビキ革命〕の百周年記念に当たる二〇一七年の一一月七日に、軍事パレードがモスクワの赤の広場で行われるだろうと期待させるものは何もないでしょう」と。この予言的な瞬間に私の頭をよぎったのは、確かに、「そんなばかげたことがあるものか!」という英語表現よりもっと粗野なロシア語だった。

また、非常識に感じたのは、コロンビア大学の由緒あるロシア研究所でなされたランドル・コリンズの講演の後で聴衆が主に示した反応であった。アウトサイダーの社会学者であるコリンズは、集まったソヴィエト研究者たちに向かって、自分の数学モデルによれば、あなた方の専門的な関心の対象であるソヴィエトはあなたたちが生きている間に消滅することになるでしょう、と落ち着いた口調で語った。それは一九八〇年の春のことで、アメリカはまだベトナム戦争や経済的停滞、イラクの人質事件の泥沼状態に足を引っ張られていた。ロナルド・レーガンは大統領選挙運動において、アメリカは核兵器でソヴィエトに危険なほどに遅れをとっており、世界全体に対する共産主義の脅威を押さえつけるための大規模な軍備増強を必要としている、と主張していた。アメリカの生え抜きの外交官の息子でもあるランドル・コリンズは、この文脈のなかで核軍縮とデタントの継続を主張したのであった。しかし、この優雅な勧告は、単なる理想主義的な平和主義から生まれたのではなく、マックス・ヴェーバーが初めて発展させた地政学理論に由来していた［★1］。

ランドル・コリンズが考案したヴェーバー的モデルによって、意外にもソヴィエトが地政学的力の五つのパラメータ〔規模および資源の利点、地理的位置の利点、内陸国家の分裂傾向、巨大国家間の戦争、過剰拡張と国家の解体〕すべてにおいてマイナスであることが明らかになったが、どのようなパターンでソヴィエトが衰退していくのかを研究するうえで、まだ知られていない決定的なことが残されていた。このモデルは、現代の雰囲気とは反対に、一九八〇年代のアメリカがまだ地政学的衰退に直面していないことを明らかにし、世界とアメリカの安全保障にとって唯一の最も重要な優先事項は、衰退しつつあるソヴィエトとの核戦争を避けることだ、としていた。過去の多くの帝国の歴史的先例では、交戦国の数をただ二つの大きな対抗国とその衛星国へと漸次的に縮減していく圧縮された対決の時期の後に地政学的拡大が過剰になって分解してしまう、ということが典型的な形で生じた。そして、分離主義者の総督と疲れた将軍に率いられた国内的反乱が勃発するなかで、あるいは、ローマ 対 カルタゴのように前例のないほどの残虐さで戦われた決着をつける戦争のなかで、構造的に弱い帝国が消滅していくことになったのだった。

公平に見て、ソヴィエト研究者には、けなされていると感じるだけの理由があった。コリンズは、古代と中世の帝国の歴史的な地図から経験的な証拠を引き出した。地政学的な理論では、ポーランドやニカラグア、アフガニスタンの最新の発展、あるいはブレジネフの健康状態についてはほとんど何も分からないし、さらに、ソヴィエト崩壊の予測は、今後の数十年のある時にという極めて漠然とした日時でなされていた。そのようなマクロ社会学的な予測はきわめて一般的になりがちであり、ただ構造的移動の方向を確定してそのスピードを大ざっぱに見積もることしかできない。誰かが長期的にもっと正確に予測できるのかどうかは疑わしいが、実際、ソヴィエト研究の予測が短期的なことさえ読み間違えていたことが明らかになった。

コリンズとウォーラーステインの古い予測は、今私たちがソヴィエトの軌跡について知っていることとどのように関連するのだろうか。資本主義の将来についての現在の論争は、その共産主義的オルタナティブが実際に何であったのかということの解明を要請している。しかし、共産主義が何であったかのかということは、イデオロギー的論争のなかでほとんど見えなくなってしまっている。私は、共産主義をより大きなマクロ歴史的な問題設定のなかに位置づけることこそが、共産主義の盛衰を説明する意味のある方法だ、と主張したい。

ロシアの地政学的プラットフォーム

ロシア帝国の滅亡のうえに達成された共産主義の最初の突破口《ブレイクスルー》は、起こりそうもないような歴史的偶発事であった。しかし、西側における資本主義の最初の突破口ほどにありえないことではなかったが、それは実際、社会的権力の組織化の重大な変化であった。このことは、ボリシェビキ革命が突然変異的な事件であったことを意味しない。歴史的偶然性とは、典型的には、従来の拘束が崩壊した危機の時期に発生する、まだ明白な構造的機会になっていないものが、人間によって実現されることである。創造性と幻想的なエネルギーは、機会についての無知や指導者の失敗と同様に、発生しつつある構造的な可能性と制約下でのあらゆる人間の行為の結果である。オルタナティブは言うまでもなく、後日になって空想家と見なされる人びとを別とすれば、誰の目にも起こらないように見える。そのような空想家は、行為の流れのなかに新しい可能性を発見して可能性を現実に変えようとするのだが、どのような可能性も現実化することからは程遠い。一九一七年のボリシェビキの蜂起は、ロシアが自由主義的民主主義になる小さな可能性を閉ざしてしまったが、それはまた、その時期にロシアがファシズムになるというもっと大きな可能性をも閉ざすことになった。レーニンと彼の少数の同志がロシアおよび一九一七年後の世界の軌道を変えたことは、明らかにきわめて重要であった。しかし、因果関係は反対の方向にも進んでいる。最初の共産主義革命が、例えばイタリアやメキシコや中国よりもロシアのような国で支配権を握ったことは、やはり重要だったのである。

ロシアと呼ばれた地政学的・経済的プラットフォームを正しく認識するには、ロシア帝国がそのよく知られた形状をとって現れた結節点にまで歴史をさかのぼる必要がある。最初の結節点は、近代の夜明け、すなわち、一五〇〇年から一五五〇年までのどこかにある。もし私たちがその時代の政治専門家に彼らの世界の方向性について聞き取り調査をするならば、彼らは、何よりも太平洋と大西洋の間の広大な大陸を横断する新しい諸帝国の華々しい出現が近代の夜明けであることに同意するだろう。これらの想像上の専門家は、ユーラシア大陸の北西に突き出た地域のプロテスタントの宗教改革についてはほとんど何も言わないだろう。またおそらく彼らは、当時のアメリカの最近の発見についてさえ言及しないだろう。明朝時代の中国は、確かに世界有数の製造業と巨大な人口を擁していた。一五〇〇年を過ぎて直ぐ、ムガール帝国は元来手に負えないインドを帝国的に支配した。まさに同じ時期にサファヴィー朝がイランで興隆し、オスマントルコが東ローマ帝国の遺産を力強く再生させており、他方、スペインのハプスブルク家が西側でカトリック帝国を樹立しつつあるように見えた。ほとんどすべての人にとって、過酷な中世の時代がついに終わったのである。取り戻された秩序と繁栄は広大な帝国によって確保され、次に、より効率的な農業および手工業的技術、官僚制による課税、公式の保守主義的宗教、新式の大砲といったあらゆる分野における重要な革新によって強化された。

ロシアはこの大きな描写のなかでは遠く離れた飛び地であったが、このことが一種の有利さであることが判明した。ロシア皇帝《ツァリー》が生まれたばかりの帝国は、ドイツとトルコという西と南の強力なライバルからただ地理的な距離によって保護されていたのだ。さらにピストルやライフルといった小火器は、放浪の騎兵隊と定住の農家という長期的な不均衡を逆転させた。ステップ地帯の広範にわたる肥沃な大地でタタール人の流浪者からスラブ人の農夫を保護することは、一六世紀のロシアに人間力の大幅の増加と貢物の流入をもたらした。ロシアの拡大は、その範囲と性格において唯一スペインに匹敵するものとなった。武装したコサック兵に続いて正規兵の守備隊がステップ地帯を、かつてのノルマン侵略と反対方向に向かって横断した。ロシアはすぐに中国との国境に達した。

ロシアが一六世紀に当時の多くの火薬帝国〔オスマン帝国、ムガール帝国、サファヴィー朝〕と並ぶ帝国になったのは、それほど驚くに値しない。もっと驚くべきことは、ロシアが一九〇〇年の時点でまだ拡大し続ける大国であったということである。結局のところ、中国やインド、イラン、そしてトルコやスペインさえもが、彼らの輝ける立場を一九〇〇年まで維持することができなかった。ロシア以外の地域が大規模に衰退した理由は明らかに、世紀を挟んで極西部地域から生じたことと関係していた。西ローマ帝国をカトリックによって再興しようとするスペインの眼を見張るような企ては、より小さな王国や公国、独立州、北西ヨーロッパの都市連合からの集団主義的抵抗に直面した。もしハプスブルク家がこの抵抗を粉砕していたならば、宗教改革はもう一つの異端信仰として歴史の記録に残っただろう。他方、ハプスブルク家に反抗した君主や商人は、治安を妨害する封建諸侯や海賊と見なされただろう。言うまでもなく、出来事の実際の流れは、国際的な商人のネットワークと絡み合うプロテスタント国家の資本家連合に居心地の良い膠着状態を与えた。オランダやイギリスのような最初の資本主義国家の生き残りを保障したのは、プロテスタンティズム自体よりも、むしろこの軍事的かつイデオロギー的な膠着状態であった。

ピョートル一世（一六七二〜一七二五年）は、西側における資本主義の突破口のわずか六〇年後に、ロシアの絶対主義的改革に着手した（ピョートル一世は、当時の最先端の科学技術と制度をとり入れ西欧化政策を推進するために、一六九七—九八年に、皇帝でありながら自ら二五〇名の使節団の一員として、当時のオランダ、プロイセン、イギリスの視察を行った）。アムステルダムでは偽装して見習い大工として働き、ロンドンではおそらくアイザック・ニュートンに出会ったと思われる、驚くべきロシア皇帝ピョートルは、外国の最良のものから学ぶ決意をしたのだった。オランダは、ピョートルが最初から最も熱烈に憧れ続けた国であった。ロシアの国旗がオランダ国旗にわずかな修正を施したものであることや、サンクトペテルブルク（もともとオランダ語である）の運河が、近代資本にはアムステルダムのような運河が必要だというピョートルの強烈な信念から建設されたことによっても、オランダの影響力の大きさが具体的に理解できる。

これと同じような改革は、ポルトガルのマルケス・デ・ポンバル、オーストリアのジョセフ皇帝、アメリカのアレクサンダー・ハミルトンといった、当時の多くの大物政治家によって競い合うように試みられたが、その成功率は、西欧の中核から外部へと移動していくにつれ急速に後退していったように見える。スペインでさえ、最終的にはその帝国的な領土を失い、ピレネー山脈の裏側で孤立状態に陥った。インド、中国、イランは、すぐに失敗して外国に従属することになった。誇り高く自由主義的で貴族的なポーランド・リトアニア共和国〔ポーランド王国とリトアニア公国の国家合同によって一五六九年に生まれた複合君主制〕は、かつてはヨーロッパ最大の国であったが、分割されて消滅してしまった。高い費用を伴う海軍や常備軍や砲兵隊によって戦争の勝利が決まる新時代にあっては、ポーランドの封建領主の栄光に輝く騎兵隊も敗北が運命づけられていた。オスマントルコは、ピョートル大帝後の一世紀の間、タンジマート改革〔一八三九年から一八七六年までの近代的再編成の改革〕のために力を結集していたが、ヨーロッパの「病人」というトルコの評判を流し落とすにはもはや手遅れになっていた。優れた手腕をもつアルバニア人のムハンマド・アリーはエジプトの総督として、模範とするロシアのピョートル一世をめざし、一八一〇年から一八四〇年にかけて自前の海軍や兵器製造、近代的官僚制の構築を開始した。しかし、エジプトの絶対主義的近代化の推進者である彼は、まもなく、インドへのスエズ運河ルートの両側に広がる中東地帯で地域的権力が発生することを望まないイギリスに阻止された。

非西欧国家のなかでは日本だけが、一八六八年以後の明治維新を通じて、当時の軍事的・産業的地政学における列強の一つに何とかなることができた。一七世紀末のピョートル一世のロシアと一九世紀後半の明治の日本という奇妙な組み合わせは、ある鍵を示唆していると思われる。非常に異なるこれら二つの、飛び離れた位置にある国家は、優越的な西欧列強との屈辱的衝突によって引き起こされた強烈な国家的自尊心と根深い不安という、イデオロギー的な二重性を共有していた。世界における彼らの位置に関わるこのような二元論的認識は日本とロシアに限られたものではないので、それは必要条件であっても十分条件ではない。敵に包囲された帝国は、後進性と傷つきやすさの不安感に従って行動するので、制度的能力と財政を結集しなければならなかった。ロシアと日本は、外国貿易の浸透や軍事的圧力から相対的に隔離されていたために、自国の能力を構築することで当時の軍備増強競争に参入できるようになったのだった。帝国近代化の途方もない費用は、主に農民によって負担された。農民は、増税や国家計画に要する多数の労働者や徴兵を彼らの国家に供給しなければならなかった。しかし、農民を強制するだけではまだ十分ではなく、絶対主義的な改革者は、エリートを将校や官僚として国家事業に全面的に動員することで、彼らを訓練して再教育し、称賛し、鼓舞しなければならなかった。

この開発主義的なやり方は、集約的強制の集権化や、新しい資源、従属的国民、帝国の栄光をもたらす領土拡大に基づくものだった。新古典派経済学の標準的理論は、アングロサクソン諸国の立憲主義と安全な私有財産を持つ民間企業を近代化への道として称賛するが、当時の指導的諸国には明らかに、競争に加わっていくための多様な方法があった。代替的な強制的戦略は、国家それ自体を主要な企業家に転換し、近代的な工業と制度を法令で促進して資本主義的資源の不足を補うことであった。当時、西欧の優越性と競い合おうとしていた日本とロシアの近代化推進主義者たちが典型としてドイツの先例を選んだことは、少しも驚くべきことではない。ロシア帝国は実際、ピョートル大帝とエカテリーナ二世の時代以後、失業中のドイツ人の貴族や職人を多数、開発の梃入れのために輸入していた。ボリシェビキが一九一七年に権力を掌握したときの特殊的な地政学的プラットフォームは、このようなものであった。

要塞社会主義

一九一七年にロシアで予期されない革命が起きるなどとは、誰も考えていなかった。ロシアの貴族階級は、奴隷に近い条件に反抗する農奴的農民の亡霊に長い間悩まされてきた。近代のプロレタリア革命は、一八四八年のヨーロッパの大変動以来ずっと待望されてきたが、この希望と恐れは、コサック騎兵隊の攻撃を担った工業労働者のストライキによって育まれていった。より重要な意味を持ったのは、有名な近代主義的インテリゲンチャの成長であり、旧来の貴族主義的官僚制とこの国の全般的な後進性に妨害されていると感じている、教育ある専門家の中間層であった。インテリゲンチャは自らを画期的な刷新の牽引車と考えていたが、この高尚な使命感は、世界的水準の文学の創造から自発的な慈善活動、そして圧政者に爆弾を投げつけることまでの、続発的な破壊戦略へと変換されていった。

それでも帝国は、何とか切り抜けてすばらしい工業的発展さえ成し遂げた。それは主に、戦争による喪失や革命のきっかけとなる典型的な引き金を、幸運にもほぼ一世紀にわたって回避し続けたためであった。他の多くの革命で見られるような転換点は、一九〇五年、そして再び一九一七年に生じた、犠牲の多い屈辱的な軍事的敗北と共に到来した。兵士が指揮官に謀反を起こして警察機構が解体してしまったのだが、国家の強制機構の崩壊は、長らく抑制されてきた反抗――農村での怒り狂った農民の反乱、大都市での武装した労働者、完全武装の政党を組織するのに熱心なインテリゲンチャ、民族的に非ロシア的な地方で独立政府を担うようになる民族主義運動――という妖怪を解放することになった。

国家秩序が崩壊していくなかでボリシェビキが権力を掌握したことは、それほど驚くに値しない。むしろ真に驚くべきは、ボリシェビキが数年を経過してもまだ権力の座にいたことだった。彼らはどのようにして権力を維持したのだろう。一九一七年以前のボリシェビキはインテリゲンチャから成る小さな蜂起主義者の潮流にすぎず、非合法と迫害という環境は、彼らの間に、厳格な内部規律や陰謀家的な秘密主義、つきまとう警察のスパイに対する警戒感を生み出していた。ボリシェビキは、彼らと似たような中国における分子と違ってゲリラ部隊ではなかったし、大都市以外では存在しないも同然であったが、このことによって、より良い未来に方向づけられるべき無知の大衆としての農民という、彼らの偏った見方が支えられていた。また言うまでもなく、使命に対するほとんど宗教的なボリシェビキの献身は、カール・マルクスの終末論的な見解に従っていた。しかし、マルクス主義には強力な科学的側面も備わっていたので、ボリシェビキは、近代の科学と産業を崇拝するきわめて合理主義的なタイプのイデオロギー的夢想家でもあった。これらの反資本主義的で反帝国主義的なマルクス主義者の革命家は、敵の武器――ドイツの軍事組織、国家の産業計画、ヘンリー・フォードによる流れ作業の大量生産方式――を初めからとり入れる積りでいた。

権力に就いたボリシェビキ党は、まず、自らの秘密警察を育成した。革命的テロリストを結集した有名なチェーカー〔ロシア革命直後の一九一七年一二月に創設された秘密警察組織の総称〕がそれである。チェーカーは、生まれたばかりの国家の国内的な政治的独占を保証した。党は次に、それ自身の赤軍を創設した。内乱と外国の軍事的侵略のなかで軍隊を鍛えることは、単にボリシェビキの国家を保護するためだけのものではなかった。赤軍は本質的にボリシェビキ国家となったのだった。勇猛で訓練された軍隊内の党は、あらゆる種類の後方支援と精神的高揚を組織すること――衰退産業の回復、農民からの食料の徴収、インテリゲンチャによる啓蒙の推進、博物館や識字講座、大学の開設など――にもきわめて適した存在であった。

ところで、ボリシェビキの国家建設の中心的側面の一つは、さまざまな民族的共和国がソヴィエト連邦を構成するという、前例を見ないような多言語帝国の建設であった。多方面にわたる内乱においても、民族や人種、宗教の違いを超えた政治的・軍事的同盟をつくり上げることで勝利することができたのだった。一九一九年の批評的エピソードによれば、将軍アントン・デニキン率いる反革命の白色軍は、マルクス主義がジハードの一つの形態でもあると信じてボリシェビキに加わったイスラム教徒のチェチェン人戦闘員によって背後から攻撃された。また、コーカサスのイスラム教徒の反乱は政治的に未熟なように思われてきたが、ボリシェビキ党は、その特有の観点からではあるが、非ロシア的な周辺部が発展することを切望していた。さらに、レーニン主義の民族政策は、地元の幹部が昇進できるようにし、現代的な民俗文化の諸制度――各民族共和国共通の学校と大学、博物館、映画館、特に非ロシア的民族性を掲げたオペラやバレー――をつくるための資源を大いに利用できるよう、民族的共和国の制度化を推進した。

ロシア内戦におけるボリシェビキ党の勝利は、混沌からの国家秩序の建設自体が途方もないような達成であったとしても、そのことだけに還元することはできない。教訓はむしろ、革命によって触発された数百万の人びとの感情的エネルギーを利用し方向づける包括的構造の構築にあった。大量の若い男女は、新しいソヴィエトの制度で利用できる専門教育と昇進によって、自分達のライフチャンスが突然大きくなることを経験した。社会的流動性の機会は、新しい産業と都市のきわめて大規模な建設が一八三〇年代初期に開始されて以来、初めて指数関数的に上昇した。また工業化と第二次世界大戦は、過酷な耐乏生活の日々や政治的テロ、非人間的な仕事量を伴ったにもかかわらず、広大な近代主義的国家によってもたらされた新しいアイデンティティとライフスタイルを得た愛国的なソヴィエト市民の大量の支持を生み出した。古い共同体や教会、拡大された家父長家族の破壊は、数百万人の若い男女を広大な近代社会に解放した。その効果は、規模の点ではまったく違うけれども、(ソヴィエトの小説や映画でもてはやされた)ピョートル大帝による一八世紀の西欧化に似ていた。ピョートル大帝の絶対主義は、貴族のランクを増やし、新しいエリートに十分なサービスの機会やイデオロギー的信頼、西欧化されたライフスタイルを与えることで、独自の画期をつくることに成功した。ソヴィエト時代になると、農民の子どもは、ロシア人も民族的には非ロシア人も、近代的な機械の操作を学んだり、水道や電気を備えた国営の住宅に移り住んで新式のソヴィエト製の腕時計やラジオを購入したり、工業的に生産されたホットドッグや缶詰グリンピース、マヨネーズサラダ、アイスクリームなど(これらは当初アメリカから輸入されたが、すぐに生粋の自国のものと見なされるようになった)を職場で昼食に食べたりすることができた。国家主導の工業化は、熟練労働の不足はもちろんのこと、蔓延するさまざまな不足を伴う永続的な過熱経済をつくり出した。ソヴィエト連邦は、実際、大きな工場となったために、揺りかごから墓場までの社会福祉を唯一の雇用主としての国家が提供する、巨大な企業都市にならねばならなかった。

転換を指導したのは、ノーメンクラツーラと呼ばれる、特殊な任命登録名簿に基づく党幹部であった。ノーメンクラツーラという呼び名は、最終的には鈍感な官僚制に対する蔑称となったが、その最初の世代は、百戦錬磨の若い人民委員や革命的カリスマ、そして意欲的な精神に満ちた非常事態の管理者から構成されていた。彼らは、驚くべき歴史の幸運——とレーニンの天才的な力——のおかげで、自分たちは人類の進歩の前衛であると信じていた。選挙民主主義の場合と同じように、彼らがたとえ一時的にでも政治権力を失うなら、それは歴史の歩みを裏切ることに等しかった。しかし、多くの解説者や歴史家には、ボリシェビキの革命的な残虐性と彼らの啓蒙的な熱狂を道徳的理由に基づいて両立させることなど、困難であるように見える。共産主義のこの二つの側面は議論の余地がない事実である。それはまた、イデオロギー的幻想としての、知覚された矛盾である。ロシア革命は、圧倒的に農民の多いこの巨大な国に、急進的インテリゲンチャの比較的薄い層を植えつけたのだった。画期的な変化を担ったこれらの活動家は、電力と普遍的進歩を熱烈に信じると共に、終わったばかりの内乱で勝利した党を信頼し、愛用するドイツ製の連発式ライフル銃に依存するようになった。要するにロシアの革命派は、前例のないカリスマ的な官僚制になることで戦闘に勝利したのであった。これらの軍事的開発主義者は、二〇世紀のイデオロギー的・政治的・軍事的・経済的諸制度を単一の専制的構造に融合させていったが、それは高度の個人崇拝と繋がることになった。

スターリンの性格は、彼の驚くべき人生の軌跡――それは、近代において、カタコンベ〔初期キリスト教徒の避難所となった地下墓地〕のキリスト教徒が異端を裁く宗教裁判所の長官となり、さらにルネサンス教王にもなったような人生だった――と同じようにねじれていたと思われる。といっても、スターリンのそのような性格によって、彼が直接の犯罪者ではありえない、多くの状況における指導者崇拝や粛清について説明できるわけではない。これは、チトーのユーゴスラビアや毛沢東の中国、カストロのキューバの場合と同じである。ついでにここで、一九八五年から一九八九年の間に、ブレジネフ時代のノーメンクラツーラのほぼ三分の二の職――生命ではない――を奪った、ゴルバチョフのグラスノスチ〔情報公開〕運動について考えてみよう。官僚の犠牲という観点から見れば、モスクワ命令の民主化はもう一つの悲惨な粛清をもたらしたことになる。

このように認識することは、一九八九年以降に国家を破壊するソヴィエトのノーメンクラツーラのきわめて防衛的で破壊的な反動について説明する、長い道に繋がっていくのである。偉大な共産主義の指導者も悪者もすべて、統制のあまり効かないメカニズムをうまく利用できないために、政治的非難をする運動を定期的に提唱した。最高指導者は、非公式の組織化や情報交換を抑圧することによって、足元で何が起こっても本質的に何も見えなくなり、当然のことながら、自分の命令が完全に実行されないのではないかと疑うようになった。

レーニン主義体制のこの醜い特徴は、ロシア人や中国人、あるいはいかなる民族の文化とも、直接、関係がない。確かにそれは、カール・マルクスを、またおそらくレーニンさえをも愕然とさせるものだろう。問題は、まさに共産主義諸国家（ここに、第三世界を横断する、非マルクス主義的な民族主義的鼓舞者を加えることができる）の地政学的起源にあった。これらの革命国家は死活的な対決のなかで生まれたのだが、その対決の頂点で偉大な指導者が現れた。というのも、途方もない民族的動員は最高の軍事的・政治的・経済的司令官を要請するからである。そして、起こりそうもない大勝利によって、彼らの天才が証明されたように見えた。ナポレオン・ボナパルトは、まさしく二〇世紀のあらゆる革命的皇帝の歴史的原型であったのだった。

単独国家を獲得する革命は、ロシアくらいに大きな国家の場合でも、直ちに国家間の対立へと突入していく。それゆえ、近代における革命の成功の典型的連鎖に続いて対外戦争が起きた。革命的転換は、保守的な現状維持を求めたり、ヒトラーの第三帝国の場合のように征服と絶滅の戦争を通じて世界をつくり変えようとしたりする、他の諸国家との軍事的敵対を引き起こした。二〇世紀における共産主義国家の出現は左派勢力の大きな成果であったが、共産主義者と民族解放の反乱者が権力を握る残虐な戦争の下では、その体制は最初から抑圧的で、制度的欠陥を抱えるものとなった。自分たちの反システム的な獲得物を擁護し守り抜こうとする二〇世紀の革命家には、それ以外の行動をする余地はなかっただろう。軍事力を抑制するための大きな合理主義的議論が必要になれば、それはその時に生まれるはずである。

ソヴィエト連邦は純粋に社会主義であったのか、それともむしろ全体主義であったのか。そのように極端にイデオロギー的で抽象的な問いは、現実を説明するのに役立たない。驚異的な工業化の結果として達成された、異常なイデオロギーと恐るべき軍事的・地政学的立場を備えた巨大な中央集権国家というのが、ソヴィエト連邦のあるがままの現実であった。このような国家の生き残りを可能にしたのは、何よりもまず、世界の半周辺的地域における唯一の巨大なロシア帝国という地政学的な遺産であった。また、この同じ構造的な遺産は、国家主導の強制的な工業化戦略を導くものでもあったが、そのような工業化戦略は、農民からの収奪や、あらゆる努力を近代的軍事力の構築に注ぐことに基礎づけられていた。

本質的に近代的であり、また近代主義的であろうとしていたソヴィエト連邦は、当時の先進的技術――機械化された軍隊、流れ作業方式の産業、計画された大都市、大衆教育、社会福祉、スポーツや大衆娯楽を含む標準化された大量消費――をとり入れるのに成功した。ボリシェビキは、一九二〇年代の未来志向的な一〇年間に続いて、さらに新しい大衆文化として、古典音楽やバレー、帝国のインテリゲンチャの遺産である文学を再生利用した。こうしてスターリンの国家は実際、多くの点で帝国に見えるようになった。だが、帝国であるとはいえ、さまざまな民族性を統合するソヴィエト連邦の能力がほとんど三世代にわたって革新的で近代主義的であることは確かだった。ソヴィエトはアファーマティブ・アクション〔弱者集団の不利な状況を是正するための優遇措置〕のパイオニアであり、開発と広範な包摂によってそのパイオニアであることを実際に証明したのであった。

当時、多くの観察者には、経済計画と私有財産の廃止に基づくこれらの成果は要するに社会主義の達成を意味するということに、敵味方を問わず、同意する傾向があった。ソヴィエトの主要な特徴は、開発主義的で民族主義的な多様性の広がりによって強められたり再形成されたりした。このような国家権力の集中は、二〇世紀の間は途方もなく成功しているように思われた。この文脈において私たちは、人民が過去の屈辱を挽回したいと望んでいる多くの以前の帝国が他にもあって、世界のなかでより良くより強い立場を求めている、ということを認識する。中国やユーゴスラビア、ベトナムの共産主義的な愛国的国家ばかりか、民族主義的なトルコ、イスラム的民族主義という特有の反システム的イデオロギーを備えたイランがそうである。また、小国で挑発的なキューバや、冷戦による分断の他方の側にある、最も特有な国家であるイスラエルが、「要塞社会主義」の特徴を備える蜂起的民族主義の多様性に加わることになった。

これらの国家はいずれも、敵対的な地政学的状況に直面した。初期の革命的なロマン主義の後、世界システムの構造的現実によって、自発性か訓練か、理想主義者としてか執行者としてか、大衆を扇動するのか農民を強制するのか、危険な孤立を伴うイデオロギー的純化か不安定な国際同盟か、という強硬的政策の選択が迫られた。共産主義者が世界の舞台で真剣なプレイヤーであろうとすれば、楽観主義的な現実政治で有効に対応する必要があった。だが、共産主義国家は、そのイデオロギー的な宣言にもかかわらず、資本主義世界システムから全面的に離脱することができなかった。小集団のレベルであれ、国家間のレベルであれ、対立は社会的ネットワークにおけるいちばん強い種類の結びつきの一つであり、中核の資本主義国家は、モスクワにとって主要な関心事と参照基準であり続けた。一九四五年以前のドイツとその後のアメリカは、ソヴィエトの工業と科学の優先順位に影響する大きな軍事的脅威を与えた。また西側は、主に原材料の輸出で獲得した稼ぎによって高度な機械や一流の財を購入する源であり続けた。共産主義が資本主義のオルタナティブであるか否かをめぐるかつての際限なき論争は、すべての共産主義国家があれやこれやの仕方で、結局のところ資本主義に逆戻りしたことによって、最終的に終了したのであった。

開発主義の成功の費用

以上のことは私たちを、ランドル・コリンズとイマニュエル・ウォーラーステインのかつての予測に連れ戻す。共産主義の終焉の到来を見通した彼らの洞察力は、まったく異なる理論に由来しており、異なるプロセスに焦点を当てていた。コリンズの地政学的過剰拡大と、ウォーラーステインの資本主義世界システムの構造的要請がそれであるが、二人の予測は、興味深い仕方でお互いを強化し合っていた。コリンズは、ソヴィエトの過剰拡大のジレンマから、帝国の解体か最後の手段としての全面戦争かという二つの可能性を導き出し、ウォーラーステインは、パリーベルリンーモスクワの枢軸をめぐって出現しつつある凡ヨーロッパ的で軍事的なブロックに第三の可能性を見出した。ウォーラーステインのシナリオは明らかに、シャルル・ド・ゴールの長期的野心や一九七〇年代のドイツの新東欧政策〔西ドイツのブラント政権が、一九七〇年の独ソ条約とドイツ・ポーランド条約などを通じて押し進めた、現状の尊重と武力不行使を基盤とする新しい共存関係の構築をめざす東欧政策〕と照応していた。分析的に言えば、実現されなかったウォーラーステインの予測は、私たちの関心を一つの重要で反事実的な推論に導いていく。それは、ゴルバチョフのペレストロイカを、実行しうる可能性として措定するものである。ついでに言えば、この反事実的な推論には、再建されたロシアとEUが近い将来に軍事的・経済的ブロックを形成する構造的理由を見出しうる、ということが依然として含まれている。とはいえ、コリンズとウォーラーステインの過去の予測は抽象的な描写であって、社会的諸勢力の移動や特殊なメカニズム、さらに失敗した歴史的結果につながる因果的連鎖に関してさえ、補足されるべきものが多く残されている。

ランドル・コリンズは、一九一四年と一九四五年の間における、ロシアのかつての敵の大部分を排除したヨーロッパの大きな地政学的混乱のダイナミズムを将来に拡大して、自身の予測を引き出した。複雑な多極的関係から、ただ二つのイデオロギー的陣営で構成される冷戦の二極対立への一九四五年以後の世界の地政学の全面的単純化は、ソヴィエトを超大国に変貌させたが、そのような立ち位置はまた、先例のない規模の費用と責任をもたらすことになった。ランドル・コリンズが一九八〇年に推測したように、確かにソヴィエト連邦は、アメリカとの対質を続けるなかで、同盟国を統制し外部の敵と対抗する費用を維持できなくなってしまった。

さらに重要なのは、このような拡大モデルが、中国の経済的繁栄の可能性を予測したことだった。当時は、毛沢東という一風変わった議長に率いられたアジア的な貧困国のきわめて大きな潜在力について、ほとんど誰も真面目に受け止めておらず、中国は、超大国の覇権争いの副産物として、地政学的な忘却地域という幸運な立場に放置されたままであった。一九七〇年代後半まで、東アジアの風変わりな共産主義国家である中国は、その地政学的費用がソヴィエトの費用と比べてきわめて小さいように思われる、制約的ではあるが安定的でもある国家間関係のなかにあった。中国の指導者たちは、一九四五年以後の日本の指導者たちと同じように、権力と威信の国家目標を、当時のこの地域における最もよく知られた道——アメリカの消費者市場に依存する輸出志向工業化——を通じて、妨害されることなく追求した。

イマニュエル・ウォーラーステインは長い間（物議を醸しだしながら）、共産主義国を、ストライキ中に労働組合が押収した工場と比較してきた［★2］。労働者が工場を彼ら自身で操業しようと試みるなら、資本主義市場のルールに従わざるをえないので、彼らはより大きな物質的報酬の分配を得るかもしれないけれども平等や民主主義を獲得することはないだろう。労働の組織者のなかで比較的「現実主義的」な者は、外からの市場圧力に押されて再び生産規律を強要するようになるだろうし、経営的意思決定をする人びとの小さな集団は、複雑な組織の「寡頭制という鉄の法則」に従って、自分たちを大きな集団から隔離して新しい統治エリートに進化させるようになるだろう。イデオロギー的な蒸気が大鍋から完全に蒸発するまでには時間がかかるだろうが、経営者に転向した初期の組織者がもはや現実を隠蔽しなくてもいいと感じる時がやってくるだろう。そのとき、工場は通常の資本主義的企業に逆戻りし、経営者は彼らの地位を利用して利益を引き出すことになるだろう。それは、ジョージ・オーウェルが一九四五年に刊行した『動物農場』（動物たちが農場主を追放して打ち立てた理想的な共和国が独裁と恐怖政治に変質する過程を描いた寓話的小説）の社会学版であるとも言える。ウォーラーステインの分析は明解で、構造的条件と因果的連鎖を論理的な仕方で明らかにした。彼はまた、資本主義世界システムが別の歴史的システム、すなわち、資本蓄積がもはや第一の優先事項でないような別のシステムに交代されないなら、一国社会主義あるいは一国一工場の社会主義は存続できないだろう、という重要な政治的警告をも付け加えた。

　ウォーラーステインは、資本主義に帰することになる労働組合統制の工場という彼の物語を、実際に観察された事実によって基礎付けた。ソヴィエトの指導者は早くも一九五三年に、彼らのイデオロギー的・軍事的立場を西側との経済統合と取引しようと試みていた。スターリンの死後、秘密警察の恐ろしい長官であるラヴレンチ・ベリヤは、強制労働収容所の受刑者の最初の大量解放を命令し、モスクワが東ドイツから撤退することに前向きであることを西側に伝えた。このつかの間のエピソードは、興味深い可能性を示している。ベリヤはきわめて冷笑的な機会主義者として知られているが、彼はまた、がむしゃらで実用主義的な経済的管理者でもあったので、彼が成功していたなら共産主義はもっと早く終焉していただろう。ベリヤが人格的な独裁者として支配し、ソヴィエトの工業と新たに教育された労働が絶頂に達したとすれば、おそらく彼は、彼の取り巻きが特権的に資本主義的利潤の分け前に与るのを許したことだろう。そしてソヴィエトの資本主義化は、毛沢東死後の中国の市場回復を上回ることになったかもしれない。今、西側の消費者がすばらしいスタイルのソヴィエト製ヴォルガスに乗りヴォストークの時計をつけている光景について想像してみよう。だが、一九五三年当時では、ドイツを統一することは、西側の同盟諸国にとっても広く望まれない提案であった。ヨーロッパ自身が、戦争と不況から生まれた多数の熟練した熱心な労働者を抱えていたのだった。

歴史的現実のなかでベリヤは、政治局内の彼の対抗者によって逮捕され処刑された。それは、党のノーメンクラツーラと軍司令官たちの、秘密警察から受けた恐怖と屈辱に対する復讐であった。一九五六年に、新しいソヴィエト指導者であるニキータ・フルシチョフがスターリンの罪状を告発し、この軽率な行動にもかかわらず、彼は陽気に生き延びた。だが彼は、ソヴィエト的な経済的大企業に当たる垂直統合された巨大な工業省における官僚主義的硬直性の中枢を解体することを試みて、ついに一九六四年に失脚することになった。ノーメンクラッーラの幹部が限定的な脱スターリン化を期待していたのは確かだったが、彼らは、終身的な身分保障や幅広い特権、緊張感を要しない仕事をひとたび獲得すると、それらを変化させないことを望むようになった。一九三〇年代の工業の急成長にまで遡る経済省の指令機構は、自身が本質的に変化せずに永続きするよう望んでいた。この指令機構の構成要素は、一九九一年のソヴィエト崩壊後にも生き延びて、異常な富の集中と腐敗したインサイダー政治という新興財閥に特徴的な性格をポスト共産主義的資本主義が獲得するのを確実にしたのだった。

官僚主義的な自己組織化の費用は、スターリンが死亡したときにはすでに知れわたっていた。指令経済には、資源の配分について意志決定する最高指令者が必要である。最高指令者が不在なら、中央政府は、影響力ある諸省や地方政府の集団主義的なロビー活動に取り囲まれるために官僚主義的な惰性的組織になってしまう。〈計画の長所 対 市場〉に関する従来の経済学的論争は、それらが相互に排他的なイデオロギーの選択であるという、時間の経過を無視した、それゆえ誤った想定に基づいている。計画された、あるいは指令された経済は、戦時に要求されたり、災害後の復興や工業の躍進のように大規模で標準化された生産の奇跡的調達が時代に要請されたりするときには、短期的に効率的でありうる。しかし、多様化され柔軟な適応が求められる長期的な通常の時期には、指令モデルは不向きである。にもかかわらず、第一次五カ年計画の中心であった巨大な老朽化した企業——その最高経営者は、中央委員会の投票権を持つ委員であった

——の破棄について、誰も何も主張することができなかった。まさにこのことこそが、一九六四年にニキータ・フルシチョフを失脚させた事情であった。新自由主義の時代になると、彼らの資本主義的競争相手としての市場思想を許せないものとして形成されたソヴィエトの指導部とイデオローグは、次第に公的所有と規制に我慢できなくなった。しかしながら、産業的・政治的幹部の譲歩できない姿勢には、単なる正統派的な信条よりも深い理由があった。それは主に、自由な討論と競争が許されるならば、教育を受けた精力的な若い集団が年長者たちの席を奪うに違いない、という恐れである。

末期のソヴィエト共産主義の主要な緊張は、無神経に官僚化したノーメンクラツーラと、高学歴の専門家や創造的知識人から成る振興の中間層とを闘わせることになった。経済計画や高等教育や、文化の国家制度の中層および下層の階級から生まれた夢想的な「一九六〇年世代」の新しい若者集団は、文字通りの意味でソヴィエトの近代化の子供であった。また、若い専門家たちの独自なイデオロギーは、一九五六年から一九六八年に全世界で発生したニューレフト運動の一環であった。青少年の階層の反官僚主義的な不満はずっと後に、ゴルバチョフのペレストロイカの危機を通じて初めて、根本的に独自な表現を、新自由主義の個人主義的哲学または人種主義的ナショナリズムの肯定のなかに見つけることになる。ソヴィエトの公式の反システム的イデオロギーは、若者の反抗者に西側のシステム的イデオロギーを採用するよう提案したが、その提案は、西側のシステム的イデオロギーの最も極端なタイプである両極化の論理によって行われた。

非社会的な分野では、このプロセスが文化の領域と同じぐらいに激しく現れる。公式の正統派が「社会主義的リアリズム」を処方すれば、反抗する若者に馬鹿げた喜劇とスピリチュアルな神秘主義を与えることになるのだろうか？　ノーメンクラツーラが人民の間の友情を激賞し、地方の民族的な感情を刺激するというのだろうか。文化大臣が音楽や芸術の分野に古典主義的な基準を強要すれば、抽象主義やジャズ、ロックが盛んになるというのだろうか？　言うまでもなく、独裁として機能するのをやめた老化した独裁体制は、皮肉にも若い世代の嘲笑と非難の的になってしまった。スターリン時代の粛清の終わりに形成された従順なソヴィエト官僚制の、今や硬直化してしまった世代は、この因習打破的な熱狂をボリシェビキの初期の世代のように取り入れることができなかった。

末期の段階のソヴィエト体制は、インテリゲンチャを支配することも労働者を働かせることもできなかった。その直接的理由は政治的なことにあった。自己の保全のために秘密警察を支配してきたノーメンクラツーラは、何らかの大衆抑圧を再び行うことにまったく乗り気でなかったし、産業経済が拡大したために失業という鞭で労働者を規律訓練することもできなくなっていた。ソヴィエトの経営者は、計画の割り当てを遂行するために労働力を必要としており、労働者は実際、より良い労働条件を要求することもできたし、特別支給されるモスクワや高賃金が支払われるシベリヤの産業のような所で働くこともできたのだった。

だが、ソヴィエトの労働者に大きな権力を与えた最大の構造的理由は、何よりも人口学的移動であった。今や、中央ロシアの農村はマンパワーが枯渇しており、そのような労働力不足の状況は女性の社会的力を大いに増大させた。しかも、都市生活や産業的雇用や教育は女性のライフスタイルを不可逆的に変化させ、たった一世代の間に出生率が急落してしまったために、労働力不足はロシアの歴史で前例のないものとなった。ツァー、そしてスターリンさえもが、つねに無限に供給されるように見える農民労働と軍隊の徴集を当てにすることができたのに、一九六〇年代には、突然、人口学的プールが枯渇することになった。農民を労働者に鍛え直すことは実際、ソヴィエト文明の勝利を意味すると共に、エリートを支援し農民を犠牲にして西側と軍事的に競争するという数世紀にわたる古いロシア的伝統からの脱却を意味していた。相対的な人口学的希少性は、伝統的な専制主義が存続するいかなる根拠も残さなかったのである。

ソヴィエトの産業社会の形成と新しい人口学的な動態は、ソヴィエトの軍事化された産業主義の、今や悲惨で時代遅れになった構造を変える二つの構造的前提条件となった。しかし、生まれつつある民主化が専制的なノーメンクラツーラを圧倒するには、さらに第三の、明らかに政治的な条件が必要であった。それは、自由主義的なインテリゲンチャと、新たに能力を付与された労働力を有する専門家集団との同盟であった。実際、この種の広範な民主的同盟の力は、一九六八年のチェコスロヴァキアと一九八〇年のポーランドの爆発的な民衆の政治的高まりのなかですでに証明されていた。ポスト・スターリン主義体制は、急進派の民衆の暴動に対してきわめて脆弱であるように見えたし、実際、そのように感じられた。というのも、ポスト・スターリン主義体制は、大規模で暴力的な社会運動の挑戦と対決する強制的なイデオロギー的資源を失ってしまったか、あるいはそのような資源を自ら進んで放棄してしまったからである。だが、成熟した産業社会における階級対立は、古典的マルクス主義の表現と違って二大陣営的な対立ではなく、むしろ、ソヴィエトの企業経営陣営、自由主義的インテリゲンチャ、労働者というトライアングルのなかで展開されていた。それゆえ、ノーメンクラツーラにとっての最善の選択は、インテリゲンチャを犠牲にして労働者を買収することであった。

ブレジネフ時代におけるソヴィエトの労働者の政治的飼い馴らしは、費用のかかる二つの戦術、つまり、民衆の消費の増加と不効率に対する暗黙の許容によって確保された。ノーメンクラツーラは基本的に、労働者が自己満足と横柄な振る舞いを共有することを認める一方で、技術者や知識人を中傷し、異論を唱えるインテリゲンチャの「根無し草的な世界文化主義《コスモポリタニズム》」を時に激しく非難した。一九七〇年代のオイルダラーという予期せぬ恵みは、この保守主義的な福祉合意のための資金を二〇年以上にわたって気前よく提供した。だが、その真の費用は、効率や物的評価を無視したことであった。アルコール中毒や男性死亡率の著しい増大、工場からの窃盗、ソヴィエト製品の質の低下などのすべては、失われた動態と蔓延した懐疑的態度の病理学的な結果として見なさなければならない。この保守的な福祉合意は結果を考慮しないものであり、ブレジネフ時代の「停滞の一〇年」で見られたような、軽蔑された、若者を窒息させてしまう社会的停滞の再来であった。

どうして崩壊は不可避的なのか

長らく待ち望まれていた精力的で若き指導者のミハイル・ゴルバチョフは、スプートニクと脱スターリン化の世代に属していた。一九六〇年代初頭のこれらの成果により、ソヴィエト体制における彼の仲間の信念が経験的に有効であると認められてきたので、ゴルバチョフを一九六〇年代に生まれたニューレフトの一員として考えてもさしつかえないだろう。しかし客観的に見れば、過度に権威主義的な権力の公的地位が上昇することを目指してきた彼の目標は、きわめて保守的であったと言えよう。彼は、ソヴィエト陣営を国家資本主義に導いていくことで、本質的に現存する政治構造を強化し、少なくとも、若いノーメンクラツーラを外国資本と提携する巨大な産業的企業の専門家的経営者につくり変えていきたいと望んでいた。こういったことは、彼のほとばしるような弁舌でゴルバチョフ支持者になりうる人びとを困惑させ、また最後の第一書記である彼自身をも致命的に当惑させるような矛盾であった。当時、ほとんどの観察者は、ゴルバチョフが自分の言っていることを本当に理解しているとは考えていなかった。この熟達した共産党政治局員は自分のやっていることを理解している、と誰もが考えていたが、実際は残念ながらまさにその反対で、ゴルバチョフの政策はあまりにも無計画な素人的やり方であるように思われた。ソヴィエトでは数十年もの長きにわたって政策論争が抑圧されてきたために、極端で激しいイデオロギー的な二極対立が生み出されていて、儀式主義的で生彩のない党の議論と、それに異議を唱える人びとの抽象的なヒューマニズムとの間に、理念や実践的解決の空洞が存在していた。そのため、何らかの改革をもくろむ政治的指導者には、アマチュアの即興演奏的なやり方しか残されていなかったのである。

とはいえ、しばらくの間はゴルバチョフが成功していたと想定しておこう。彼の政策の中心的方向を拡大すれば、いくらかもっともらしいその最終的到達点が見えてくる。ソヴィエト連邦は第三世界を横断する広範な関与を放棄して東欧から撤退する、というのがそれである。モスクワの立場から見れば、ポーランドとチェコスロヴァキアがまもなく統一ドイツとその戦略的パートナーであるロシアとの間に位置することになるとしても、それほど損失にはならないだろう。また、アメリカとの軍縮取引は劇的に地政学的負担を軽減し、結局、モスクワが軍産複合体を再建することを可能にするだろう。依然として膨大な比較的低賃金の熟練労働によって運営されるソヴィエトの産業は、政府仲介契約を通して西欧から投資を引き寄せるだろう(ソヴィエトの経営者たちはつねに、きわめて類似した国家企業家的性向を備えるドイツ、フランス、イタリアの経営者たちに、直観的に近いものを感じていた)。以前の共産主義諸国で抑圧されていた消費者需要は、職の創出と連動してまもなく大きな経済的上昇を引き起こし、おそらく共産党は、支配的で穏健な社会民主主義者とイデオロギー的に愛党心の強い孤立した少数派とに分裂していくことになるだろう。そして、ウラル山脈から大西洋までの全ヨーロッパ大陸は、経済的エンジンとしてのドイツと、労働力や原料、軍事力の供給者としてのロシアを抱える、単一の地政学的で経済的なブロックに統一されていくだろう。このようなビジョンのなかでは、アメリカの覇権は世界の地政学によってまたたく間に姿を消すことになる。社会民主主義的で温情主義的なヨーロッパは、改造されたロシアと手を組むことで、新自由主義的なワシントン・コンセンサスに対抗するのに十分な理由と力を持つだろう。しかし、地政学的に、またイデオロギー的に周辺化されたアメリカは、それほど経済的にマイナスになることはしないだろう。単一の地政学的・経済的ブロックとして統一されたヨーロッパ大陸の強さを考慮すれば、アメリカ政府は国内需要を生み出し、ラテンアメリカや中国との独自の貿易圏を樹立するのに必要な政治的措置をとる可能性がある。この場合、世界は、確かに資本主義的なままであるけれども、資本主義的グローバリゼーションのさまざまな多様性と構図から構成されることになるだろう。

世界がこの経路を辿っていたならば、ゴルバチョフは今や、さまざまな選挙民を不明瞭なメッセージで巧みになだめる政治的な「謎の人物《スフィンクス》」として現れていただろう。また、先見の明のあるこの実用主義者は、「石橋をたたきながら川を渡る」慎重な改革を通じて彼の国を資本主義的繁栄の海岸に導いたことで称賛されていただろう。言うまでもなく、川を渡るという隠喩は中国のものであり、それは鄧小平に関係している。一九八九年の終わりまで、あるいはそれ以後でさえ、鄧小平が天安門広場に集まった民衆の虐殺者として非難されたのに対し、ゴルバチョフは広く民主主義の推進者およびヨーロッパの勇敢な統一者として称賛されていたということには、おそらく想起するだけの価値があるだろう。しかしながら、指導者のパーソナリティや彼らの政治スタイルに見られる中国とソヴィエトとの相違は、共産主義のあり方に由来するものではない。両者には多くの構造的相違があったが、それらの大部分は歴史的に継承された経路依存的なものであって、共産主義そのものとは概して無関係だったのである。

一九八九年は、共産主義の消滅を二つの非常に異なった仕方で画期づけた。ソヴィエト連邦は中国が新興国として立ち上がるよりもずっと前に崩壊してしまった。また中華人民共和国も、共産主義者のヒエラルキーの最高指導部で派閥的な分裂が生じたことから、北京の天安門広場に象徴的に結集した学生運動を引き起こした一九八九年の春に、崩壊瀬戸際の危機を経験した。学生運動は、当時のソヴィエトや一九六八年の西側のニューレフト、二〇一一年の「アラブの春」における現代の反権威主義的運動が抱えているのと同じような強さと弱さを示していた。自然発生的な抗議は、若者の発する感情的エネルギーが、何よりも偽善的で利己的な長老層に対して激しい非難を投げつけるものだった。しかし、学生運動には包括的な自立的組織や短期的政治目標、(農村地帯を別として)地方の都市との強固な関係が欠如していた。一九八九年に中国共産党の幹部は、彼らの地位を学生運動に対して閉鎖した。というのも、上層部の派閥主義が学生の戦闘主義、すなわち、一九六〇年代後半の過激な毛沢東主義者による文化革命を引き起こしたというかつての不祥事が、彼らの記憶に色濃く残っていたからである。おそらくより重要なことは、中国共産党の長老幹部が軍事闘争の熟達者として残っていたことであろう。彼らは、革命や内乱の時代から六〇年以上も経って特権的地位のある党幹部としてのキャリアを積んだ、ゴルバチョフや彼の同志たちとは違っていた。鄧小平のような人たちにとっては、権力が銃撃戦から生まれるという観念は単なる比喩ではなかったのだった。

しかし、天安門広場における抗議者の鎮圧は、法外なイデオロギー的犠牲を払うことを余儀なくされた。活動家の学生は、共産党そのものを正統化していたのと同じ理想に基づいて要求を主張したのだった。左派体制に対する左派からの非難は、思い切ってそれを公式に認める上層部が誰もいないなら、右派体制への旋回を引き起こすことになる。実際、一九八九年は中国共産主義の終わりを画期づけもした。中国共産党の指導部は暗黙裡のうちに、その危険な、左派的にも右派的にも解釈できるあいまいなイデオロギーを捨てて、実績主義の正統性と呼びうるものへと移行したが、これは実際、共産主義体制の政策レパートリーにおいてよく知られている動きである。過去の革命的な先行例を忘れていないロシアのボリシェビキは早くも一九二一年に、市場主導的新経済政策（NEP）は革命的経過における「自動的なテルミドールの復活〔フランス革命の経過のなかで一七九四年七月二七日に起きた、ロベスピエールの独裁に反対する一派によるクーデター〕」という必要な段階だ、ということを認識していた。つまり、一時的に後退し、それから階級の敵に先行して自分自身を解放する、というのである。また、各種の市場導入の試みと政治的抑圧の目的とを連結させた、一九六〇年代におけるチトーのユーゴスラビア連邦、および、ヨノス・カダールによるハンガリーのかつての有名な実例を思い出そう。「よき一〇年」として回顧的に懐かしく想起される、ソヴィエトのレオニド・ブレジネフの無難な統治でさえ、実際は、「フルシチョフの雪解け」に対する騒々しい不安定な時代への保守主義的反動を意味していた。一九七〇年代になると、ソヴィエトの指導者は市場社会主義についてまったく言及しないようになったが、それは、石油や天然ガスの輸出による収入によって、リスクのない官僚主義的惰性としての一時的贅沢が得られたからである。

言うまでもなく、ポスト毛沢東主義の中国には輸出できる石油がほとんどなかった。その代わりに中国共産党は、現代のNEP政策のために、勤勉な農民と地方の手工業者の無尽蔵な労働力、および「中国のディアスポラ〔世界各地に離散していながらも、共通の民族的アイデンティティによって結びついている人びと〕」と呼ばれる華僑の市場に関する知識を利用した。中国の農村部と輸出特区に市場の諸力を導入する直接的な政治的根拠は簡単明瞭であり、農民に食糧を自己自身と都市に提供させることで緊張の危険を取り除こうとしたのである。この最初の防衛的な一歩を踏み出すことによって、中国の共産主義者は一九八九年の政治的危機から回避するのに通じる長い旅に乗り出した。名目的にまだ共産主義である中国は、基本的には、アメリカの覇権に守られながら冷戦下で成長した韓国や台湾のような、東アジアの反共産主義的開発国家が以前とった方式を、より大きな規模で再現したのだった。

中国の共産主義からの不用意ではあるが幸運な脱出は、ソヴィエトの不注意な大失敗の原因を正確に解明する手がかりを与えてくれる。それは、全体的に見れば、ノーメンクラツーラによる集団的行動の途方もなく大きな失敗から生じたのであった。一九八九年の政治的事件の衝撃は、ソヴィエト官僚層上層部の多くのパニック的な亡命を引き起こした。非ロシア共和国のロマンチックなナショナリストでも、モスクワやレニングラードの民主的なインテリゲンチャでもなく、彼らこそが自分たちの国家を実際に破滅させてしまったのだった。反ノーメンクラツーラ的な反乱者は、その感情的アピールにもかかわらず、共産主義を独力で打倒する力をまだ結集していなかった。一九八九年には、また一九九一年においてさえ、彼らにはまだ、弱体化する政治権力をすばやく結集させ横取りするだけの確固とした組織的基盤が欠如していた。

ソヴィエトのノーメンクラツーラでさえ、危機的状況にある、彼らの自己防衛を調整する正当な包括的ネットワークを何も頼りにすることができなかったことは、十分な驚きに値する。一九八五年から一九八九年にかけてのペレストロイカの時期を通じてミハイル・ゴルバチョフは、第一書記としての彼の最高権力を巧みに利用しながら、かつてフルシチョフを失脚させたのと同じ官僚主義的反発から自分自身を防御してきた。世評によれば、ゴルバチョフは情報公開(グラスノスチ)にも内部機関における策略にもきわめて熟達しており、ソヴィエト体制の三つの制度的柱である共産党・中央官庁・秘密警察を融合させてそれらの機能を停止させた。しかし、一九八九年にゴルバチョフが東欧の衛星的な共産主義体制を犠牲にせざるをえなかったことから、この大きな不確実なゲームの本当の争点が、苦境に陥っていたノーメンクラツーラの目に突然明らかになった。ソヴィエトの新興財閥のエリートたちは、一九八九年以後、産業部門や各民族共和国における官僚主義的縄張りの路線に沿って分解していった。伝説の一九二〇年代以来初めて、共産党の内部にもその周囲にもさまざまな政治的分派が現れたが、それらの分派は、進歩的なものも反動的なものも同じように短命に終わってしまった。というのも、混沌状態が急速に広がっていくなかにあっては、分派がお互いに結集する時間がほとんどなかったからである。ノーメンクラツーラは争うことなく、自分たちが実際によく知っている汚職と馴れ合いの基本的な人的ネットワークを保ち続けることになった。

ノーメンクラツーラは官僚主義的行政機構の最上位を代表していたが、これは、彼ら全員が階層的組織に従属していて原理的に解職されることもありうるということの理由である。いかに大規模な経営者官僚制においても、生き残る秘訣は、保護・支援の人的結びつきの内部ネットワークを拡大し続け、ロビー活動の比重を高めて派閥を守ることである。一九八九年以後、このような生き残り戦略は、ご都合主義的な事情から、きわめて新しい規模で広がった。ノーメンクラツーラは、(民族的自治を含む)領域的政府、経済部門の中央官庁、秘密警察および党のイデオロギー的「尋問」の中央統制機構という、三つの交差する階層制のなかで生きていた。これら三つの内では階層的な統制機構が優越していたが、それが最も民営化しにくいものであることも明らかになった。結局、国家の統制下にない秘密警察はマフィアになり、支配政党のないイデオロギー的な「尋問」機関はふてくされたセクトになってしまった。旧ソヴィエト連邦の領域的・経済的単位は、比較すれば、自己強化的な分離主義を驚くほど備えている、ということがはっきりした。秘境のタックスヘイブンに隠匿された資産を保有する「終身的大統領」や私的な資本家的新興財閥を取り除くことなど、今日、誰もできないのである。

ソヴィエトの工業的資産は、何らかの法律を通して民営化が認可される前に、各種の残酷で単純な政府計画による私的統制（明らかに盗まれたということの穏健な言い方である）によって強奪されてしまった。そして、諸民族共和国や市庁舎もまた、アメリカ人が「政治的機械」と呼ぶような企業所有になってしまったが、皮肉なことに、自由主義的インテリゲンチャも、彼らのイデオロギー的正当化に従ってこれらの新戦略を提案したのだった。生まれたばかりの「市民社会」（実際には、通常、主要都市に限定されたインテリゲンチャのネットワークである）は、今や、モスクワとその指示を飛び超えて自ら資本主義的西側に加わっていくような、自由主義的民主主義に自国を転換していくことを熱望するようになった。ゴルバチョフを追い越してしまったこの急速なイデオロギー的漂流、つまり、かつてのニューレフトや改革的共産主義からマーガレット・サッチャーの信条への流れは、あらゆる革命に特徴的な、要求の急進化を反映するものでもあった。一九八九年以後、反乱に参加したインテリゲンチャは、自由な選挙、国民主権、市場という三つのものを要求し続けたが、これら三つの要求はすべて、官僚制支配の打ち壊し機、そして、民衆の創意を解放する奇跡的手段と考えられた。しかし、東欧の一九八九年の出来事を目撃したソヴィエト連邦共和国の統治者たちは、主権の先取り的な表明が、「幹部の若返り」（粛清と読め）を実施するゴルバチョフによる解任から自分たちの身分を保障する助けとなりうる、ということを認識した。初めの頃の選挙では声高であるがイデオロギー的にはユートピア的だったインテリゲンチャが、ノーメンクラッツーラの現職者に追い越されてしまい、そのうえ、市場的民営化は、近親者とクライアントに法外な取引を分け与えた新旧の大統領にきわめて有利に作用したのであった。

以前のほとんどのノーメンクラッツーラの変節や、資本家とか民族主義者への不安定な転身は、国家と経済構造に大きな損害をもたらすことになった。崩壊しつつあるソヴィエト連邦南部の周辺地域に沿って、民族紛争が燃え上がった。公的秩序が解体するなかで経営に携わるノーメンクラッツーラは、政治経済の中心地域においてさえ、自分の生命を恐れなければならなかったし、マフィアのような暴力的企業家との汚れた取引を中止しなければならなかった。このような結果は、ゴルバチョフの意図を戯画化するものであった。彼の意図は、超大国の強い立場を利用して、西ヨーロッパの資本主義的ネットワークに有利な条件で集団的に編入するよう交渉することであった。しかし、かつてのソヴィエト共和国は、強力な軍事的・国際的威信や先端的な科学、公共的秩序といった利点を急速に失った。そして、後に続く国家の劇的な弱体化によって、どんなタイプの指令された工業発展もできなくなっていった。

ソヴィエト連邦は、公的活動のすべての領域が中央集権的に指令される一枚岩的に組織された産業社会をつくり上げたが、国家の一体性が失われると、あらゆる近代的制度が掘り崩されて、家族や縁故関係を超えるどのレベルにおいても集団的行動をすることが実質的に不可能になっていった。このような状態が自己永続的になったなかでの個人的に最も合理的で儲かるやり方は、国家から資産を略奪し、いくつかの幸運に恵まれて外国で戦利品を探し出すことである。支配者自身が自分たちの国家を弱体化させることに大いに加担したが、それは、腐敗した官僚と無力な裁判官が略奪と縁故を擁護する支えになっていたからである。しかし、軍事力の強化と国内的抵抗の抑圧という国家権力の伝統的関心は、覇権国アメリカとグローバル金融の機関によって統治される世界の地政学においては時代遅れなものだった。以前のソヴィエト連邦を構成していた諸国家はすべて、それらの支配者の原始的な独占主義を不器用に弁明するさまざまな「民族的特殊性」を抱えているにもかかわらず、自らを従順な市場民主主義である、と宣言した。

威信ある安定した職と職業的ネットワークが国家制度のなかに埋め込まれていたかつてのインテリゲンチャにとって、民営化は打撃となった。自由主義的知識人、そしてとりわけ社会的批評家さえもが屈辱的なほど貧しくなり、政治的に打ち負かされイデオロギー的に発言力を失った、と感じていた。なぜなら、彼らの自由主義的で民族主義的なプログラムが乗っ取られてしまったからである。さらに、エリートの権力戦略が、国営の工業生産や軍事力の強化から公民資産の略奪や商品輸出、金融投機へと移行したが、それは、ポスト共産主義の新興財閥を残りの市民から孤立させるという想定外の結果をもたらすことになった。専門家や労働者は、生産的労働の担い手や愛国的な新兵として、あるいは投票者および納税者としてさえも、社会的影響力を失ってしまった。倒産した工場でストライキを組織したり、民族独立と市場改革という信用のなくなったスローガンを掲げて街路を行進したり、あるいは、誰もが売国奴になるような政治家の選挙を支援したりすることに、どんな意味があるというのだろう？　公衆が目覚めて楽観的期待に満ちていたペレストロイカの時代の雰囲気は、突然、無関心な冷笑や、経済的困難と犯罪の蔓延、移民することへの見込みのない願望へと急変してしまった。ポスト・ソヴィエト共和国は、西ヨーロッパの約束された大地の代わりに、結局、中東のような過酷な現実に近づくことになってしまったのだった。

予測と歴史的経路

ランドル・コリンズとイマニュエル・ウォーラーステインは、大局的に見て、共産主義の差し迫る終焉を示す構造的趨勢を正しく識別した。コリンズは、ソヴィエト権力の地政学的限界のパラドクスが拡大する頂点にあったとき、そのことに注目した。彼はまた、帝国の中心の政治的無能力に反応する各民族共和国および衛星国家の従属的エリートが大量に逃亡することから突然生じる、崩壊パターンを予測することにおいて正しかった。しかし、ランドル・コリンズのモデルは、この超大国のジレンマに基づいて行動するモスクワのスピードや方向について予想するものではなかった。

ウォーラーステインは、利用可能な選択肢に関する彼の分析をさらに押し進めて、大陸横断的なヨーロッパ同盟のもとで交渉を通じて資本主義に復帰することがソヴィエトの改革のいちばんありうる方向である、と論じた。だが、冷戦の雰囲気のなかでは、ソヴィエトの改革者自身を含む誰もが実際にこの可能性を信じることはなかった。しかしながら、ウォーラーステインは、ソヴィエト連邦の民族的《エスニック》連邦主義と産業省に埋め込まれた制度的複雑さの重荷を過小評価していた。周辺的多様性が弱まっていくなかで、分断された民族共和国の継承者たちはいずれも資本主義へと戻っていった。ノーメンクラッーラは、もっと名誉ある仕方で世界資本主義の階層性に集合的に編入されるよう、超大国の有利な立場で合理的に交渉する代わりに、ゴルバチョフによる粛清や民衆の反乱から個人の新興財閥的な立場を保護するため、ソヴィエトの国家資産を大急ぎで浪費し流用した。世界資本主義に関するマクロ的見方に立っているウォーラーステインの理論は、基本的には正しかったが、マクロ的な見方であるがゆえに、ソヴィエトのエリートたち自身の最善の歴史的機会を求める共同的行動が困惑した政治的失敗に終わることなど予期できなかった。私たちは、このことを強い警告として役立てていかねばならない。新興財閥のエリートは制度的に統一されておらず、イデオロギー的偏見によって正しく判断できなくなっているときには特に、自分たちの移行を嘆かわしいほどやり損う可能性がある、ということである。

ソヴィエトをイデオロギー的な尺度で評価する、当時の左翼と右翼の支配的な考え方とは対照的に、コリンズとウォーラーステインの分析が全体として正しかったことが証明された。というのも、二人の分析は双方とも、システム的であり関係的であったからである。換言すれば、二人はソヴィエト陣営をより大きな世界の一部として考察した。コリンズは彼の予測を軍事的な地政学の長期的規則性に基づいて行い、ウォーラーステインは、資本主義世界システムの諸次元とさまざまな地域のエリートが接近することのできる政治的選択肢に焦点を当てた。二人の研究は異なっているが、分析的にかみ合う側面を有している。実際、二人のアプローチを結びつけることで、中国の共産主義からの幸運な脱出の構造的要因がうまく説明できる。

確かに歴史は、ロシアと中国の共産主義のそれぞれの特徴を形成し分岐した結果をもたらした点において、大きな差異をつくりだした。経済史家は近年、ほぼ先端的水準の製造業と貿易の育成における、中世の中国のパイオニア的役割に関する証拠書類をたくさん提示した。それでも帝国の中国は、主に地政学的な理由から、歴史において最初の資本主義的列強にならなかったのだが、それは第一に、帝国が永続的に内的調和を維持して遊牧民の攻撃を防ぐことに大きな関心を抱いていたからである。ローマ帝国の崩壊後の西側では新しく帝国が生まれることはなく、そのため西欧の資本家は、当初は都市国家間のシステムとして、後には近代国民国家として自らを保護し強化するよう強制されることになった。中国の帝国は一九世紀後半に崩壊したが、この破局的な出来事の連鎖は土着の資本主義を妨害することになっただけであった。中国の企業家は、当時、国内的混乱と西欧列強や日本による外国支配に直面しており、そのため、混乱に満ちた悲惨なもう一つの百年が形成されることになった。共産主義者の反乱分子が中国全体で優勢になって基本的に支配するまでには、さらに百年の悲惨な混乱の時が必要だった。農民を犠牲とするソヴィエト方式の工業化を立ち上げようとした毛沢東の試みは大飢饉をもたらし、党の序列内の政治的内紛の一〇年を引き起こすことになった。それによる人的損失は一九三〇年代のソヴィエトにおける損失さえ超えており、中国では、ソヴィエトのような大規模な近代的工業化や都市化の創出が生み出されることはなかった。中国は、世界的な反資本主義革命を推進するというイデオロギー的目標を別にすれば、地域近辺におけるその直接的な目標さえ依然として達成できなかった。

ランドル・コリンズの地政学的理論は、ここに不幸中の幸いを認識した。中国は世界的・地域的な権力バランスのなかにしっかり組み込まれていたが、この同じ事実が、中国を冷戦の闘争ラインから遠ざけることになった。それは、中国にイデオロギー的な圧力を減退させ、西側との経済的取引を可能にさせた。中国の幹部は急進的な毛沢東主義を、ソヴィエトのノーメンクラツーラが一九五三年後にスターリン主義に対して抱いていた以上に自分たちにとって脅威である、と考えていた。また、中国の長きにわたる歴史的伝統は、下からの、主に農村の経済的企業家精神を許容することが国内的「調和」を回復させる、ということを示唆していた。幸運にもそれは、スターリン主義的工業化が失敗に終わった後でもまだ生き残っていた。さらに、中国の市場経済への方向転換は、忠実で適切に業務を遂行するクライアントを腐敗・汚職への公的粛清から免除する一方で、個人的利得の機会を提供する支援を通じて地方の党幹部を巧みに制御するのに役立つ、ということは明らかだった。中国では共産主義が崩壊しなかったどころか、公式の共産主義イデオロギーさえもが「穏やかな」バージョンで生き残っている。毛沢東の後で実権を握った中国の指導者たちは、輸出志向的開発国家の東アジア的な権威主義モデルを大規模に再生産する構造的諸条件の組み合わせに偶然出くわすことになった。このことは、共産主義者が、外国資本と国内労働との実用主義的媒介者として世界資本主義を喜んで受け入れるだろう、というイマニュエル・ウォーラーステインの長期的予測を実現するものだった。

資本主義とその二〇世紀の挑戦

共産主義についての私たちの分析では軍事的な地政学が繰り返し登場するが、これは、二〇世紀革命を規定する最も重要な要因の一つを明らかにするためである。もう一度強調するが、共産主義は、マルクスの思想から生まれたものでも、ロシアや中国の土着の伝統から生まれたものでもない。それは、特定の左翼の潮流であるロシアのボリシェビキ党の成果である。ボリシェビキはまず、悲惨な戦争の後、権力を掌握する機会を見つけて、世界的な地政学のなかで優越的に防御することのできるプラットフォームを技術的に高めた。ボリシェビキ自身は、フランス革命のジャコバン派の先例を意識的に継承しながら、急進的なインテリゲンチャが旧体制を打倒するためにいかに人民大衆を鼓舞し動員することができるのか、外国の侵略を打ち破って広範囲な社会的基盤の上により強い新国家をいかに構築することができるのか、ということを示した。

ソヴィエトは、直接的支援や、主に二〇世紀の世界的舞台におけるその影響力を通じて、急進化した現地のインテリゲンチャに指導されたあらゆる多様な愛国的蜂起を成功に導いた。現地のインテリゲンチャのすべてが共産主義者になったわけではないが、ボリシェビキによって先鞭をつけられた戦略のいくつかを彼ら全員が採用したことは確かである。違いはただ、新たに再建された国家による経済的収奪の程度にあった。農民の家計に至るまでのすべてを国家が統制するところはどこでも、国家は社会主義的であると宣言された。外国人、および、地主や大きな買弁的貿易商のような、一部の特に「売国的」または反愛国的な所有者の財産だけを没収する国家では、プロセスとその結果はナショナリズムと呼ばれた。ボリシェビキ革命の余震は、西欧の資本主義によって恥ずかしめられ従属的な地位に陥れられた、かつての他の農業帝国において最も強く現れた。このことは、一九一八年以後のトルコのケマリスト改革の初期の例から、インドの独立闘争を経て一九七九年のイラン革命に至る、第三世界の民族解放運動として知られる。イラン革命の場合、一九六八年型のポストモダン的な学生運動が、都市の貧困層と商人による、パフラヴィー朝の不信心な独裁制への典型的な前近代的反乱の引き金になった。しかし、その結果生まれたのは、中世的なカリフ体制〔預言者ムハンマドの後継者を意味するカリフによって統治される、政教一致の体制〕というよりむしろ、ソヴィエト型の体制に酷似した本質的に近代的な革命国家であった。二つの世界大戦が決定的な仕方でソヴィエト連邦を規定したのと同じように、イラン・イスラム共和国の異常な体制は、サダム・フセインのイラクによる攻撃へのイラン人の驚異的な愛国的抵抗のなかで確立されていった。フセインのイラクが、外国の利害関係者の広範な反革命的結集の代理人として行動していたことは間違いなかった。

スンニ派の聖戦武装勢力を中心とする二〇〇一年後のまとまりのない結集は、反システム的挑戦という大きな構図のなかでは小さな余震にすぎなかったにもかかわらず、アフガニスタンとイラクへのアメリカの侵略の失敗によって過度に誇張された。アルカイダ〔二〇〇一年九月のアメリカ同時多発テロの首謀者とされるサウジアラビア人のビンラディンが結成した国際的テロ組織〕は、「道徳的に浄化する」反乱と排外主義的抵抗のテロリスト的な挑発によって、グローバルな地政学的対立を引き起こそうとした。彼らの戦略が思い起こさせるのは、ボリシェビキではなく、おそらく一九世紀のロシアのナロードニキであろう。ナロードニキは結局、自爆テロの先駆けになってしまった。聖戦《ジハード》の戦士は民衆の反乱を点火することに政治的に失敗したが、その失敗は、かつてのロシアのテロリストよりもずっとひどいものだった。

他方、中核の資本主義的諸国家における共産党は、西欧社会の前例のないような豊かさに直面して、社会民主主義の穏健な戦術を支持する議会主義路線を確立した。両大戦間のイタリア、スペイン、とりわけドイツでは、共産主義者はファシストによって残忍に抑圧された。ファシストは、敗北した国家エリートと「一般の不満を持つ人びと」の排外主義を動員した新しい種類の反革命的勢力であったが、反システム運動のファシスト的多様性については真剣に検討される必要がある。というのも、それは、大きな危機が勃発した後、再び浮上する恐れがあるからである。一九四五年以後、西側の冷戦のイデオロギーは、ファシズムと共産主義を、全体主義の双子の悪魔として等置した。大衆プロパガンダ、産業福祉、経済計画、国家統制といった政策上の収斂は確かに現実的であり、これらの方策は、多くの人びとが認めている以上に二〇世紀を通じて広まっていった。歴史家であるエリック・ホブズボームの言葉によれば、多数の人びとを巻き込んだ戦争と経済不況の時代はあらゆる政府に統治することを強いた。経済計画や大量消費、警察の監視がある程度まで共有されていたこの傾向は、比較的寛大であるスカンジナビアの社会民主主義体制やアングロ・アメリカ〔アメリカとカナダ〕の自由主義的民主主義にも含まれていた。

現実の象徴的な国家暴力の規模は、主に地政学的な位置と、そこから生じる国内的な革命的挑戦の強さによって決定されていた。アングロ・アメリカンの民主主義の支配的階級は、自分たちに相当する大陸ヨーロッパの階級と比べれば、あまり脅威に曝されていると感じはしなかった。だから彼らは、左翼の革命や外国の支配下で「生きる空間」を占拠する試みに対して暴力的で卑劣な人種主義的戦闘を街頭で強いられることも少なかった。それゆえ、革命ではなく流血の混乱によって資本主義を終焉させてしまうような脅威を与えたヒトラーの過激な軍国主義に直面したとき、アングロ・アメリカンの自由主義者は、共産主義者の対抗勢力と進んで手を結んだ。資本主義世界システムが共産主義革命から生まれたソヴィエトの軍事的工業化によって救われたということは、二〇世紀における大きな、完全に説明可能な皮肉なのである。

ファシズムと共産主義は、ナショナリズムと社会主義という一九世紀の二つの対抗的な政治潮流が、第一次世界大戦の激動の経験により解き放たれて急激に拡大したことを意味した。ナショナリズムと社会主義は、事務員、若手の公務員、知識人、労働者、農民といった、社会の下層階級が台頭するなかで重なり合う大衆的な支持基盤を求めて、お互いに激しく闘った。これら二つの運動は、自尊心の高まりやエンパワーメント、党・国家官僚・軍隊の階層制を通じた前例のないような昇進の見込みを支持者たちに広範に与え、旧来の貴族主義的体制のタブーを破壊して、普通の人と認められる人なら誰でも昇進させた。

普通の人びとにとっての正義と政治的権利の近代の理想とが、理論的にも実践的にも一つの表現ではなく二つの対立的な表現を持ちうる、という認識は困ったものである。社会的平等としての正義と人類の統一性は、通常、社会主義と呼ばれてきたが、偉大な知的伝統と持続的な魅力を享受しているのは、言うまでもなくオリジナルな啓蒙主義の理想である。しかし、政治のレベルでは、このプログラムが容易に維持されることは決してなかった。というのも、集団の地位や地域、宗教、人種、ジェンダーの社会的裂け目をそれが横断しているからである。他の集団に対して特殊な集団だけを優先するような、ほとんど普遍性のない正義は、典型的には、ナショナリズムや性差別、人種主義、宗教的原理主義、あるいは、それらの何らかの偶発的な混合といった政治として表現される。そのような思想の知的伝統は非常に粗野であるが、大衆政治の時代にはそれらに大きな効果があることがしばしば証明された。ナショナリズムは過去二世紀にわたって、きわめて多くの情熱的な、あるいはまったく憎悪に満ちた政治運動を鼓舞してきたが、実際、それは今日も依然としてあらゆる政治的プログラムのなかでいちばん効果的であり続けている。

共産主義は、ファシズムの双子の兄弟ではない。共産主義とファシズムは、二〇世紀初頭の帝国主義的・産業主義的戦争から生まれたイデオロギー的な対立者であり、道徳的敵対者であった。共産主義もファシズムも、よく知られているそのような形態で再浮上することはないだろう。なぜなら、それらの地政学的、イデオロギー的前提条件が幸いにも取り除かれたからである。と言っても、将来において別の大きな危機が、変動する政治状況の両端から強い反動を引き起こさないわけではないだろう。実際、伝統的な政治的主流が一貫性を失ってしまった今、そのような敵対的反動は起こりうる。本書における共著者の未来予測がかつて正しかったのと同じように正しいとすれば、さらにいくつかの予測をすることができるだろう。

二一世紀の資本主義の危機は、主として地政学よりも世界経済において展開されることになるだろう。その結果は、結託した諸国家間の世界戦争というより、高学歴の専門家を広く含むと解釈される階級闘争的な外観を帯びるだろう。そして、階級闘争は主に、民主的政治が強い制度に支えられていて持続的な社会運動の伝統を持つ、中核の資本主義的領域を巻き込むことになるだろう。ここで重要なのは、国家の軍隊とかイデオロギー的な準軍事組織ではなく、むしろ、民間の営利企業に対する公的統制である。多数の移民を抱えたグローバル世界における階級闘争には人種、宗教、民族のあらゆる諸側面が含まれざるをえないので、不快な移民排斥反動が一方的に優勢になり続けるだろう。そして極端なナショナリズムは近代国家の権力を、おそらく新しい技術的水準をとり入れた、かつてないほどの全体主義的な実践に類似する、全面的強制と監視機構につくり変えようとするだろう。ここに大きな危険がある。だがその一方で、少なくとも啓蒙主義の時代から近代世界において大きな影響力を持ち続けてきた普遍的正義を主張する、リベラルな左派のプログラムを中心に結集する政治的連合が出現するだろう。資本家階級と社会運動は、一九四五年以後の経験から学習して、国家間の戦争と内乱の可能性を少なくする多くのことを積み重ねていくだろう。戦争を回避できるならば、二一世紀にはおそらく極左や極右の暴力革命も独裁も避けることができるだろう。

以上の分析が正しいなら、一九一七年のボリシェビキ革命は幸いに、資本主義の終わりがどうなるのかを予測するのにあまり適していない。むしろ、一九六八年のプラハの春のような大衆的市民蜂起や、一九八九年に頂点に達したソヴィエトのペレストロイカの方が参考になるだろう。二つの場合とも、統治するエリートがあからさまな暴力を超えるパニックで反応したが、暴徒化した運動は残念なことに、支配階級の序列内での深刻な混乱を利用することができなかった。そしてその結果、不幸に終わった。未来について責任をもって大胆に考えることには、大きな危機に直面する過渡期の不確実性を最小化できるような政治的・経済的プログラムや、連合と妥協の可能性に関する考察が含まれている。究極的には、このことが共産主義の最も有益な教訓となりうると思われる。

註

★1 ――このエピソードはコリンズの以下の論文に関連している。Randall Collins, "Prediction in Macrosociology: The Case of the Soviet Collapse," *American Journal of Sociology* 100.6 (May 1995): 1552-93. ソヴィエトの崩壊に関す

る最初の予測はコリンズの以下の論文によって公表された。Randall Collins, " Long-Term Social Change and the Territorial Power of States," *Reseach in Social Movement, Conflict,and Change* 1 (1978): 1-34.

★2——イマニュエル・ウォーラーステインが世界システムの観点からソヴィエト連邦について議論した論文や著作は多数ある。彼の1973年の画期的な論文、"The Rise and Future Demise of the World Capitalist System"〔世界資本主義システムの興隆と将来の終焉〕を参照のこと。この論文はImmanuel Wallerstein, *The Essential Wallerstein* (New York: New Press,2007), 71-105で再版されている。また1991年の春に(すなわちソヴィエトの崩壊前に)、ウォーラーステインがジョヴァンニ・アリギやテレス・ホプキンスと共同執筆した以下の論文を参照のこと。Immanuel Wallerstein, Giovanni Arrighi,and Terence Hopkins, "1989, The Continuation of 1968", *REVIEW* 15.2, (1992) 221-42.

第5章

いま資本主義を脅かしているものは何か

クレイグ・カルフーン
Craig Calhoun

資本主義は、一九三〇年代の大恐慌以来、もっとも深刻な金融的・経済的危機を生き延びつつあるように見える。金融的・経済的危機の底はかつてほど低くなかったにもかかわらず、それは大不況よりも長期にわたる成長率の低下やマイナス成長を世界の豊かな諸国にもたらした。さらに、偏った金融化や新自由主義による社会保障制度の縮小、不平等の拡大という傷ついた時期に続いて、現在の危機が到来した。それは問題を悪化させ、問題への対応能力を弱め、経済的激変の影響から普通の人びとを防衛する保護制度を縮小させていったけれども、投資家は相変わらず金儲けに熱中している。いかなる国家も完全に解体されてはいないが、未来は不確かである。

崩壊についてのほとんどのこのような言及は、資本主義世界システムに関する従来の中核諸国からの見方を反映している。しかし、特権的で儲けの多い有利な立場を失った中核諸国は、アジア、アフリカ、ラテンアメリカといった多くの地域とは異なる見方をしている。現在の危機は、ヨーロッパや北アメリカに長らくあった経済的推進力が、中核経済を離れて新興地域へ急速に移動していることを示している。資本主義の未来にとっての中心問題は、この推進力が維持されうるかどうかということである。おそらく資本主義は、その活力を回復させながら、西から東への移動ならびに北から南への移動を通して転換していくだろう。しかし、急速に発展する経済は、課題にも直面している。また、従来の「中核」経済で刷新された資本主義的成長は、とりわけ、政治権力と社会制度に対する資本主義の関係がどのように転換していくかに依存している。決定的に重要なことは、資本主義は市場の大きな混乱や過度のリスクテイキング、あるいは銀行の管理の不十分さだけでなく、戦争とか、環境破壊や気候変動、社会的連帯や福祉の危機にも影響されやすいということである。

資本主義がどのように衰退に直面し、刷新され、変形されるのかといったことについてじっくり考えるには、資本主義が完全に自足的なシステムではないことを認識する必要がある。想定された純粋資本主義システムを検討するために複雑な歴史的諸条件を捨象することはできるが、資本主義の実際の現実は、つねに非資本主義的な経済活動や政治的、社会的、文化的要因との接合を含んでいるのである。それは法的・制度的システムであると共に経済的システムでもあって、資本主義が直面する最大の脅威は、純粋に経済的なものを超える要因にそれが依存することから生じている。

私は、資本主義の崩壊が差し迫っているという意見に反対である。資本主義がグローバルな経済問題において支配的地位を失うならば、それは転換を長引かせ、残存する資本主義的活動と並んで別の種類の経済組織を出現させることになるだろう。といっても、このことで資本主義の長期的未来が保障されるというわけではない。

それは次のような理由からである。第一に、システム危機の問題、および、金融と他の経済部門とのバランスの問題が依然として存在しているからである。そして第二に、資本主義の収益性は、その活動の費用――人間的、環境的、金融的費用――を外部化することにしばしば依存しているからである。不安定な市場における環境汚染や失業のような問題は政府の配慮やその他の社会制度を必要とするが、これらに関わる制度には弱点がある。最近になって資本主義が急速に発展しているところでは社会発展が経済成長に後れを取っているし、新自由主義は西欧諸国の制度的能力を弱めて政治的正統性に挑戦してさえいるのである。また第三に、資本主義は、経済内部の要因や制度的要因によってばかりか、気候変動や戦争のような外的な問題によっても傷つけられやすいからである。歴史的には経済成長を生み出す無比の機構であった資本主義が、成長の環境的限界と不均等な成長によって強められる潜在的な地政学的対立に厳しく直面している、という問題がある。

資本主義に対する脅威をこういったそれぞれの分野で解決しようとするなら、資本主義の崩壊を引き起こさずにそれを転換させていくことができるかもしれない。要するに、資本主義にとっての脅威は、資本主義が大きな重要性を維持しながらその活力の一部を潜在的に回復しても、もはや近年の歴史を通じて保持してきたほどに世界システムを組織し支配することができない世界をもたらすかもしれない。

なぜ資本主義は崩壊しないのか

資本主義が単に崩壊しつつある——例えばソヴィエト連邦が崩壊したのと同じように——という考えは、いささか誤解を与える恐れがある。崩壊とは突然のことであって、わずか数年の間に存在から非存在へ移行することを意味する。ソヴィエト連邦はほとんど一夜にして存在することをやめたが、それは、特殊な制度的構造から成る国家であったからであり、その法的形態が解体されたからであった。しかし、資本主義はそれと厳密に類似しているわけではない。

国家としてのソヴィエト社会主義共和国連邦は一種のコーポレーション〔法人としての資格を付与された団体〕であり、このコーポレーションがまず崩壊した。この法的・政治的構造の崩壊は、言うまでもなくその他の権力関係や実際的活動における広範囲の変化をも引き起こしたが、ソヴィエト国家を通じて一緒に結合されてきた制度の多くは、この国家が存在しなくなってもさまざまな程度の変化を伴いながら存続し続けた。例えば、ソヴィエト連邦で法的・制度的地位を有していたモククワ市は、後継のロシア連邦共和国においてもかなり似た地位にあるけれども、それに対してガスプロム〔天然ガスの生産で世界最大のロシア企業〕は大きく変化している。ガスプロムは、既存のロシアのガス産業の法的な資格と組織を再編成したものとして一九八九年に創設されたが、ソヴィエト連邦の崩壊後、それは一九九二年に民営化され、以後、株式会社として運営されるようになった。ガスプロムは一九九〇年代に資産剥奪の対象となり、二一世紀の最初の一〇年代には部分的に再統合されて国家管理のもとに置かれるようになった。他にも、これと同じような、部分的な連続と変化の多くの実例が挙げられる。

ところで、ソヴィエト連邦がほとんどその終焉に至る時まで、なぜ安定的で持続的なものと見なされえたのか、ということについてのデルルギアンの説明は有益である。鋭い非連続性の可能性を考慮せずに直線的な予測だけから未来を考察することは誤りで、さまざまな圧力が積み重なるとシステムの維持が困難になり、全体の統合が不安定であれば、小さな行為や出来事が大きな結果に繋がってシステムが傷つけられやすくなる、ということを、デルルギアンは私たちに思い起こさせる。また彼は、基礎的環境と存続の条件の提供を当前のことと考えられてきた大きな構造でさえ、その表面的な連続性が示すよりもはるかに変化しやすいものであることを想起させる。しかし、ソヴィエトが社会主義とは別物であり、それゆえ資本主義と何らかの直接的類似性があることを認識しなくてはならない。ソヴィエトはもっと独特な秩序のものなのである。

こういったことは、資本主義を、資本家がどこにおいても企てることのできる一連の実践として論じるのか、あるいは、企業と市場と投資と世界全体の労働を組み合わせる経済システムとして論じるのか、ということと関連している。資本主義は、マイケル・マンが言うように、力のネットワークの配置に基づく歴史的形成体である。また、それは主に、イマニュエル・ウォーラーステインが分析してきた近代世界システムの形態でここ四〇〇年間にわたって存続してきたものであり、階層化されて不平等に統合された組織なのである。この統合された組織における基本単位は国民国家であり、経済主体は政治権力によって提供される関係と条件に決定的に依存している。

確かに、国民国家の理念はある意味で野心的である。社会文化的アイデンティティと政府組織を完全に合体させることなど、けっしてできない。経済統合がおのずと国民統合を発展させ、経済主体もまた政府に影響を与える、ということは確かである。しかし、部分的にフィクションであるとしても、国民国家はグローバルな問題に参加する決定的な単位であり、政治的には同じ形で再生産される。大部分の国際組織は文字通り、国民として組織された国家の参加によって構造化されている。そして、このように組織された諸国家は、資本主義にとってきわめて重要な支えになっている。諸国家は、企業と市場に法的および貨幣的基礎を提供するだけでなく、さまざまな企業や産業や部門の間の相互依存関係を管理したり、それを管理するための環境を整えたりする。いかに不完全であっても時おりであっても、市場を規制し文化的・社会的相互信頼の構造を組織することによって、諸国家は労働力や消費者市場や信頼を組織する。「国民国家」という用語は「政治と社会文化的相互信頼を国民国家の観点から組織する努力」の省略的表現にすぎないと思われるが、資本主義の時代と国民国家の時代とは一個同一であった。たとえどれだけグローバルになったとしても、そのような政治経済的・社会文化的な組織に条件づけられない「現実の」資本主義など、存在することはない。これは、現存する資本主義的繁栄と資本主義の持続可能性は国民国家とそれが提供してきた制度的環境に依存する、ということである。そういった組織は更新されるか取り替えられねばならないのだが、OECD諸国はここ四〇年間にわたってこの課題から目を背けてきた。そして、これらの諸国は、過去の「福祉国家」制度を空洞化させ、費用を削減して直接的競争力を追求する一方で、住民の長期的な福祉や保障、将来の経済的参加を可能にする集合的投資を無視してきたのであった。

とはいえ、ヨーロッパやその植民地の古い資本主義諸国の大部分に崩壊が間近に差し迫っているわけではない。費用が上昇して国家財政を脅かしているが、イギリスの国民健康サービスはまだ機能しているし、アメリカもきわめて遅ればせながら（とくに自分の職から医療給付を得られない多数の人びとに対処する）医療サービスを改善した。そのような傾向が続いて財政状態が悪化してきたが、国家財政が赤字で財政再建は容易でないとしても必ずしも手遅れで財政問題を解決することができないというわけではない。いわゆる財政危機に直面したヨーロッパ諸国から警鐘が聞こえてきたが、それらの諸国は、まさに市民のための支援が緊急を要するという時にそれを削減することしかできなかった。スペイン、ポルトガル、アイルランド、イタリア、ギリシャ、キプロスは財政危機の瀬戸際にあるし、他のヨーロッパ諸国もそうなる可能性があるが、このことは、資本主義そのものというよりEUを脅かすものである。

資本主義は均衡からますます遠ざかることがある。それは、（ウォーラーステインがプリゴジンに倣って述べているような）準自然的システムの不可逆的「分岐点」を表現しているのかもしれないし、ただ、混沌とした資本市場規制や企業戦略、投資家の打算の失敗、分散した利害を異にするアクーたちの間の制度的調整の弱さといったことを示しているにすぎないのかもしれない。あるいは、生産性上昇に見合った需要を創出するのに十分な富の分配の失敗、すなわち、コリンズが考察している職の創出の低下がもたらしうる結果の一つ（失業の政治的帰結はもっと直接的だろう）を示しているのかもしれない。基本的動態がどうであれ、安定した均衡の喪失は、資本主義を維持しようとする費用を増加させ、政治的緊張を高めて社会的緊張を引き起こす。この種の不均衡は、危機が意味するものを解釈する一つの仕方であるが、不均衡が大きくなればなるほど均衡の回復に必要な行動は困難になり、またその費用も高くなる。

にもかかわらず私は、資本主義が崩壊する可能性が高いとは考えない。資本主義は、社会変化の過程でその制御力のいくつかを失うこともあるだろうし、社会的・経済的・政治的生活をこれまでほど組織できなくなることもあるだろう。とはいえ、崩壊というイメージは誤解を招きやすい。ローマ帝国が崩壊したと言うことには意味があるが、崩壊には二〇〇年を要したのであって、単一の危機から崩壊が生じたのではない、と指摘することには価値がある。封建制が崩壊し、その過程において近代資本主義が生み出されたという言い方――『共産党宣言』で示された図式――は、あまり現実的ではない。というのも、第一に、封建制は近代資本主義と同じような意味で「システム的」ではないからであり、第二に、封建制的関係、あるいはそれと関連する制度が崩壊した特定の時期というものは存在しなかったからである。封建制的関係の長期的衰退は、国家建設と戦争の時代、農業の革新と世界商業の拡大の時代、宗教の活性化と宗教改革の時代に始まり、少なくとも三百年間にわたって続いたものであり、単なる崩壊ではなかったのである。カトリック教会は封建制の衰退期に根本的な変化を遂げ、同じ役割を演じないにしろ生き残った。しかし、多くの君主制はすべてではないが消滅した。一部の君主制は生き残ることができるように変容して、時には封建制とほとんど呼べないような時代にも影響力を持ち続けた。

資本主義時代の終焉が起きるとすれば、それはかなり激しく不均等に、また、途中では識別することが難しい仕方で到来するだろう。そして、取引や生産や投機を中止する必要のない、おそらくかなり多くの企業を含むさまざまな事業団体が存続することになるだろう。というのも、資本主義が時代の推進力であることを止めるからである。資本主義よりもずっと前から存在している安く買って高く売る営みは、資本主義が終焉してもずっと後まで存続する可能性があるだろう。

資本主義一般と金融主導型資本主義の特殊性

資本主義は、それ自体にとっても人間社会や自然にとってもさまざまな問題を生み出している。これらの問題の大部分は資本主義を潜在的に宿命的崩壊へと陥らせることはないが、極端な金融化は大きな脆弱性をもたらしうる。

金融は言うまでもなく資本主義の基本的要素であり、ダイナミズムや急速な拡大能力や、時間を通じての費用管理の手段を資本主義に提供するので、技術革新にとってきわめて重要である。より一般的に言えば、金融は、資本をより多くの期待利潤に基づいてある投資から別の投資に移動させる基本的で決定的な能力の中心である。

資本主義とは、その名前が示唆するように、主にさまざまな種類の営利企業に投資することにより、資本という富の流動的展開を通じて経済活動を組織する様式である。資本は投資された富、あるいは投資できる富であるのに対し、金融――直接的な債務だけでなく、取引可能なさまざまな証券を含む――は投資できる富の重要な構成要素であるばかりか、資本の流動性や可動性、および、時間を通じての拡大やその費用にとっても決定的に重要なものである。このように企業家のダイナミズムは金融活動に依存するが、行き過ぎた金融化はさまざまな仕方で歪みを生み出し、主要な資本主義経済諸国において所得の国内的不平等を劇的に増加させてきた。またそれは、生産的企業への投資から資金を退かせ、二〇〇八～二〇〇九年の金融危機の出現の引き金となった、住宅ローンに支えられた住宅価格の特殊的バブルを含む資産価格の長期的「メガ・バブル」に油を注いで、投機を助長させた。

株取引と債務は、二〇〇八～二〇〇九年の市場危機以前の数年間に、資本主義世界システムの従来の中核における雇用の創出や利潤分配産業を追い越した。金融商品は一九七〇年代には投資資産のわずか二五%しか占めていなかったが、二〇〇八年にはその総額の七五%を占めるようになり、全体として、全株式の価値総額の約四倍、世界のGDP総額の一〇倍を金融資産が占めるまでになった。

これは、主に一九七〇年代から始まり二〇世紀末へと加速的に増幅する、さまざまな要因によって形成されたグローバルな現象であった。アメリカは、不人気であるベトナム戦争の最後の数年間を主に公債によって資金調達した。アメリカとその他の中心的資本主義諸国は、一九七〇年代の経済的困難を管理するためにブレトン・ウッズ通貨システムを終結させ、金・ドル交換に基づく安定した固定相場制を、取引可能な不換紙幣に基づく変動相場制に置き換えた。一九七三年のアラブ・イスラエル戦争以後、OPECの石油生産者は供給を制限して、石油に大きく依存する世界からの収益を大幅に倍増させ、多くの貨幣を政府系投資ファンドとして活用した。そのため、長年にわたる世界の中心的資本主義経済では、金融化がきわめて極端な水準に達した（弱い経済諸国は、例えばEUへの加盟や非対称的な商品取引で中心的資本主義諸国と繋がった）。金融化は大資本によって押し進められ、収入は停滞しているけれども債務に依存することで高い支出水準を維持した普通の市民をも引き寄せるようになった。半周辺からグローバル資本主義の中核に移動した、中国やインドのような今日の高度成長経済諸国の優位性の一つは、生産的な産業的企業と金融とのバランスの良さだったのである。

近年の金融危機は資本主義の大きな内的脆弱性を明るみに出したが、その脆弱性とは、システムの危機、すなわち、現代の金融システムを構成する複雑に絡む内的ネットワークに埋め込まれたリスクである。このことを明確にして危機の本質を認識することが重要である。ここで言う危機とは、過剰生産や過少消費といった「古典的」な資本主義危機ではない。それは、製造業や消費のような「実物」経済に広範な影響を及ぼす危機であり、何よりも金融危機であった。その影響は、先行する数十年の間にグローバル金融が巨大化したことによって、また、とりわけ先進西欧諸国では金融資産が支配的位置を占める程度に応じて倍化した。これこそが、過剰な借入資本利用や過度のリスクテイキング、規制の弱さやその欠如、さまざまな金融工学の乱用を危険なものにし、最終的に決定的な被害をもたらしたのであった。金融化は金融資産の規模を拡大したばかりか、そうすることで金融危機の影響を増大させた。さらに、金融化は根本的に、多かれ少なかれ透明化された市場取引ばかりか、複雑でしばしば不透明な大量の金融関係においても、資本主義的諸制度の相互連結を高めることになった。これは、とりわけ金融産業について言いうることである。二〇〇八〜二〇〇九年に、巨大銀行は「大きすぎて潰せない」と言われたが、「連結されすぎていて潰せない」と言った方がより正確であったと思われる。金融化は金融部門の企業にだけ影響を与えたのではなく、大規模なグローバル資本主義にとって決定的なものとなった。自動車企業が自己金融の会社になり、鉱山企業は為替相場アービトラージ〔複数の市場における為替差額を利用して利益を上げることを目的にした、二つ以上の外国為替市場で行われる通貨の同時売買のプロセス〕に中心的に関与している。

金融化は資本主義のダイナミズムを高めた。それは現存する資本構造（例えば産業的生産の独自的様式）の「創造的破壊」を促進し、新しい技術や生産物、生産過程、生産立地の開発を刺激した。時にそれは極端なほど、ますます短期的な収益の方向へと投資を駆り立て、長期的で質的な成長を抑制して投機的なバブルとその崩壊を生み出す。またそれは、中位の資本収益以下の企業に対する市場圧力を強めて、まだ収益性のある古い産業分野から投資を撤退させ、賃金を削減し、賃金上昇を通じて利潤を分配する産業資本主義の傾向を縮小させる。こうして、金融化は不平等を拡大させていく。

金融化は、従業員一人当たりの収益率を上回る投下資本収益率をもたらし、物的生産者（よく知られている例外はあるが、企業家の大部分）よりも多くの報酬を投機家にもたらす。また金融化によって、他のすべての企業は金融サービスのためにより多く支払うようになる。ニューヨーク市の証券会社の従業員の二〇一〇年のボーナス総額は二〇八億ドルであり、上位二五のヘッジファンドの経営者は二二七億ドルを稼いだ。しかもこれは、市場の崩壊で経済全体が被った金融化による損失が明らかになった後のことであった。

技術の陳腐化と空間の再編成は資本主義的成長の一般的特徴であるが、金融化はこれらを加速させる。金融化は、古い産業から新しい産業へ、古い立地から新しい立地へと投資が移動するテンポを速めるので、技術的経済的変化が生まれ労働力の移動が進行することになる。それゆえ、発展途上国の急速な都市化と従来の中心国における産業都市の衰退は、同じプロセスの両面なのである。さまざまな産業部門におけるヨーロッパとアメリカの企業は、労働者に保障の切り下げに応じるよう求めたり、新しい技術を導入したり、政府が減税あるいは無条件の補助金を出すよう主張したり、さらに、製造業を別の国に移転したりすることによって、製造業の利潤が低下するのに対応した。時に企業は、補助金と賃金削減から収益を引き出した後でさえ、国内にとどまるという約束を無視して海外移転を実施したが、新自由主義的政府は、これらの変化に抵抗する労働組合の力を破壊することで企業を支援した。このことは、コリンズが長期的脅威として考えている良質の職の喪失をもたらすのであり、技術がその理由のすべてではないということを認識することが重要である。産業的生産の急速な再配置を可能にしたのは金融資本なのであった。

流動的な金融資産は、資産価格バブルにも油を注いだ。二〇世紀後半の長い国際的な不動産ブームはその典型である。これによって、とりわけ都市部と観光地域における住宅価格の劇的な上昇がもたらされ、経済的不均衡や他の歪みが生み出されたが、重要なのは、不動産業および建設業や、住宅所有者の貯蓄や地方銀行の堅実な経営を、巨大な国際システムに接続したことである。このような連鎖こそが、二〇〇八〜二〇〇九年の金融危機につながるシステム危機を生み出したのであった。

このシステム危機は、金融工学と投資における新しい手法によって高められた。ヘッジファンドと金融派生商品が中心的な経済的役割を引き受けたが、それは規制緩和によって助長された。このことは基本的に、多くの新しい金融商品が発展したことを意味する。それらの多くは、異なる経済的行為主体を債務や保険のような相互的義務のネットワークで繋ぎ、先例のないほどの貨幣量を新しい種類の投資に引きつける。またこの貨幣を、公的な目からほとんど隠された金融取引で活用する。多くの一見安定した国内資産——例えば住宅ローン——は一括して、投資家がグローバルに取引する証券にされるが、それらのリスクの程度は彼らに知らされていない。新しい金融商品の多くは、リスクを軽減し資本主義をより予測可能なものにするように考案されたにもかかわらず、投機的取引の対象になった。リスクがさらに集中して危険度が増していくのに、直面するリスクの程度やその対象を個々の企業が知ることはますます困難になっていった。

金融派生商品――本質的には、原資産の最終価格についての予測に基づく有価証券――は、他のリスクの大きい投資を相殺する保険として利用され、とりわけヘッジファンドにとって、ハイリスクではあるが潜在的に高収益を生む投資となった。そのような「オルタナティブな」投資に向けられた資本は、一九九〇年代には五〇兆ドルを超え、二〇〇八年の危機までに六〇〇兆ドルに達していた。ファンド管理者やその他の投資家は、リスクが制御されていると信じるよう誘導されたけれども、繰り返されるリスク回避の失敗は別のことを示唆していた。突然起こる流動性の不足や政治行動が大失敗の引き金になることがある。以前のＩＭＦの主任であるエコノミストのラグラン・ラジャンが、一九九八年のロシア政府のデフォルト宣言を踏まえて次のように述べた。「リスク回避されたと思っている立場の人びとが、最悪の場合にリスク回避されなくなり、保護されていると間違って信じている人びとに大きな損失を負わせることがある」。

これらの問題が完全に取り除かれるなら、私たちが知っているような資本主義は終わりを迎えることになるだろう。資本がより大きな収益を求めて諸投資の間を移動することができなくなれば、そして、イノベーションと蓄積を推進する生産性上昇をめざした再投資への需要がなくなれば、資本主義はもはや存在しなくなるだろう。このようなことを試みる規制は、ダイナミズムと富の創出を押し下げることになるだろう。他方、うまく組織された政府支出と結びついた一定水準の規制は、景気の回復や経済システムの回復力にとって決定的に重要であり、起業家精神が広がっている経済ならば、金融資本に支配されたままの経済よりもうまくやっていけるだろう。いずれにせよ、金融危機が始まっているというのに、規制による改善がいまだに最小限にとどまっているのは驚くべきことである。システム危機の可能性を縮減するための施策はほとんど何もなされてこなかったのである。

危機から考える

二〇〇八年の三月、株式市場は急落し、退職後のための蓄えが消失した。とりわけイギリスとアメリカの大銀行は一部が倒産したが、他は「大き過ぎて潰せない」と判断された(現在の私たちは、そのプロセスにおいて、一部の会社の経営陣と政府関係者の間にインサイダー取引の問題があったことを知っている)。それらの銀行は大量に救済され、公的資金が、過度の私的なリスクテイキングの補償ばかりか私的財産の直接的源泉にも投入された。救済によって一部の産業的企業も生き残ったけれども、金融産業にはそれ以上に最大限の補助金が投入された。この補助金は、雇用の創出とか、差し押さえと苦闘する住宅所有者の救済の回路を経由せず、直ちに金融資本として運用された。政府がこの支援をしなかったなら、資本主義的金融市場はもっと降下してグローバル資本主義にさらに深刻な打撃を与えたに違いない。

アメリカは、インフラ整備と金融産業への直接的補助金として膨大な景気対策的投資を行った（しかし、おそらくそれは、必要とされていたよりも少なかったと思われる）。イギリスは、金融市場が求める以上の削減を自らに課する財政緊縮策を選択した。また、ヨーロッパの北部――とくにドイツ――は緊縮政策をEUの南欧諸国に課して、EUを分解の瀬戸際まで追い詰めた。

大陸ヨーロッパは、いくつかのEU加盟国の財政が重圧を受けて崩壊し始めるまでは、自分たちの制度がアングロサクソン諸国の制度よりもうまく危機を切り抜けることができると考えていた。しかし、とりわけ南ヨーロッパの銀行の救出は、私的利潤を目的とする金融産業の危機を国家の財政危機に変容させてしまった。ギリシャ、アイルランド、ポルトガル、スペインはいずれも、厳しい緊縮プログラムが課せられた後でさえ、破産の危機の瀬戸際にあった。金融危機は、主に金融化の時代の産物である、EUとユーロゾーンの構成そのものの弱点を露呈させた。グローバル競争が激化するので、中国やアメリカと効果的に競争できるもっと大きなヨーロッパが必要になるように思われたが、それは、シティグループやスコットランドのロイヤルバンクを拡大の拍車に向かわせたのと同じ論理であった。ヨーロッパの金融や産業のリーダーを引き付けた共通通貨への願望は、有効な共通する財政的統治のメカニズムや、共通通貨を支える一般的な政治制度を欠如したまま、その導入をもたらした。ヨーロッパ中央銀行は、利害の対立するさまざまな政府を代表する理事会によって統治され、それぞれの諸国は相異なる財政政策とその実施を追求した。そのため、EUがその最初の中心的諸国家〔フランス、ドイツ、イタリア、ベネルクス三国、スペイン」を超えて拡大していくにつれ、ヨーロッパ統合はまったく性格を異にする諸経済を結びつけるようになっていった。再分配への介入は、成長の時期には暗黙のうちに許容されていたが、危機の時期には争点となった。

ユーロとユーロゾーンの将来は不確実である。イタリアがぐらつきキプロスが経済的混乱に陥ったのに対し、スペインとポルトガルはやっとのことで最小限の安定を確保した。ヨーロッパの危機がどこまで拡大するのかは誰にも分からないが、おそらくそれは、古くからの加盟国であるベルギーから新規加盟国のスロベニアまで広がり、さらにEU自体の問題にまで発展して、共通通貨協定そのものが危機に曝されることになるだろう。それに伴う緊縮政策は、国家による社会的サービスや社会的保護の提供を縮小することでマクロ経済的な矯正を求める。さまざまな組み合わせで行われる政府支出の削減は、市場の圧力に対して各国が自らに課する対応であったが、外部から政府支出削減を押しつけるやり方は、一九八〇年代にIMFが債務に苦しむ第三世界の諸国に要求した構造調整政策と類似していた。各国の政府は、投資家を損失から、そしてグローバル市場を深刻な不況から救済するよう求められた。バブル時代の膨大な利潤を稼ぎ、救済措置による資金援助や政府から提供された流動性でもっとも直接的に利益を得るのは投資家や超国家的な金融産業であるにもかかわらず、危機と救済的行動は国民国家の観点から議論される。言うまでもないが、これらすべてを放蕩なギリシャ人と倹約的なドイツ人の問題として理解するのは、金融化そのものの中心的役割を覆い隠すことになる（また、もっぱら国民的な観点から金融危機の物語を作り上げることは、当然ながら、ますます広がる外国人嫌いや、とりわけイスラム恐怖症を含む、民族主義的イデオロギーの別の側面を助長する)。金融機関の利潤追求は、EUが加盟国の財政問題を拡大しながらそれを無視することを後押しした。今や、強い銀行と財政均衡を誇るEU諸国の市民は、他の国民を助けなければならないことに不平を唱え、EU自体を緊張に曝している。そして、救済措置の利得がどれだけ金融産業や大きな資本資産を持つ人びとの手に入っているのかを忘れてしまっている。

納税者の貨幣を大量に注ぎ込んだ後でさえ、ヨーロッパとアメリカの金融機関は不安定なままであった。一部の金融機関は、ハイリスク市場への貸し付けを減らさなければならず、政府間融資によってでしか崩壊を食い止めることができなかった。ほとんどすべての金融機関は、熟慮を欠いた拡大をバブル時代に経験して以降、自分たちのバランスシートを改善する継続的努力に取り組んでいる。株式市場は回復力を取り戻して、それらが失ったもののほとんどを回復した。一部は高値を更新し、新規株式公開は再び利益を生み出している(まっとうな製品と収益性を持つ企業、そして、単なる希望とイメージだけの企業とが再び混在してきている)。投資銀行とその他の企業は多くの賞与の支払いを再開し、これによって過度のリスクテイキングへのインセンティブの一つを復活させた(企業の成果に従業員の利害を結びつけるために、会社株式での賞与支払いを増やすが、従業員がそれを直接販売することは禁止されている)。しかし、一部の企業は「過剰生産能力」を認めて従業員を一時解雇しており、その結果、景気後退に戻る恐れが深刻である。また、規制改革は最小限で、金融派生商品の市場が透明性からほど遠いままであるために、わずかな資産で大きなレバリッジを行えるようになっている。さらに、銀行貸し付けは、危機の前よりも少数の巨大企業に集中してさえいる。そして住宅価格は依然として低く、一部の地域では上昇していても、別の地域では安定化するように見えた後、再び下落している。信用は引き締められたままであり、金利は相変わらず低く、上昇への期待は見込まれない。

「実体経済」は、不況ではないとしてもいまだに落ち込んでいる。GDPの成長率は低く、失業率は高いままであり、新しい職の創造は依然としてアナリストの期待に応えることができない。だが一部の人びとは、インフレと政府債務を懸念して、成長の追求のためには財政緊縮に賛成しなければならないという議論をしている。アメリカの多くの諸州の長期的な財政状態は、ほとんどギリシャやスペインのそれと同じぐらい深刻な状態にある(一部の州は短期的には回復するかもしれない)。連邦政府は、各州にはない財政政策の手段を有しているにもかかわらず、任意に組合せて赤字を削減するのか赤字融資をするのかという予算についての同意を得ないまま、大幅な赤字に直面している。経済的不満は、広範にわたる深刻な政治的不満の第一の要因である。腐敗し私腹を肥やす無能な政府への民衆の怒りはさらに高まって、伝統的な右派や左派のイデオロギーと結びつくようになる。政治的正統性の弱体化は、資本主義の存続に対する挑戦に通じているのである。

しかし、発展途上のヨーロッパの行く末は、崩壊でも革命でもなく、むしろ停滞であるように見える。ヨーロッパは成長力に欠けているけれども、相対的に高い生活水準と基本的に機能する経済システムをまだ享受しており、(どんどん閉鎖されてきているとはいえ)商店に商品が並んでいる。そして、大部分の政府は(支出の削減を続けているが)必要な費用を支払っている。緊縮政策、すなわち、国家の収支の赤字を克服する試みであった支配的な政策対応は、抽象的・長期的に正しいとしても、ほとんど積極的な効果を上げてこなかった。政治家はさらなる成長を期待しているけれども、成長を生み出すような心地良いメカニズムはこれまでのところ何も見つかっていない。

その財政問題を欧州連合の問題として取り組むことができなったヨーロッパは、各国ごとに構造化された一連の財政危機に直面している。だがEUには、それぞれの金融危機において銀行と金融市場を救済するだけの経済的強さと政治的意志が残っている。民衆の不満は広がっているが、これまでのところ、現存する政党または政治プロセスに挑戦する大規模な社会運動は起きていない。大きな集会や時おり起こる公共広場の占拠は不満を示しているけれども、それらは、不満を新しい政治プログラムに転換させていく道をまだ見出しておらず、単に古いものに抗議しているにすぎないのである。右派のポピュリストは、移民排斥的な、また他の反動的なプログラムでチャンスをつかんだ――これまで彼らは周辺的運動に留まりながらアウトロー的に発展してきた――が、主流の保守主義政党を右に押しやったことが、彼らがもたらした最大の効果であった。それに対してヨーロッパの左派は、フランスにおける独善的なストライキや政治的影響力のある人たちの発言を別にすれば、かろうじて存在感を示しているにすぎない。その代わりに出現しているのが、ベッペ・グリッロに指導されたイタリアの五つ星運動〔人気コメディアンのグリッロと企業家のジャンロベルト・カザレッジョによって二〇〇九年に結成された政党〕に代表される、本質的に「反政治的な」一連の運動である。それらは、より有効な政府を求めてではなく政府とりわけ政治家に反対して市民が投票する他の諸国において、影響力を拡大した。経済危機と無能な政府の正統性に対する民衆の反応には、右派勢力と移民排斥運動がしばしば含まれていた。

アメリカはさらなる成長志向の刺激策を試み、その見返りとして二%程度の成長という控えめな経済的改善を得た。これは、ヨーロッパの〇%から一%よりもはるかに良好ではあるが、歓声をあげるほどのものではなかった。少なくともアメリカの経済成長は、一時的には新しいエネルギー資源によって、長期的には起業家的経済によって改善される見込みであるが、この国のダイナミズムは政治的過程の行詰まりのために損なわれている。今、ティーパーティが主に選挙に際して共和党の一翼として組織されているけれども、そのルーツはイタリアの五つ星運動と同じようにきわめて反政治的である。共和党の右派は伝統的に、別の解決策に向かうのではなく、妥協したり、あらゆる利用可能な政治的選択肢に抵抗したりする傾向がある。オバマ政権はいくつかのリベラルな問題で大きな政策革新をしたとはいえ、主としてテクノクラート的な中道主義であり、危機の勃発に際して大きな方向転換をもたらすことができなかった。金融では同じ組織が支配的であり続けており、危機の前とほとんど同じような行動計画が追求されている。アメリカ経済にとって最大の脅威のいくつかは、赤字に悩む国家と地方政府にある。このような状況のなかで政府支出を削減すれば、連邦政府の景気対策支出による影響を減退させることになる。国家と地方政府が成長とインフレの組み合わせによって国家の債務を減少させない限り、財政崩壊を招きうるような長期債務を抱えてしまうだろう、ということがより根本的な問題である。

二〇〇八年の危機の根源はアメリカとEUに集中しているが、その影響は世界的規模にわたった。相互に高い密度で接続され資本が国境を越えて急速に流動するグローバル資本主義とグローバル・メディアは、危機がきわめて世界的であることをたちどころに明らかにしたように見えたが、それは半ば事実であり半ば幻想であって、一定の見方に基づく歪められた解釈であると思われる。資本市場の撹乱の影響は広範囲に及び、資産価格の急落はアラブ首長国連邦のアブダビ首長国の政府系ファンドに損害を与えた。そして、その隣の首長国ドバイをほとんど破産させてしまった。とりわけ若年層の失業率の悪化は、いわゆるアラブの春を引き起こす導火線となった(経済危機はもっと複雑な物語の一部にすぎないということが明らかになった)。上海、東京、ヨハネスブルクの株式市場はニューヨークやロンドンの株式市場と連動して下落したが、それらよりずっと早く回復した。中国とベトナムの工場労働者は世界的需要の低迷に伴って一時解雇されたが、それら諸国の経済は短い経済停滞の後、成長を維持している。エネルギーとその他の天然資源の価格は激しく乱高下した。それらの価格は、最初に大きく下落し、その後、成長を続ける中国のような経済からの需要で回復したものの、一部は中国経済の低迷と共に再び下落した。

しばらくの間、アメリカは二番底の景気後退から脱出しようと足掻き、いくつかのEU加盟国はソブリン債務に苦しんだが、それに対して、中国やインドやその他の発展途上諸国は急速な経済成長を続けた。実際、二〇一一年を通して中国の政策担当者がもっとも関心を持っていたのは、景気後退よりもむしろ、経済成長が原材料や労働などの投入物の供給を大きく上回って抑制困難なインフレをもたらす「経済の過熱」であった。中国はアメリカの最大の債権国の一つになったので、(他の外国投資家と同じように)ドル建て資産の価値や輸出財の市場について心配しなければならなくなった。本稿を執筆している時点では、中国の成長率はヨーロッパ人を驚せるほど高いけれど、それでも成長は急速に低下しており、中国が世界的な景気低迷と無縁ではないことを示している。この国でも、過熱した金融市場が難題を突きつけている。例えば北京や上海では数千のアパートの空き家があるが、それは投機家が再び販売する目的で購入したものなのである。成長がすぐに回復しないどころか五%以下に低下するなら、この不動産バブルは崩壊し、さらに株価の大幅下落を引き起して、借り入れに依存しすぎた所有者は持ち株を手放すようになるだろう。しかし、これはシステムリスクが相対的に局地的であるために抑制されている例であって、借り入れに大きく依存する金融市場が高度に相互接続されているようなきわめて規模の大きな場合には、別のシステムリスクが存在する。それは、中国の指導者が国内の不満を恐れる要因の一つにもなっている。

インドの資本主義は比較的活力があってより起業家的であり、中央政府にそれほど拘束されていない。これは天の恵みである。中央政府のやり方はあまり効果的でないだけに、それに拘束されないことは恩恵なのである。インドは慢性的な貧困を抱えているし、インフラ整備も遅れている。非効率がインド経済を衰退させているにもかかわらず、インドの成長は著しく、投機的なバブルの脅威にほとんど直面していないように見える。だが、インドの経済的・政治的効率は、中国と同じように汚職の蔓延によって損なわれている。またインドでは、中国と同様に、生態的・環境的問題が拡大している（と言っても、中国の大気汚染災害にははるかに及ばない）けれども、自立的な制度の利用に開かれているので、リスクを緩和して貧困を軽減する、かなり広範囲にわたる慈善的活動が展開されている。とはいえ、インドにおける不平等はきわめて大きく、急速な都市化による不平等の拡大が克服されるべき新たな課題となっている。市場的解決のための資源を持たない人びとを支援する国家的制度は、依然として不足しているのである。

アフリカの大部分の国や、アジアとラテンアメリカの新興市場を抱える一部の諸国では、幸運にも成長が続いている。トルコはEUから冷遇されてきたが、その数年後の今では、ヨーロッパの羨望の的になるような高い成長率を誇っている。それでも、公衆の不満がなくなったわけではない。世界の多くの経済は良くても不安定であり、グローバルな資本主義発展は失速状態に近づいている。これは、BRICsや他の新興市場が中断することなくひたすら資本主義的拡大を続けている、つまり、危機は世界の富裕な経済に限定されている、という見方が錯覚であることを示している。危機はグローバル危機であり、資本主義が促進してきたグローバリゼーションのなかに埋め込まれているのであるが、そうは言っても、もちろん危機がすべての地域で同じ意味を持っているわけではない。世界の比較的豊かな産業経済の金融化の次元で始まった危機は、グローバルな経済力の中国(および、程度に違いはあるが、その他の「新興」経済)への移転を加速させた。皮肉なことにそれは、数十年にわたる初期の開発促進政策や開発支援よりも、豊かな国と貧しい国との格差をはるかに縮小させることになった。中国は長期的成長を続けていても世界的な景気後退の影響を免れなかったし、他のＢＲＩＣｓも(ロシアのように)極度に不安定になったり(ブラジルのように)急激な景気後退に陥ったりしたのだった。

重要なのは、何らかの経済危機の影響だけでは資本主義がそう簡単に終わりそうにないということである。資本主義をもっとも脅かすものは経済危機と政治危機が交差することであり、成長の追求において人びとが社会あるいは環境への破壊を受け入れる暗黙の妥協が崩壊することである。ヨーロッパは成長なき資本主義——これはほとんど形容矛盾である——という妖怪を生み出しているが、それにどのように対処するのかははっきりしていない。アジアはなお成長を続けているように見えるが、不安定で脆弱な政治を伴っている。成長の低迷が経済の上昇に期待する人びとを失望させたり、選挙で選ばれた指導者が公的自由を制限して反対意見を抑圧したりするところで、政治的混乱が繰り返し起きている。

資本主義時代は、想像上の純粋経済は国家や市民社会から明確に区別されうるという観念に支配されてきた。しかし、資本主義そのものは、つねに国家や市民社会との境界を横断する実践や組織を通じて生み出されてきたし、またそうされなければならなかった。国家と経済活動の関係は構成的であって、付随的なものではないのである。資本主義は、「客観的な」システム的現象としての市場の組織化だけでなく、株式会社――法人であるばかりか労働組織でもある――のような社会的・文化的な構築物にも依存している。そして、資本主義の拡大は、国家と社会のみならず、自然からの搾取にも依存する。資本主義はそれが依存するいずれの条件に対しても破壊的であるが、極端な金融化と新自由主義はこのような傾向をさらに激化させる。資本主義が未来において生き残る可能性は、資本主義を廃絶することなく、こういった破壊的傾向を制限したり逆転させたりする方法を見出すことができるのかどうか、ということにかかっている。

制度的欠陥

進行中の転換と刷新については、アジアの大部分やアフリカ、ラテンアメリカの一部で確かめることができる。高い成長率は、資本主義の未来についての楽観論が広がることを助長し、政府が「グリーン成長」〔環境保護と両立する経済成長〕とより良い社会的支援制度の構築への取組みを宣言して社会改革の列に加わることを促す。それは、緊縮策で苦しむヨーロッパや、政治的に行き詰まりながらわずかしか成長していないアメリカとは、明らかに対照的である。とはいえ、アジア、アフリカ、ラテンアメリカの諸国とヨーロッパやアメリカとの間に雰囲気や軌跡の違いがあるものの、それらには大きな類似性が見られる。

資本主義的成長は、環境汚染や社会的混乱、不平等といった点において、人間と自然に途方もない犠牲を課してきた。これまで、それに対する抗議を鎮めるために開発の成果を分かち合ってきたが、資本主義的エリートによる不釣り合いな富の領有は明白であり誇示されてさえいる。不平等に加え、汚職も課題となっている。また、産業や、急速に都市化する人口に必要な住宅のために、インフラと資源への膨大な投資が求められている。これらの費用の大部分が外部化される一方で、新しい富は、資本主義的利潤を得る人たちやそれから報酬を要求できる人たち、それに課税できる人たちによって領有される。すなわち、環境的・社会的費用は企業だけの負担にならず、インフラ投資に必要な費用の大部分が政府によって支払われるのである。

そういったことは資本主義の終焉と共に終わるのだろうか？　資本主義は、企業が国家やNPO〔非営利組織〕に頼るのを可能にすると共に、家族や普通の人びとがインフラ整備の費用や資本主義的成長の負の産物である環境破壊の費用を全般的に負担するような、「外部化体制」にも依存している。実際、資本主義の収益と成長の大部分は費用の外部化に依存しており、企業が収益を引き出す公共投資――医療、労働者の教育、必要とされるインフラの建設など――の費用をすべて支払うことなど、めったにない。企業は汚染と廃棄物を生み出すが、環境破壊の金銭的・人間的・自然的費用の責任を引き受けることはないのである。言い換えれば、資本主義は巨大な富を産出するけれども、つねに深刻な「悪」（汚染され貧困に打ちひしがれた一九世紀のイングランドにおいて、ジョン・ラスキンが用いた用語）を副産物として生み出している。資本主義は、悪が許される限りでのみ富を産出し続けることができるのである。国家は富と貧困とのトレードオフを管理しようと努めるが、資本主義にその費用を支払うだけの課税を課せば、国際競争力を低下させて資本主義の富を生み出すダイナミズムを潜在的に排除することになる。

さらに資本主義企業は、彼らの所有物の権利を保護することから、政府支援による研究開発の成果を私的に商業化する機会に至るまで、多くの利益を国家から引き出す。国家は、通貨から道路や契約法による保障までの、必要とされる投入物を提供する。また資本主義は、社会的連帯や、学校から医療に至る一連の制度に依存している。これらの制度は、部分的に公的ないし非営利的な基盤で組織されている場合においても、資本主義に利潤の機会を与える。それらの制度は、より基本的には、本来なら企業が内部化せねばならないサービスと企業活動のための安定した環境を提供するのである。

実際には、営利企業でさえ、経済システムとしての資本主義のなかに全面的に包摂されているわけではないし、資本主義によって完全に支配されているわけではない。営利企業は法律に従って組織されており、政治と絡み合いながら、企業の所有者の利潤追求を超える企業関係者のために活動しているのである。企業による雇用は年金や医療保険を含む福祉給付の主要な源泉であったが、極端な金融化の時代を通じてそれは減少傾向にある。というのも、投資の引上げやＴＯＢ〔株式の公開買い付け：会社の支配権を取得する目的で不特定多数の株主から株を買い取ること〕を安易に実行する会社が、長期的な計画能力を衰退させ、投資を削減して、変わりやすい金融市場を喜ばせるためにより直接的な金儲けに走るからである。健康から教育、高齢者ケア、失業者支援に至る、生活のリスク——資本主義によって生み出されたり強化されたりするリスクをも含む——を緩和するうえで重要なものさえもが、政府機関によって提供されているが、これらの多くは、金融化の時代を通じて衰退に曝されてきた。それに伴い、家族、コミュニティ、宗教組織のような古くからの制度は、追加的負担の一部しか引き受けられないようになった。他方、自助と慈善を目的として新たにNPOが設立されているし、また、貨幣で支払いをする人びとには、保健から貯蓄に至る他のリスク管理の方法がある。リスクと不安定な資本主義を不可避的に生み出す経済システムは、普通の人びとが何とかやっていくのを助けるいくつかの支援機関の構造にも依存しているのである。しかし、長期にわたって存続している資本主義経済では、社会的に組織されたリスク緩和の制度に深刻な破綻がすでに生じており、また新興の資本主義経済諸国においては、この目的のための新しい制度の発展が相対的に遅れている。こういったことは、資本主義とそれを支える政府が政治的正統性を維持しうるのかという問題をも提起するのである。

資本主義は繁栄し、最近の数十年間は、損傷された制度や社会関係に基づきながらも広範な正統性を確保してきたが、資本主義の再生は、これらの制度や社会関係が再構築されうるかどうかにかかっている。それは、部分的には正統性や社会的連帯や社会的支援をどう提供していくかという問題であり、また、資本主義的成長が都市化や資源需要、環境破壊、移民などの多くの諸問題——単に投資や生産や利潤だけでなく——を生み出すことにどう対処するか、という問題でもある。これらの問題を解決する能力は、単に市場ではなく、政府や広範囲の社会的諸制度からももたらされる。カール・ポランニーが二〇世紀の不況と戦争の最中に、一九世紀を振り返りながら未来を見つめて議論したように、暴走する資本主義の発展は、その存続の社会的諸条件と社会全体の利益をつねに破壊してきた。新しい制度的支援を構築する努力は、資本主義システムを安定させ、資本主義的成長の収益のより効果的な分かち合いを支えることを可能にするのである。

暗黙の社会契約は、資本主義的企業の正統性のみならず、その継続を保障する国家の正統性をも高めていくものである。市民は成長の見返りとして、不平等と長期的費用の外部化を許容する。アジア、ラテンアメリカ、アフリカといった、今日、高成長を続けている諸国家はいずれも、それらの成長パターンのなかで、国内的統合と将来の成長条件への投資をバランスを保ちながらいかに維持していくか、という深刻な課題に直面している。これらの諸国が近年の成長率を、とりわけ低成長のグローバル経済の下で維持していけないことは明らかだろう。そして、そのような成長ができないなら、これらの諸国は、投機的バブルの崩壊と市民の不満に直面することになるだろう。

楽観主義や成長の恩恵がないヨーロッパやアメリカも、同じ課題に直面している。経済成長の長期的不在と、それに対処する政治的能力の明らかな弱さへの不安が顕在化しているが、これまでのところ、現実性のある結果を生み出すことができる社会運動のような応戦はまだ生まれていない。経済危機と脆弱な政府の正統性に対する民衆の応戦の大部分は、右翼への、とりわけ外国人排斥的な扇動への加担であった。ヨーロッパ政府は、金融化の主要な受益者でもあり危機の責任者でもある人びとの資本を保護する一方で、国家の財政収支を緊縮策によって回復する努力で応えたが、それは消耗に終わった。アメリカは成長の回復を刺激することに熱心に取り組んだが、政治的行詰りや、費用は金融機関や投資家ではなく納税者全体によって負担されるべきであるという政策決定によって、難しい状況に陥っている。

資本主義は、とくに第二次世界大戦後の持続的な高成長の時代を通じて、雇用と賃金上昇を生み出した。また経済成長は、累進課税と政府支出に基づいて市民が広く共有できる、医療や教育、交通、その他の社会的給付の拡大を保証した。だが今や、市民は、子どもたちが自分たちよりも多くの繁栄や機会の享受ができるかどうかを疑っている。もっと豊かになりたいという富裕な諸国の市民の願望は、彼らの国が国際競争力を維持できなければ叶えられない（国際競争力の維持は、貿易のためだけでなく、高率の税体制から逃れる可能性があるエリートや大企業の忠誠をつなぎ留めておくためにも必要である）。しかし、古くから豊かな資本主義の中核諸国の成長率がグローバルな成長を低迷させると予想できる理由があるので、これらの国がたとえ富裕であり続けるとしても、大きな構造改革がない限り、改善は期待できないと思われる。同時に、資本主義の全面的な正統性を長期にわたって保障してきた制度的構造は、一九七〇年代から徐々に損なわれており、近年の金融的・財政的危機のなかでさらに深刻な危機に曝されている。

「新自由主義」という用語は、政府の支出と経済活動への積極的介入を縮小すると共に、資本主義の諸市場への政府規制を緩和することを追求する、一連の政策を表現するのに使われている。

この一九七〇年代以後の自由主義は、一九世紀の自由主義に多くを負っているが、大きな違いは、自由主義の後続版である新自由主義が、成熟資本主義の構成要素として設置された一連の社会的保護と経済的配置を破壊しようとしていることである。その主な攻撃目標は、一九三〇年代の大不況に対応するために実施され戦後の長期的な経済成長を支えた、制度的配置である。新自由主義を一九世紀の自由主義と関連させることは有益であるが、それは、「制限なき」資本主義の追求と、資本主義の限界および行き過ぎを補償する努力との緊張関係が古くから存在することを思い起させるからである。一九世紀の自由主義者は、しばしば資本家の利潤追求の邪魔になる伝統的制度を解体すると共に新しい制度を限定しようとしたが、これは現在の発展途上の諸国で広く見られる問題である。

例えば中国では、きわめて動態的な資本主義の発展は、以前から存続している共同体的組織や、共産主義時代を通じて資本主義に対抗的な制度として導入された制度――例えば、「作業単位」を、住居や医療や雇用を提供する拠点にしたダンウェイ（西欧における資本主義発展の初期段階の温情主義的な企業の町と一定の類似性がある）――との緊張関係をつくり出している。新しい職に就いた労働者たち、とりわけ急速に拡大している都市地域の新たな職に移動した人びとは、彼らが生まれ育った共同体の古い形態の社会資本も、かつてダンウェイが提供していたような制度的保障も奪われている。彼らは都市部で新しい生活様式をつくり、古い形態の給付に代わる市場的代替物を購入する貨幣を持つ程度に応じて豊かになるが、そうできない場合は苦労を強いられる。時に彼らは、一世代前に上海のような都市部への移住者が同郷者地域や近親者団体を作ったように、自分自身のために新しい社会制度を創出する。そしてしばしば、かなり周辺的な存在として生活しながら、故郷に仕送りしたり家族を養ったりするためにお金の節約に努める。政府はこのプロセスを規制しようとし、例えば、当局の認めていない移住者が学校のような都市の制度にアクセスすることを制限するために戸籍制度〔農村戸籍の人が都市部への移動を希望するとき、関係官庁に申請し許可を得なければならない制度〕を利用する。このような、事実上の社会的管理手段である規制が存在すること自体、制度に欠陥がある証拠である。

　しかし、中国がさらに資本主義的方向に発展するなら、もっと強固な制度が必要になる。実際に政府は、教育を拡大したり、とりわけ初期治療《プライマリー・ケア》の新システムの導入を通じて医療を再構築したりしている。急速に高齢化する社会においてどの機関が年長者の治療を提供するのか不安があるが（家族手当は、政治の姿勢の変化によってばかりか、労働移住や一人っ子政策によっても削減された）、失業保険制度や社会福祉制度の発展を期待するしかない。新しい制度として慈善事業とか共済組合が考えられるが、これまでのところ、これらの自立的な組織を認めることに中国政府は消極的であった。中国は明らかに資本主義の道を進んでいるが、それが西欧の制度を複製することになるのか、そのような制度の最小化に努める西欧の新自由主義の模倣になるのか、あるいは（「中国の特徴である」）国家資本主義の変種を伴うことになるのか、はっきりしていない。

　これまでの四五〇年を通じて国家資本主義は例外的であったが、それがより一般的なものになっていくように資本主義が変容していく可能性がある。すでにソヴィエトの共産主義が国家資本主義的なものを伴っていたことはほぼ間違いないし、ファシズムは確かにそうであった。今日、政府がその正統性を強化するために反動的ナショナリズムを利用するところでは、国家資本主義の可能性が高いと思われる。重要な点は、未来の資本主義が、西欧の歴史のここ二世紀にわたって支配的であった「自由主義的資本主義」の延長でなくてもよい、ということである。広く認められている資本主義と自由主義的民主主義との結びつきは、特定の歴史的条件と闘争によって形成された、資本主義を政治に関連させる一つの方法にすぎない、ということが判明するかもしれない。

国内の新自由主義は、言うまでもなく「自由貿易」の国際的な推進と密接に関連している。関税やその他の貿易規制の緩和は、国内的流動性や市場を形成する政府努力に関わる規制の緩和とある程度類似している。軍事的安全保障(または優位)を確保することや社会保障を提供することは、国家主導の資本投資や、それをもっともらしいモデルにするための、グローバル市場に対する緩衝装置が持つ周知の利点と結びついている。これは、とりわけ自由主義的民主主義の経験がほとんどない諸国でありうることである。もちろん西欧の諸国家は、とくに輸送や通信や電力産業の分野で新規事業を運営し、市場の失敗を補償してきたが、資本蓄積のために組織されたことはほとんどなかった。それらを民営化することは新自由主義の顕著な特徴であり、イギリスのような古い中核的経済だけでなく、多数の発展途上国、とりわけラテンアメリカでも広範に実施されてきた。いずれにせよ、今後の資本主義に特徴的な制度的構造が、西欧の場合のように政府と営利的制度と市民社会を互に明確に区別することになるのかどうかは、依然として未解決のままである。

希少資源と自然環境の劣化

継続的な資本蓄積は、資本主義に内在する経済的困難やその社会的・政治的な支援システムの再生産の問題によってばかりか、「自然的」環境の破壊によっても制限される。資本主義は、原材料や人口の維持や環境汚染の費用を企業負担から公的負担――政府支払いの形であれ、社会的に分配される人間の苦痛という形態であれ――に外部化することを許容する、さまざまな社会で組織された人間の意志に依存している。

環境的・気候的課題への取組みは、「自然」のこれまでの理解のされ方によって困難になっている。自然は長い間、とりわけ西側で、また西側以外の人間社会においても、征服されるべき障害として見なされてきたが、そのことは、私たちもまた自然的存在であって自然の一部として生きる他ないという事実を覆い隠してきた。まさに、「自然」を資源と考えてきたことこそが、資本主義の興隆を特徴づけるものであった。これまで自然は資本主義に利用され搾取されるべきものとして存在してきたが、そのような自然の搾取の例は、森から水に至るまで枚挙にいとまがない。水を例にとれば、地球の真水の使用量は、（人口が二倍になった）二〇世紀の後半を通じて三倍になった。技術進歩は、農民やその他の水の利用者が地中の奥深いところから地下水を汲み出せるようにしたが、それは、潜在的な帯水層から排水させて地下水の水位を低下させることになった。さらなる巨大なダム建設は電力を生み出し、時に河川の洪水を管理するけれども、それは住民を強制退去させて農地を水浸しにし、魚介類を死滅させることにもなった。河川は文字通り干上がって、湖が消滅しつつある。価格計算によってうまく管理しようとするときは、ほとんどいつも、現代の利用が将来世代に課する費用を根本的に過小評価しがちである。

資源としての自然はつねに制限されたものとして現れるのに、資本主義は無際限の拡大システムとして組織されているので、資本主義は自然の限界を乗り越える努力をし続けてきた。近代科学と営利企業や政府支援との結びつきによって著しい生産性を有する新技術が生み出されてきたが、これらには、農業改良や新素材、エネルギー抽出の新方法のような、自然資源を増加させる資源工学が含まれている。このように資本主義は、人間生活を支える能力の拡大や、肥料や機械化、排水、灌漑用水、研究開発などで生まれた新作物によって「自然の」潜在力を補完することを推し進めてきた。それはまた、製薬から設備集約的な病院に至る、さまざまな新技術を備えた科学ベースの医学をもたらした。このような新技術は、「自然的な」寿命を延ばしたり、より多くの人びとが寿命を全うできるようにしたりした。また新しい技術には、新商品の生産における生きた労働の役割を大きく変え、それを大幅に減少させる、生産プロセスや生産設備が含まれているし、距離や地理に関わる障害を克服する輸送や通信の技術や、前例のない規模での都市生活を可能にする他のインフラ技術も含まれている。これらは、巨大なインフラ投資を伴う、人口の飛躍的増加や大規模な都市化、地理的移動の大幅な増加を可能にした。

ところで、社会生活の新しい組織化はエネルギー需要を倍化させるが、エネルギーは、とくに石炭から石油までの炭素源の他、原子力によっても賄われてきた。新技術は、さまざまな鉱物への需要も増加させた。人間生活の飛躍的な規模の拡大は、希少な自然資源に依存しているばかりか、破滅的な影響をもたらす恐れのある気候変動を含む大規模な自然環境の破壊という費用も伴っている。食糧生産を増大させる農業の強化そのものが、一般に土壌を浸食してその劣化をもたらしているのである。また、新しい工学材料は生物分解性がないことが多く、微生物の作用で物質を無害化することができないし、炭素ベースのエネルギー源は環境を汚染する。そして、資本主義的成長と共に拡大する広範囲の諸活動は、地球温暖化をもたらす。実際、こういったことは、リオから京都を経てドーハに至る地球温暖化防止条約締約国会議の経緯が示すように、気候変動への本格的取組みを支持する国際的合意を形成するのがなぜこれほど難しいのか、ということの中心的理由の一つになっている。

一般的に言えば、金融化の時代には、環境破壊に取り組む努力自体が取引の対象になる。大気圏を破壊する炭素放出を排出される炭素の売買によって管理しようとする提案は、その格好の例である。温室効果ガスの排出権取引制度の一手法である「キャップ・アンド・トレード」とは、排出枠に上限（キャップ）を設定し、想定排出枠まで排出しない人びとがそのいわゆる節約分を上限以上に排出する人びとに売ることを認める仕組みである。このような制度が牽引力を持つのは、排出量を削減する効果よりも、汚染する権利が利潤目的で一括して証券化され投資銀行によって売買されるという事実に負っている。

自然が使い果たされて回復できないほど損害を受けることは、資本主義の未来にとって(さらに生活一般にとって)大きな問題である。またそれは、経済分析の範囲を超える問題でもある。なぜなら、(とくに長期的な持続可能性を考慮すれば)自然資源に適切な価格をつけるのがきわめて難しいということや、また、自然を単に資源として考えるために、人間が自然の一部であって他の自然に依存しているという根本的事実が理解しにくい、ということがあるからだ。

自然は、本質的に限られた資源として理解されるなら、さまざまな資本主義的組織やそれが依存する諸国家の間の競争的領有の対象となる。石油をめぐる政治と経済は、ここ百年、とくに一九七〇年代以降におけるその際立った例であった。希少資源に関わる幾多の新しい競争が近い未来の争点になり、資本だけでなく、国家や人間社会に対しても課題を提起する。エネルギーは人間生活にとって基本的なものであり、鉱物は近代技術に不可欠である。水は不足していて供給が予測できないというのに、しばしば汚染されている。また、乾燥したサウジアラビアと過剰人口を抱える中国が、アフリカを肥沃にする権利の獲得を求めて争っているように、農地でさえ競争の対象となっている。

資源をめぐる争いは、地政学的紛争を挑発する可能性としても重要である。すでにそれらは、内乱と国家間戦争と犯罪活動が混在するような、一連の小規模な武力衝突の基礎になっている。また、中国にとって、自然資源――石油とさまざまな鉱物――を確保することは、この国の成長と共にますます中心的な重要性を帯びるようになってきている。中国は、これらの資源を確保することを通じて、石油の大半を中国に販売する、分割されたばかりのスーダンのような不安定であるが重要な国を含む、遠く離れた諸国との関係に巻き込まれることになる。自然資源の販売は、ロシアや旧ソヴィエト連邦の他のいくつかの地域にとっても重要なことだが、ロシアからの主要な輸入者であるヨーロッパは、依存する供給品をめぐる紛争に巻き込まれてきた。また、中東における予測不可能な大国のイランはイスラム教徒に対して強い影響力を持っている。湾岸諸国は、地域の安全保障の重要なプレイヤーであると同時に主要な国際的投資家でもあるので、これらの国が不安定になるなら、その影響は大きいだろう。長い間「資源の呪い」〔資源の豊富な国がそれを有効に利用できず、発展や成長から取り残されていること〕の典型であったナイジェリアは、成功しつつあるけれども、まだ困難な発展への道を歩んでいるように思われる。いくつかのラテンアメリカ諸国は重要な石油輸出国であり、そのうちでもブラジルのような一部の国は新興の大国である。アメリカは国際エネルギー資源への依存を、金融危機をきっかけに、水圧粉砕技術のような新技術への投資によって部分的に減少させた。シェール層から石油とガスを抽出する新しい能力は、〔これまでのところ、エネルギー需要に比例して機能を高めることが難しい「グリーンな」技術よりも〕資本蓄積の未来にとっての大きな脅威の一つに対する技術的修正〔すべての問題はより良い新技術で解決策を見つけることができるという考えに基づく技術開発で、しばしば、「解決するよりも多くの問題を生み出す」の可能性を示す、もっとも顕著な例であると思われるが、技術的修正は環境への新しい懸念を引き起こす。資本主義は相変わらず、グローバルなエネルギーと資源をめぐる政治に深く巻き込まれているのである。巻き込まれる強国の数は増えてきており、エネルギー問題は、中央アジアの政治や、イギリスとアルゼンチンとのポスト植民地主義的確執のような東アジアの島をめぐる主権争いへの、イデオロギー的関与と結びついていくことになる。

エネルギー資源は、暴力的紛争の可能性を高めるおそらく最も有力な要因であるけれども、唯一の要因ではない。水や耕地も資源と同じぐらい希少である。また、宗教や移民、国境、領土を拡張しようとする帝国主義的な欲望なども、資源以上に紛争を引き起こす。言うまでもなく、隣国が兵器を備蓄したり核兵器を獲得したりしている形跡があれば、緊張が生じる。さまざまな独裁者や非国家的行為者は不安定性を強める源泉であり、紛争を刺激する火花である。最近起こった実際の紛争——とくにイラクへの侵略とアフガニスタンにおける長引く戦争——は緊張を激化させ、効果的な警察活動で覇権的な力を補完するアメリカの力を縮小させることになった。これらのことすべてが、近い将来における戦争の可能性を高め、小規模あるいは地域的な紛争が大規模な地政学的紛争になっていくよう後押しする。冷戦の四五年は、さまざまな意味で、地政学的な紛争と再構築の長い歴史における幕間として現れることになる。

インフォーマル・セクターと非合法資本主義

金融化と新自由主義は一緒になって、相対的に裕福な西欧諸国の資本主義の安定に不可欠なさまざまな制度を弱体化させたが、そういった制度には、国家による規制制度だけでなく、労働組合や民間企業も含まれている。個人の生涯にとって安定した枠組みであるように思われた大企業は、医療や年金や長期的雇用保障の提供をストップさせ、そのような従業員の福祉制度はもはやほとんど存在していない。多くの場合、大企業は、その資産が資本市場で取引されるようになったために会社の存続自体が不安定になり、従業員やコミュニティや取引企業に対するあらゆる義務を放棄してしまった。またコミュニティは、経済基盤の崩壊や人口移動によって弱体化した。正式な組織が普通の市民にセーフティーネットを提供することはますます難しくなり、その機会も少なくなってきている。このような移行の衝撃は、ソヴィエト連邦の崩壊に伴う制度的危機ほど激しくはないが、それに近くなっている。他方、宗教組織は、慈善活動だけでなく、雇用から相談・助言までのさまざまな制度的サービスに取り組んでおり、また、ＯＥＣＤ諸国を通じて出現した地方的ネットワークが、貨幣の媒介を伴わない相互的交換経済を部分的に組織している。

フォーマル・セクターの弱体化はインフォーマル・セクターの拡大と結びついている。インフォーマル・セクターという用語は、フォーマルな制度が全国的規模で発展しない結果、公式に記録される貨幣経済が経済活動全体の一部でしかないような第三世界の状況を描き出す（とりわけアーサー・ルイス〔Arthur Lewis 1954〕とカイト・ハート〔Keith Hart 1973〕による）試みから生まれたものである。人口の大部分が実際に生き延びていくのに重要な他の経済諸活動は、新しい環境での支援を提供するために再利用される「伝統的」社会関係とか、物々交換のようなフォーマルな市場関係に代わる新しい取引形態、法や課税を気にせずに取引できる対面型のネットワークなどの発展に依存しながら、それらを多様に組み合わせることで行われている。インフォーマル・セクターの活動は犯罪として分類されるものもあるが、そうでないものもある。この概念は第三世界の研究に由来しているけれども、インフォーマル・セクターがつねに、資本主義と、それを支援し対処するために法的枠組みを組織する国民国家の営みに随伴してきたことは明らかである。

インフォーマル・セクターは、ここ四〇年を通じて劇的に拡大してきた。それは、裕福な国においても貧しい国においても経済生活の重要な次元を占めているだけでなく、（共産主義、および形式的に計画された経済の時期においても）人びとが公的制度の貧しい実績に対処するうえでも大きな役割を果たしている。またそれは、（ポスト移行期の名目的共産主義諸国においてばかりか、新自由主義と緊縮政策の体制を押し付ける資本主義諸国においても）人びとが公共財の提供の削減に対処してきたやり方の中心であった。その大部分はコミュニティ・レベルで組織されていて、小規模の物々交換や協同組合、課税や金融機関を巧みに避ける現金取引などから成っている。また、インフォーマル・セクターは単に社会問題の分野に限られているのではなく、創造性の場にもなっている。シリコンバレーの神話のいくつかに挙げられる、車庫から立ち上げた発明家や起業家は、（少なくとも、べンチャー資本を見つけるのが困難な時期には）しばしば、生み出したばかりの事業をインフォーマルに組織していたし、今日もインドやナイジェリアでは、起業家や映画製作者やアーティストはそうしている。インフォーマル・セクターは、時にボヘミアン〔伝統や習慣にこだわらない自由奔放な生活をしている者〕として、あるいは、意外にも中産階級として現れる。その活気溢れる魅力的な事業は、税金を納めることもあるが、納めないこともある。また、そこで働く労働者は、年金や医療保険を支給されることもあれば、そうでないこともある。

インフォーマル・セクターは、地方のコミュニティ・レベルのネットワークとか、フォーマルな市場や諸制度に対抗的な対面型のオルタナティブに限定されているわけではない。少なくともそれは、部分的に国家制度や法律の外部で機能する超国家的な資本主義的組織という大規模な次元を含んでおり、そこではマネーロンダリングや銀行取引、力と契約によって支援された投資が行われている。そしてそれらは、脱税や密売、さまざまな不法取引——鉱物（紛争ダイヤモンドblood diamond〔内戦地域で産出されるダイヤモンドをはじめとする宝石類のうち、当事者の資金源となっているもの〕あるいはコルタン〔コロンバイト・タンクライトの略で、鉱石の一種。ノートパソコンやゲーム機器のコンデンサーなどに用いられる〕）から武器（大部分は携帯兵器であるが、戦車や飛行機、ミサイルも含まれる）、ドラッグ、人間に至るまでの取引——を伴っている。そのような不法な資本主義は、「インフォーマル・セクター」という名前が示唆するよりもずっとフォーマルに組織されていて、合計すると数兆ドルの収入と投資を動かしている。

すでに実体のある産業となっている租税回避や非合法的な投資フローは、ロシアで共産主義が資本主義に取って代わられたことによって強められた。非合法投資の大部分は、かつての高級官僚による国家資産の盗奪と、盗んだ国家資産を資本主義的企業と組織犯罪との混合物に転換したものから成っていた。これは大量の不法貿易の発生を促し、途方もない量の貨幣を、すでに繁栄している不法市場のグローバルなネットワークに新たに注ぎ込むことになった。おそらく、数兆ドルにのぼる記録されていない資本が、ロシアのような国からキプロスやケイマン諸島のようなタックスヘイブンに速やかに流出し、そこから合法的あるいは不法なビジネスを通じてロシアと世界全体に再投資されたのだろうと思われる。

相対的に地方的なインフォーマル・セクターの活動と大規模な不法資本主義が重要な位置を占めているということは、公式に記録された資本主義的成長が脆弱であることを示している。第一に、そのような成長では、社会生活と再生産の維持に必要な分配を達成することができない。事実、フォーマルな資本主義は、多くの社会の基本的生活条件と合法的市場に基づく社会の一部の繁栄に不可欠な社会平和を維持するうえで、インフォーマル・セクターに依存している。このことはとりわけ、公式の市場の失敗によって最も影響を被る資本主義社会の一部、例えばスラムに当てはまる。というのも、スラムの住民は、大規模な資本主義も国家も当てにできないので、生き延びるためにお互いを頼り、ごく小規模の企業家活動に依存せざるをえないからである。それは、汚職が個人的な貪欲ばかりか制度的未発達にも起因しているようなところで、より大規模に行われている。第二に、暗黙の税によるものであろうと、フォーマル・セクターからの資金の吸い上げであろうと、大量の資本が不法なグローバル取引に巻き込まれるなら、市場とリスクは予測できないものになる。言うまでもなく、不法セクターからの資本は、（それが贈収賄や暴力的威嚇のような、不法な経営戦術を伴っているかどうかに関わらず）合法的な資本市場やフォーマルなビジネスの直接投資に入り込むことがある。インフォーマル化と汚職は、必要とされる国家規制を減らして、合法的ビジネスを直接あるいは間接的に、ドラッグや性的人身売買のような不法なビジネスと一体化させるのである。

グローバル政治経済の大部分は、国民国家と資本主義の「公式の」世界システムを超える仕方で組織されており、国家と大企業との共謀、さまざまな規模の組織された犯罪、非公式の軍閥やカルテルの政治力、軍隊を含む国家の半自立的構成部分の経済力などは、いずれも複雑に絡み合った世界——本章で指摘したような、資本主義を脅かす世界——を示している。ウィキリークス〔匿名により政府や企業などに関する機密情報を公開するウェブサイトの一つ〕からハッキングまでのサイバーセキュリティ〔コンピュータ・ウィルスの感染を防ぐために情報通信ネットワークの安全を確保すること〕への挑戦や、悪意のあるソフトウェア〔コンピュータウィルスなど〕、スピアフィッシング〔インターネット詐欺の一種〕、そして、（他の諸国家や大企業に対して）国家の支援やフリーランサー〔特定の企業や組織に所属せずに自由契約で働く人〕によってしばしば展開されるその他の戦術は、いずれもこの複雑に絡み合った世界を示しているのである。まったく歴史的前例がないわけではないが、これは不確かな未来に向かう資本主義の転換の一部だと言えよう。

結論

資本主義が近いうちに崩壊することはありえないように見えるが、それが永遠に続くこともないだろう。資本主義の未来を現在から直線的に想像するのは賢いやり方ではないと思われる。

資本主義は、危機への一般的傾向や、世界の大部分における極端な金融化に起因したリスクの著しい高まりを含む内的諸矛盾によって、崩壊してしまう可能性がある。実際、驚くべきことに、二〇〇八〜二〇〇九年に金融市場が崩壊した後、金融規制や市場構造の改善に向けてほとんど何もなされてこず、依然として同じ企業と同じ人びとが金融市場を仕切っているので、相変わらず同じリスクが私たちに付きまとっている。

環境破壊や疾病であれ、戦争や反乱であれ、外的な混乱の可能性も同じように重要である。コミュニケーション・ネットワークやエネルギー供給のような、資本主義が依存しているインフラシステムが、例えば政治的アクターによって中断させられることも起こりうる。これらすべての理由から、緊密に深められてきたグローバル統合のプロセスが部分的に後戻りすることも生じうる。混乱への対処は、回復力の異なる、緩やかに連結された諸システムに依存することになるだろう。

オルタナティブなシステムがより多く組織されるようになるにつれ、資本主義は崩壊しないまま衰退して、経済活動の組織化を縮小させていくかもしれない。成長の減速は、グローバルに起こることもあれば、国や地域によって不均等に起きることもしばしばあるだろう。資本主義が推進してきたグローバル市場の緊密な統合は、さまざまな環境で別のシステムが組織されるのに応じて減速したり反転したりする可能性がある。資本主義は、一部の地域で中心的であっても、他のところでは阻止されたり周辺的になったりするだろう。そして、政府と密接な関係にある営利企業は、経済関係の管理が強まるために「自由な」市場に委ねる程度が少なくなり、資本蓄積とは異なる目的に関心を向けて組織されるようになるだろう。また、社会的・政治的な諸制度が、強さの違いはあれ、資本主義に対して拮抗していくことになるだろう。さらに、不法資本主義の存在が大きくなることも小さくなることもあるだろう。したがって資本主義は、依然としてグローバル政治経済の重要な要素であり続けるとしても、かつてほど支配的なものではなくなるだろう。言い換えれば、根本的に新しい経済構造が発展することになるだろうと思われる。

　現在の危機は、資本主義が切り抜けてきた最初のものではない。なぜなら、これまで国家が積極的に介入して、資本家の「行き過ぎた行為」で生み出された膨大な費用を引き受けてきたからである。言うまでもなく、このように外部化された費用を負担する市民はたいてい不幸である。国家が、企業の外部化した費用を吸収することによって資本主義を助けるのであれば、国家はまた、失業から疾病までのリスクを管理して市民を支援しなければならないことになるが、これまでのところ、資本主義的金融機関を守るために緊縮政策を課する国家を打倒できるような社会運動が現れる兆しはほとんどない。とはいえ、こういったことから、資本主義が、それが依存している政治的・社会的・環境的諸条件の破壊によって掘り崩される可能性は、危機に対する資本主義の脆弱性と同じぐらい重要であることが分かる。

制度的欠陥に対処することは基本的な課題であるが、この課題は言うまでもなく、国家や非国家的制度、とりわけNPOによって、さらにしばしば、被雇用者を支援する社会的制度として機能できるほど安定した資本主義的企業によって担われている。また、現代のグローバル資本主義においては、現存の諸制度では守られない住民を支えると同時に大規模な汚職・腐敗につながるインフォーマル・セクターによって、多くの人びとが保護されている。多数の不法セクターは租税の回避と非合法企業を混合させているし、インフォーマル・セクターや不法セクターは公式の合法的な資本主義と相互に依存し合っている。だがそれらは、国家を含む、自分たちの頼る諸制度を掘り崩していくことになる。

国家が資本主義的成長のための機能的条件を継続的に提供できるかどうかは、ヨーロッパの大部分の諸国においても、「脆弱な諸国家」という呼び名を連想させる低開発諸国においてと同じぐらい深刻な問題である。さらに、財政危機が安全保障上の問題に付け加わるし、インフラ投資やその他の成長指向投資は、遂行されても効果を上げることが難しくなってきている。グローバル金融を規制して環境的課題に対処するには、大規模な国家を超える効果的なガバナンス構造が必要であるが、それらを創出しようとする努力は相対的に弱い。グローバルな世界システムをまとめることは、一部の国の覇権と不釣合な寄与に依存するが、このような負担を一方的に引き受けようとするアメリカの意欲は低下しており、それにとって代わる国も出現していないし、複数国によるオルタナティブも現れていない。ありうる一つの可能性は、世界システムが凝集性を失って、競争し合う地域構造が前面に出てくることである。そうなれば、一部の地域では他の地域においてよりも資本主義が重要になるだろう。

資本主義そのものが、その未来の成長を揺るがすかもしれないいくつかの「外部的」混乱、とりわけ、環境の劣化と気候変動を生み出す一因になっている。資本主義を維持しながら環境問題に対応する「グリーンな成長」の可能性もあるが、結局のところ成長のための機構である資本主義は、成長の限界に直面すると、資本主義それ自体が問い直されて持続不可能になるかもしれない。

それぞれの種類の脅威に対し、損害を埋め合わせて一方的な資本主義発展のリスクを軽くできるような行動がとられなくてはならない。これらの行動は、利潤追求型の企業家からも非営利型の企業家からも、さらに政府からも生まれるだろうし、また、社会運動によっても追求されるだろう。だが、これまでのところ、どんな社会運動もグローバルな挑戦の規模には達していない。いずれにせよ、諸制度が刷新されて雇用が回復されることがないなら、また、環境問題や公衆衛生やその他の課題に対する取組みがなされないなら、資本主義は繁栄できないだろう。

資本主義市場の、多少とも同時的で大規模な崩壊が起きるなら、それは破局的で、経済的な大混乱を引き起こすばかりか、政治的・社会的な諸制度を転覆させることになるだろう。このような崩壊は、システムの危機によって促進されるかもしれないし、環境の変動や暴力によってもたらされるかもしれない。資本家による、環境および潜在的に安定している社会制度への、費用と損害の外部化がそのリスクを強めていくだろうが、非連続的な変化は、必ずしも突発的に起こる破壊的なものであるとは限らない。

最初に主張したように、資本主義が数世代の間に見分けのつかない形で転換していくことは少なくとも確かだろう。強い国家、農業生産性の上昇、宗教的信念の刷新は、間違いなく、封建制のヨーロッパにおける諸問題への解決策のすべてであった。それらは封建制のヨーロッパを変え、長期的には新時代をもたらしたのだった。また、国家によるリスク管理や経済的促進、そして資本主義的企業の発展は、二〇世紀中葉の諸問題を解決してきた。そういった解決策は、資本主義的秩序の枠内から出るものではないけれども、資本主義を転換してきたのだった。

資本主義的秩序は、高度に複雑できわめて規模の大きいシステムである。ここ四〇年の出来事は、戦後の時期を通じて資本主義を相対的に良好な状態に維持してきた諸制度を根本的に破壊してしまった。そのような状況を修復したり刷新したりする努力は、新技術や新規事業や新しい金融取引と同じように、システムを変えることになるだろう。資本主義の刷新に成功するだけでも、それは資本主義と近代世界システム——資本主義は近代世界システムのなかで四〇〇年にわたって成長してきた——を転換させていくだろう。少なくとも資本主義は、伝統的な西欧の中核的地域の外部から成長が主導されていく程度に応じて変革されていき、そして、別の歴史や文化や社会制度に融合されていくことになるだろう。

問題は、変化が、システムのリスクを管理し外的な脅威を回避するのに十分かどうかである。変化が十分でなければ、新秩序が出現する前に荒廃が広がり尽くすことになるだろう。

参考文献

Hart, K. "Informal Income Opportunities and Urban Employment in Ghana", *Journal of Modern African Studies*, Vol.11. No.1, 1973.

Lewis, W. A. "Economic Development with Unlimited Supplies of Lobour", *Manchester School of Economic and Social Studies*, Vol.23, No.2, 1954.

終章

目を覚ませ

Immanuel Wallerstein
イマニュエル・ウォーラーステイン
Randall Collins
ランドル・コリンズ
Michael Mann
マイケル・マン
Georgi Derluguian
ゲオルギ・デルルギアン
Craig Calhoun
クレイグ・カルフーン

私たち執筆者の意見は一致に達しただろうか、それとも不一致のままだろうか。私たちは、知的・政治的環境を含む現在の世界状況についての評価を共有している。また、現在の世界状況のなかに、死角、つまり、将来において取り返しのつかない失敗の危険があることを確認している。このような同意は、私たち執筆者の結論的な主張を構成する主要なものである。といっても、世界とその将来の見通しを分析するそれぞれの仕方に理論的相違があることを隠しているわけではない。この本を書くために私たちが集まったのは、共通点と相違点を確認することで概観的なビジョンと生産的論争を提供できるかもしれない、という希望があったからである。この著書が多くの読者の関心を集めるのに成功するなら状況を改善することができるだろう、と私たちは期待している。

何十年も続くと思われる波乱に満ちた暗い時代に世界が入ったということにおいては、執筆者たちの意見は一致している。大きな歴史的構造は、取り代えるのにも解きほぐすのにも時間がかかるが、最近の景気大後退は、世界の見通しについてより深く考察することを要請している。中心的な問題は、アメリカの経済的支配と地政学的覇権が継続する見通しでもなければ、世界のそのような支配が次の支配に移行するということでも、大きな構造転換が起きるかもしれないということでもない。執筆者たちの予測はいくつかの点で異なるけれども、それぞれの社会学的ビジョンにはかなりの共通性がある。というのも、私たちはみな、マクロ的歴史社会学の分野で蓄積された学問――大まかに言えば、社会的力と社会紛争の構造を明らかにしようとするマルクス的・ヴェーバー的伝統を継承する、過去と現在の比較研究――に基づいて議論しているからである。因果関係のさまざまな次元に敏感な私たちは、資本主義や国家政治、軍事的地政学、イデオロギーが作用する仕方の多様な特徴について同意しているが、意見の違いは、主に因果関係の多様な次元が交差するところで生じる。特定の動態的セクターが、原因となる他の領域を圧倒するほどに強力になるのか、それとも、複数の原因を有する世界が予想されないことを絶えず生み出すのか、また、包括的な視点は、原因となるあらゆる次元を大きな歴史的パターンに集約する高秩序のシステムの役割を果たしうるのか、といったことについては、それぞれ意見が異っている。

この終章では、第一に、現在のグローバリゼーションの起源とそのありうるべき未来を描写するマクロ社会学的方法の要点を述べる。後半部分では、ほとんど行き詰まった現状にある社会科学と、近い将来により有効になっていくその可能性について述べる。換言すれば、ここで描こうとしているのは、世界のもっと現実的な描写であり、それについて議論する方法として執筆者たちが考えていることである。

現在はいかに形成されたか

現在の西欧の景気大後退は、ほぼ四〇年前の一九七〇年代の危機に始まる中期的な歴史的段階の終わりを画するものである。新自由主義、ポスト産業主義、ポストフォーディズム、ポスト冷戦、ポスト近代、ポスト消費主義といった呼称が氾濫していることからも分かるように、ここ数十年の時期は混乱している。一九八〇年代の末以来、グローバリゼーションが現在の世界状況を表現するのに最もよく使われるようになったが、これらすべての呼称には問題があるように思われる。グローバリゼーションは、一九七〇年代の危機の地理経済的帰結とそれに続く生産過程の世界的配置の移動、あるいは、単純にアウトソーシングと呼ばれるようになったものの大きな歴史的原因として提示されている。だが、このような呼称にはジレンマがあり、それは、資本主義の長期的な歴史的軌道の現在の段階が一貫性や真の新しさを欠いていることと関連している。ランドル・コリンズが主張するように、インターネットの出現でさえ、人間労働と暮らしにとって代わる機械という古いジレンマを復活させた。一九七〇年代から二〇〇〇年代の時期にとっての主要な状態は、何らかの新しい構造的諸力が出現することではなく、むしろそれまでの諸力が衰退することであった。私たちは何よりもまず、旧左翼の三つの潮流——中核的な西欧諸国から成る「第一世界」の社会民主主義と自由主義的改革主義、「第二世界」において急速な工業発展を推進した共産主義者の革命的独裁、第三世界における民族主義的な民衆運動——がすべて枯渇ないし消滅してしまったことについて考えているのである。

旧左翼の過去の勝利は、二〇世紀の地政学的な大変動から直接生まれた。それは、進歩という抽象的な前進や階級意識そのものの向上からではなく、白人や非白人、男女すべての人びとに機会を与えた世界戦争や銃後の動員の悲惨な経験から生じたのである。本書のなかでイマニュエル・ウォーラーステインとマイケル・マンは、資本主義の内部におけるこの転換の概要について彼ら独自の方法で描いている。一方、ゲオルギ・デルルギアンは、共産主義国家の出現を可能にしたものと、共産主義国家の多様な結果を生み出したプロセスや諸力について詳しく説明している。二つの世界戦争は、近代国家の大規模で侵略的な長期的傾向を著しく高めた。一九一七年以降、多くの国で左翼勢力が突然、戦時国家機構を掌握する立場に置かれ、工業の発展と社会的再分配のために国家機構の能力を再編成することになった。一九三〇年代に勃発した大恐慌は、まだ残っていた貴族主義的君主制や寡頭的な自由主義体制、およびその一九世紀型の植民地帝国を徹底的に失墜させ破産させることによって、左翼勢力に――ファシストにも――政治的機会の道を開いた。そして、一九四五年以後の冷戦は、この新時代の転換による結果を数十年にわたって安定させた。冷戦（実際には多数の停戦と暗黙の外交的理解［紳士協定］からなる「冷たい平和」という、もう一つの呼称がある）は、西側の民主主義国に国内の改良主義的妥協と福祉国家を制度化させ、長らく西欧に出没した革命の亡霊を抑制した。また冷戦は、ソヴィエト陣営との平和共存を保障することで、戦争という古い西欧の亡霊をも抑えた。冷戦の世界秩序は、国際的政治保護と旧植民地への経済援助を拡大することによって、植民地住民の反白人暴動という亡霊を、全世界の近代化という楽観的で協力的な期待へと誘導した。それは、戦時中の数十年にわたる苦難と犠牲を気前よく清算する良き時代であった。

良き時代は、一九七〇年代に突然崩壊した。クレイグ・カルフーンが想起させるように、もう一つの政治的移行の連鎖は、再起した右派から始まったのではない。むしろそれは、公の偽善や硬直化した官僚主義のないもっと良い時代を要求することで冷戦時代の妥協に対する異議を最初に唱えた、若いニューレフトから始まったのであった。実際、現代のどの地域の既成体制——西側諸国、東側諸国、南の諸国——においても、偽善によって隠蔽された官僚主義的病状と専制主義の徴候が多く見られる。しかし、重要なのは、一九七〇年代までの嫌悪されたそれらの既成体制が、近代化に始まるさまざまな政治体制よりも後の段階——以前の英雄的時代にとって代わった社会改良主義的体制、反植民地体制、革命的体制——を象徴していたことである。大声で宣言されたイデオロギー上の相違にもかかわらず、諸国家の戦中世代は共通して、大きな政府・大きな労働組合・大企業という三本柱とアメリカ人が呼ぶもの、あるいは、ソヴィエトにおいてそれらに匹敵する産業省と各民族共和国に依存していた。これらすべての政治的・経済的構造は、近代的教育や住宅、健康および福祉サービスを大量に提供することから、また、終身的産業雇用や官僚主義的・軍事的・専門職的階層制における心地のいい中産階級の職業を大量に保護することから、その権力と正統性を引き出していた。

さまざまな国で、力のない社会集団や人びとがこの官僚主義的に組織された繁栄から排除されたと感じていたことは確かである。彼らは典型的には、発達した諸国においては人種、宗教、移民、ジェンダーに関わるマイノリティ集団、ソヴィエトの諸共和国では非ロシア系住民や最下層の労働者、第三世界ではスプロール化するスラム街に到着したばかりの大量の農村出身者であるが、そのように周辺化された集団が政治的発言をすることは稀である。しかし、一九六〇年代に精力的な学生活動家や異議を唱える知識階層が出現すると共に、このような事態は変化することになる。彼らは、「システム」に反抗するイデオロギーや唱えやすいスローガンを含む、組織化のテクニックを向上させたのだった。

ニューレフトの反システム運動は、多くの要因の複合的状況で生み出された潜在的な社会的緊張——産業不況、人口学的移動、都市近郊の社会地理学的変化、抑圧された民族的記憶、ニュータウンや産業や国家の近代主義的計画者によって周辺化されていた宗派的な情熱、あるいは地域エリートの派閥主義さえ——をうまく活用できた（しばしば十分にそれを認識することなく）あらゆるところで、牽引力を獲得した。革命の歴史的パターンは根本的に変化した。これらの反権威主義的反乱は拡散的で非暴力的戦術を好み、官僚主義的画一化からの大きな自律と、きわめて多様な多数の身分集団が求める承認要求を運動の軸にした。このような要求は今ではアイデンティティ・ポリティクスと呼ばれているが、これは、社会闘争の基礎としてのマルクス的な経済的階級のカテゴリーから離脱したことを意味している。一九六〇年代の共通点のないさまざまな抗議運動に外観的な共通目的を与えたのは、しばしば温情主義的で家父長的な大親分に仕切られた官僚主義的な既成体制が広範に存在していたことである。このような状況はしばらくの間、公的空間や衆目を集める大きな規模で演じられた、「われわれ 対 奴ら」という鋭く両極化された対立をもたらした。西側における一九六八年の出来事や、イランでの一九七八〜一九七九年のシャーパーレビー国王に対する巨大な抗議デモ、ポーランドにおける一九八〇年のストライキ、ソヴィエト陣営の全体にわたる一九八九年の決起集会、あるいは最近では、二〇一一年にエジプトで起きた独裁者批判の暴動などが想起される。

これら熱狂的な出来事の参加者や解説者、同調する研究者たちは、すべてのエネルギーと希望が見出されるような論争的側面に大きく焦点を当てた。他方、暴動に対する反乱者の側からの同時代の分析は、一般に、追いつめられた支配者がしていたことも実際にはしていないことも無視したり当然のこととして考えたりした。大多数の実例では、官僚主義的な既成の体制が、全面的に暴力的な鎮圧をなぜか発動したがらなかったように見えるが、このことはきわめて異例だったと思われる。というのも、「資本主義の豚」(カネ儲けだけが目的の産業界の大物)と「共産主義の政治局員」が、規則に従わない一般市民に対して、両大戦間の全体主義的な数十年間に行使したやり方で圧倒的暴力を発動できる手段と人員を持っていたことは確かだったからである。しかし、一九六八年直後の激動期には一般的法則の例外がまだ多く見られた。スペイン、ギリシャ、トルコで続いたヨーロッパ・ファシズムやラテンアメリカの独裁政権、南アフリカのアパルトヘイト、アラブ諸国におけるクーデターと非常事態、共産主義的および反共産主義的な信条を持つ東アジア諸国――軍事支配下にある毛沢東の中国や韓国のような諸国――における国内暴力といった、短い逆行を忘れてはならない。学生主導の運動に対して国家的テロを発動する直接的理由は国内的なものであり、それぞれの場合に応じて異なる。一般に鎮圧は、国家がもともと比較的弱く、新しく樹立された周辺的な世界地域や半周辺的諸国においてしばしば生じたのだった。

抗議に対する国家の反応のこのような対照的態度は、重要な理論を示唆する。西側とソヴィエト陣営――ラテンアメリカや中東、あるいは東アジアではなく――における政治体制は、一九七〇年代までは確かに完全に官僚主義的だった。西側とソヴィエト陣営の制度や統治要員は二〇世紀の大規模な戦時動員で作られ、冷戦の一時的なバランスによって強化された。それらの諸国の年配の人たちは、ヨーロッパの両大戦期間に起きたファシスト民兵組織のことや、スターリン主義のロシアの粛清、あるいは二〇世紀のアメリカにおいて周期的に勃発した人種紛争と労働争議といった暴力的衝突を、まだ集団的に記憶していた。旧左翼の革命的民兵とは反対に、ニューレフトの比較できないほど平和的で市民的な戦術は、国家安全保障組織を暴力対決の標的とすることを否定したのかもしれない。そして、高度に制度化された環境のなかに安住する官僚と政治家は、衝突の顕在化を回避することに通じる慎重な計画を進めたと思われる。このような「ポスト・マキアヴェッリ主義」的な支配者は、その代わりになんとか切り抜ける官僚主義的戦法をとらないように努めていた。このことは、希望の持てる重要な洞察を示唆している。飛躍すれば、近代の官僚主義国家の暴力的行動、および、それを回避するための条件は、より大きな危機と起こりうる革命を予測するに際しての、社会科学にとっての優先事項であるべきだ、と言えるだろう。

一九七〇年代と八〇年代における体制側の混乱と言い逃れの政治は、昨日まで続く修正をもたらした。ニューレフトの運動は燃え上がったが花火と同じようにすぐに燃え尽きてしまい、長期的には相当な損害を生じさせることになった。信用をなくし一時的に方向を見失った支配者は、産業の近代化や完全雇用、福祉国家へのこれまでの積極的な取り組みを撤回し始めた。西側の政治システムには、ポスト工業化やフレキシビリティ、グローバリゼーションの新しい段階を呼び起こしている間は、これらのことを統制された仕方で行うのに十分なだけの強さと資源がずっと存在していた。ソヴィエト陣営では、このプロセスは収拾がつかなくなり、政治的・産業的エリート層にパニックが起こって、国家の崩壊と大規模な略奪が生じた。異議を申し立てたニューレフトは、共産主義が消滅していくなかで割の合わない勝利を得ることになった。しかし、組織された(より正確に言えば、官僚主義的に組織された)力を持つ旧左翼とは違って、この新しい世代の反乱のエネルギーは、地に堕ちた権力を掌握するという課題に適う制度と政策に方向転換させることができなかった。さらに、続いて起こった脱工業化と、高等教育や文化施設、一般的福祉の予算の容赦なき削減は、民衆の信頼ばかりか、この新しい反システム的叛逆の世代にとっての支持基盤をも急速に掘り崩してしまったのだった。

また、右翼からもさまざまな種類の民衆運動が出現し始めた。ニューライトは、落胆したニューレフトから、その戦術の多くと元活動家までをも奪い取った。この右翼への方向転換は、よく知られているシンボルや戦術、繰り返される交渉儀式を用いた階級政治によって支配された長い時代を終わらせることになった。というのも、政治的反動はアイデンティティの旗を掲げたが、アイデンティティの問題は非妥協的で交渉の余地がなくなる傾向があるために、敵意ある激しい攻撃を政治に持ち込むことになったからである。ニューライトは、実践のうえではしばしば融合している二つのアイデンティティの色をまとって現れた。民族愛国的ないし宗教愛国的原理主義と自由主義的市場原理主義がそれである。これら二つの原理主義は、信念――あるいは、それぞれの社会において基本的アイデンティティであると主張されるものすべて――という基本的事柄を軍事的に防衛するよう要求する。注意すべきは、この二つの原理主義がその怒りを国家官僚制に向け、あまりにも世俗的であるという理由で国家官僚制を非難して不当な課税を取り除いたことである。それは私たちに、キリスト教徒やイスラム教徒、ユダヤ教徒、仏教徒、ヒンズー教徒など他の現代の原理主義者に関する重要なことを教えてくれる。そういった猜疑心と恐怖症は、実際には至るところで、中小企業や田舎町の暮らしや家父長的家族の美点への激賞を伴っていたのだった。

左翼はあらゆる領域で崖を転がり落ちるように凋落し、民衆の想像力のなかに、無関心か原理主義的怒りかのどちらかで満たされねばならないような空白を残すことになった。大衆政治にお

ける この反転は、西欧の資本主義的エリートの保守主義的分派にチャンスの扉を開いた。実際、新自由主義――これも誤称であるが――が、結局のところすべての人は利潤を追求し自由に処分するのに必要だと見なされることなら何でもして利益を得るだろうという、現代の資本家の古いイデオロギー的信仰から生まれることになった。世界の進歩、人間本性の法則と言われているもの、最高の合理性は、この信仰に対する一九世紀の知的支援にすぎない。新自由主義運動の原理主義的な性格は、まったく規制のない市場以外のものを資本主義としてはけっして認めない、ということに現れている。それは、宗教上の原理主義がそれ自身の急進的タイプの信仰しか真の宗教として認めないことと同じである。しかし、歴史が示すように、自由市場の理想型はいかなる経験的状況においても見られない。それはイデオロギー的な幻想なのであり、私たちは、フェルナンド・ブローデルとヨーゼフ・シュンペーターの資本主義観に従って、持続的な利潤はつねにある程度の国家保護と市場独占を必要とする、と主張する。実際、覇権的独占は、二一世紀への変わり目においてアメリカの力と金融の復活を推進した。当時、マイケル・マンとイマニュエル・ウォーラーステインは、アメリカ世界帝国のためのプロジェクトに公然と反対し、その実行可能性を疑問視する分析的な議論を展開した[★1]。現在では、これらの予測がどれだけ現実と一致したのか確認するに十分な、厳然とした証拠がある。

今終わろうとしている四〇年間は、おおざっぱに二つの時期に等分される。一九七〇年代と八〇年代の二〇年間は、国家主導の国民的開発主義の経済・政治構造を伴う、二〇世紀の左翼的プロジェクトの危機と崩壊によって特徴づけられる。金融危機に見舞われた一九八九年と二〇〇八年の象徴的な日付で区切られた次の二〇年間の間に、アメリカの権力は、冷戦の対外的圧力と国内の社会的妥協の制約から自由になった。新保守主義的な解説書がブームのように企画されているが、これらは、資本主義の正常な復帰への強固な信念を宣伝する一方で、新たな終わりなきグローバリゼーションの時代としてその復帰を説明している。こういった一九八九年以降の勝ち誇った態度は、事実上、一九一四年以前(しばしば保守的であったけれども次第に強くなる国家によって形成された一九五〇年代とは異なる)に経験された類の正常な状態を指し示すものである。生まれたばかりの左翼運動と征服された非西欧諸民族の時代に戻るなら、資本家は、各国政府の要求や社会政策への考慮に拘束されることなく、自分たちの目標を存分に追求できるのだ。しかも、資本家はそのとき初めて、新しい輸送技術で統一され、植民地支配の軍事的・政治的構造によって保障された、真にグローバルな領域においてそうすることができるのだ。

二一世紀のグローバリゼーションの展望は、その支持者にとっては輝きのあるものにすら見えた。アメリカの覇権は今や、一九一四年にそれまでのグローバリゼーションを終わらせた帝国主義間対立をしっかり抑制し、世界経済の中核から周辺の費用の低い「新興」地域に労働集約的生産をアウトソーシングしているが、そのことは、国内の労働規制と環境保護規制を破壊して、各国政府とその一般市民に「グローバルに競争的である」よう圧力をかけることになる。政府規制の撤廃は、指導的資本家集団がグローバル金融のきわめて複雑なゲームから超過利潤を引き出すのに専念することを可能にする。一九世紀の自由主義への逆説的な復帰のなかで、それまで閉ざされていた諸国の民衆革命さえもが、資本主義の強敵からその民主的な推進者へと転換した。資本家に従順な民主化は、現代のグローバルな宣教師の役割を熱狂的に引き受ける多数のNGO〔非政府組織〕によって促進された。グローバリゼーションの新時代には、負債の強力な制度や、アメリカ軍事基地のグローバルネットワークによる間接的な支配、国際的宣伝、グローバル・マスメディア、アメリカの大学で経営学や行政学の威信ある卒業証書を得た周辺部の若いエリートたちに植え付けられた規範の共有、といったソフトパワーが、政治的・金融的扱いが難しかった過去の植民地主義にとって代わられた。この新しい規律訓練制度〔フーコの概念〕のリストには、タックス・ヘイブン〔租税回避地〕として機能するマイクロ管轄権を有する、世界各地に存在する群島を通じたマネーロンダリングの非合法な機会が付け加えられるべきだろう。少数の残存する不従順で非妥協的な「ならずもの国家」は悪の枢軸として追放されて、極悪な他者としてのイデオロギー的機能を首尾よく果たしたのだった。

これらのよく知られている企みは、二〇世紀を通じて根本的に変化した世界システムの構造的現実と衝突した。一九一四年以前の帝国的な正常状態に戻ることはありえず、現代の前例のない唯一の超大国への軍事力の集中をもってしても、その地政学的目標を実現することはできなかった。現在、過去の帝国の残虐な強制的行為は失敗する運命にある。イラクのアブグレイブ刑務所のアメリカ人の看守が、ゲシュタポ〔ナチスの秘密国家警察〕やサダム・フセイン自身が行った拷問の方法を実施することは、おそらくないだろう。にもかかわらず、これらの恥ずべきイメージは、それが公にされると、中東地域に民族主義者の怒りの嵐を、そして欧米に嫌悪感を生み出した。このようなエピソードは、一九六八年以後の西欧社会における軍隊死傷者に対する反感と共に、暴力の使用への政治的制約をつくり出した。ここで注意すべきは、高度軍事技術の時代には、膨張し過ぎた軍事力の物的費用そのものが低下せず、増加さえしたことである。実際、アメリカの外交政策キャンペーンはあまりにも費用がかかるものになって、政治的に勝利を得ることが不可能になった。

イマニュエル・ウォーラーステインは、アメリカの覇権に対するさまざまな制約と新保守主義的グローバリゼーションについて明らかにした。減税と政府支出の縮小といういつもの美辞麗句にもかかわらず、実際の課税水準は、おおざっぱにはほとんどすべてのところで同じような歴史的高水準を維持していた。にもかかわらず、財政危機や公的雇用の削減、年金の減額、嘆かわしいほど予算の足りない教育と社会的サービスの問題は未解決のままである。いったいどうなっているのだろう。このパラドクスの背後には、公的かどうかにかかわらず、国家の経路を通じた剰余の継続的再分配の現実が見られる。今や再分配は、圧倒的に富裕層の方に、つまり、より強い国家に住む国民、とりわけ政治的・金融的意思決定をするエリートに向かって流れているのである。実際、その結果、現代のオリガーキー〔新興財閥〕になった人びとに膨大な富が蓄積されることになった。彼らがどのように富を蓄積したのか理解するのは、きわめて簡単である。〔産業発展や雇用の政策を含む広義の）社会的再分配の削減は、巨大な国家機構を通じてまだ流れている通貨を取り除きそれを金融オリガーキーに回したのであるが、これは、大きすぎて潰すわけにはいかない企業にまで拡大された、恥ずべき政府による資金援助という形態をとった。だが、注意すべきは、最近の二、三〇年間に、国家や個々の家族の予算不足をカバーするための債務が際限なく生み出されてきたことである。

ここで困難が生じる。政府や家族が多額な負債を抱えなければならないということは、不正なやり方（確かに貪欲と債務隷属を引き起こす）ではあるが、確かに資本主義にとって決定的に重要である。もっと遠い過去においては、資本主義は、上流階級の途方もない消費や国家によって引き起こされる費用のかかる戦争に向けた、エリート運営であった。しかし、二〇世紀になると資本主義は、大規模な市場需要と政治的正統性を確保するために大衆の大量消費に依存するようになった。さらに、民衆の政治参加と国家依存という二〇世紀の経験は、破壊的な反発を起こさずに人間の悲惨さが進む可能性に制限を加えるものであるが、これは、近代社会の国家機能が増加する歴史的傾向における「ラチェット（歯止め）効果」と呼ばれている。

民主化は、過去の二世紀にわたって動かし難い傾向ではなかったけれども現実であり、現存秩序にきわめて忠誠な人びとを含む大多数の国民が自分たちの人生に三つのことを期待するようになったことを意味する。その第一は長期の教育、第二は安定した適度な報酬のある雇用、そして第三は老齢年金である。この期待リストに住宅を加えることもできるが、住宅供給のためには費用がかかる。最近の数〇年間における広範な住宅の民営化は、個々の住宅所有者に財政負担を移転させる一方で、彼らをその費用に応じて投資する小さな資本家に転換させた。しかし、当然のことながら、このような移転は抵当権のバブルをもたらして、若い世代が住宅所有者になる見込みを否定することになった。多くの国の住宅市場が二〇〇八年に崩壊すると、この矛盾は受け入れ難いものになった。

他方、国家の側は、労働者や協力的な納税者、愛国的な軍隊入隊者など、技能があってほどよく健康的である市民を必要とするが、このような歴史的傾向は、やがて不可避的に私的利潤に圧力をかけるようになる。西欧の資本家は、彼ら自身が反乱することによってこの圧力に対応した。こうして更新された市場保守主義は、西側の資本家の反乱のイデオロギー的なプラットフォームになり、市場グローバリゼーションがその主要な戦略になった。ニューライトの政治的・経済的イデオロギーは、資本家が規制緩和や政府の緊縮政策を通じて自由に取り引きでき、一九七〇年代に始まり実際にはまだ弱まっていない経済的大変動に自ら選択した手段で対処することを要求した。グローバリゼーションは何よりも、国民国家という規制された領域を超える大量の資本の脱出を意味した。大多数の政府には、資本の脱出と課税収入への圧力に対して三つの不愉快な選択が残されているだけだった。通貨の増刷、負債の増大、直接的な警察暴力と緩やかな経済的緊縮政策による抑圧の拡大、がそれである。これらのいずれの選択にも、固有のジレンマが伴っていた。貧民や周辺化された者や叛逆する者を抑圧するとしても、抑圧に道徳的に同意する人びと、とりわけ実際にそれを行う人びとの忠誠を維持するには多額の資金が必要であった。だが、政府の財政収入の多くがすでにオリガーキーの利害に委ねられている現状のなかで、政府はどこで資金を調達すればいいのだろうか。

これは、ここ数十年の主要な政治的・経済的パラメータであるが、いずれにせよ、同じようなジレンマは短期から中期にわたって悪化していくしかない。資本主義拡大の自己限定というウォーラーステインの理論は、地政学的拡大の今日の限界というマンの議論と歩調を合わせている。組織された有効な対抗相手がいないとき、金融資産の一極への蓄積は途方もない割合に到達しうる。しかし、アメリカの軍事的独占がその帝国主義的目標を達成するためにそのあらゆる潜在力を、当然のことながらどこにおいても利用できるわけではなかったように、金融の独占もある時点で衰退するしかない。名目貨幣の蓄積額は生産的に利用できないので虚構である、ということが明らかになった。

この大まかな描写は、主に西側と以前のソヴィエト陣営に関わるものである。世界の残りの地域を入れて描いても、実質的な変化はないと思われる。もちろん、中国の奇跡は今、大きな位置を占めている。だが、東アジアの見込みについて経済発展の専門家がおおむね否定的であった時代を私たちは知っている。当時の専門家にとって、希望の星はむしろ、西欧モデルの制度や近代的インフラ、大きな国内市場、教育ある技術者と中産階級を備えたフィリピンとか皇帝統治下のイラン、もしくはナイジェリアやセネガルであった。これに反して、韓国や台湾という「要塞化している軍事国家」、あるいは「自由貿易港の植民地の遺物」であるシンガポールや香港は、国家主権や中産階級、自然資源、近代教育などのほとんどすべてを欠いているように思われていた。当時の専門家には、東アジア諸国は、過剰人口や極貧の難民、慢性的な縁故主義と汚職、その他のいわゆる不動のアジア的伝統によって押し潰されているように見えた。そして、気の狂った毛沢東主義の実験と熱狂的なゲリラ戦幹部を抱える共産主義中国は、完全に問題にされていなかった。それは、現在の北朝鮮とまったく同じ状態であったが、皮肉なことに、後日になると同じ要因が、東アジアが成功したことの標準的説明――豊富な安い労働、輸出機会を求める狭い国内市場、石油のような「呪われた資源」が偶然なかったこと、さらに、規律や重労働、支援ネットワーク、権威への従順といったアジア的価値観――として挙げられるようになった。これらの体制の権威主義までもが、どういうわけか、縁故主義的で汚職にまみれているというよりも安定性や適応性があって先見の明がある、とさえ見なされるようになったのである。

ランドル・コリンズは彼の以前の研究において、仏教徒の修道生活の組織的経済から生じる、東アジア資本主義の土着の中世的起源について指摘した[★2]。今では確実に証明されているように、東アジアは一〇〇〇年以上にわたって固有の世界地域あるいは世界システムであり、時代のもっとも包括的で動態的な市場を誇ってきた。そして、東アジアの伝統の技術や資産、社会的ネットワークは、二〇世紀になると、しばしば暴力を伴う種々の偶発的な道を通じて再び浮上した。その一環としての一連の開発主義的独裁を育んだのは、一九四五年以前の日本帝国主義の膨張と、その後の共産主義を抑制するアメリカの戦争であった。ゲオルギ・デルルギアンが明らかにしているように、この輸出主導の資本主義的動態に大陸中国が最後に合流したが、それは本質的には、国際的・国内的な政治的出来事——これらのタイプの出来事は構造的に準備されていた——の絡み合いによって引き起こされたのであった。

自由市場イデオロギーの信奉者は、企業家精神の爆発的発展を呼び起こすような拘束されない市場の成功例として最近の東アジアの経験を取り上げようとしているが、このような主張には歴史的分析と経験的証拠が欠如している。東アジアは長い間、規制された協調主義的国家の最も重要な実例であった。新自由主義的な規制緩和政策が東アジアの再浮上と何らかの関係があるとすれば、それは、西側から多くの生産的活動を流出させ、それをより低賃金の地域に移転させることを通じてである。しかし、このことは、新しい投資先で労働が規制されていないことを意味するわけではない。最初のうちは低賃金長時間労働を喜んで受け入れる、多くの貧しい住民が住む多数の国があるが、労働が作業に用いられるには、まずそれを組織し訓練しなければならないし、現地エリートの野望や貪欲も同じように組織され訓練されねばならない。このようなところでは、公的国家機関の一貫性と、受け入れられた慣行やネットワークを通じて社会領域を規制するそれほど公式ではない社会的基盤能力が、決定的な差異を生み出しうる。汚職事件は、協調主義的国家の契約の中心的要素を暴露する。そのような国家形態における産業界からのキックバックは高級官僚の主要な報酬を形成するのであるが、かつてのニューヨークの政治家であるジョージ・ワシントン・プランケットの有名な言葉に見られるように、贈り物には「正直な贈り物と不誠実な贈り物」がある。この場合、国家の能力は主に、階層制への忠誠と「正直な贈り物」をめぐる温情主義的分かち合いを含むパフォーマンスの手腕に基づいて役人を選択することに依存しており、そのような国家の能力が、魅力的だと資本家が惹きつけられるタイプの制度的環境を提供するのである。

東アジア史の文化的経済的遺産は、たとえいかに特殊的だとしても、まったく東アジアだけのものであったというわけではない。資本のグローバルな流れは新しい生産拠点を求めて移動し続けるので、もっと奇跡的な経済的復活を予測することもできる。すでにインドやトルコは、アジアの過去の経済地理学がけっして中国に限定されたものでないことを思い起こさせる。また今や、ブラジルに主導されたラテンアメリカの左派的展開から、見込みあるさまざまな部門が生まれている。市民的、社会主義的、民族主義的、あるいは現地の民衆的な運動のイデオロギー的レトリックや戦術がどのようなものであろうと、それらは事実上、外国従属に基づく寡占的な軍事的派閥主義というラテンアメリカの伝統的政治を解体している。大陸全体に広がるきわめて対立的で不均等なプロセスは、そのあらゆる矛盾にもかかわらず、純粋に国民的な国家を構築しつつある。社会運動の指導者が国家権力を掌握するのは、地方の有力者の地域的権力を、麻薬カルテルを含む準軍事的な力と共に抑えることで影響力を拡大できる時だけである。これを達成するための一つの方法は、軍と警察に対して民主的な文民統制を課すことである。そして、新しい民主主義を確立するのに関連するもう一つの方法は、中央から資金援助された、人権や社会福祉、土地保有、職を保護する制度に一般市民を参加させるというやり方であるが、これはおそらく社会主義とは言えないだろう。それはむしろ、資本主義の新しい、明らかにより良い変種である。二一世紀においてラテンアメリカは、以前の西欧の型に類似した社会民主主義的で協調主義的な国家転換にようやく追いつき、さらに工業発展の新しい波の軌道を定礎することができたのであった。

西側諸国、日本、旧ソヴィエト陣営における長期的な景気後退は、事態がもっと悪くならない限り、以前の第三世界地域の工業的上昇をさらに押し上げることになるだろう。周辺および半周辺的な諸国は、過去において、中核の混乱からしばしば利益を得てきた。というのも、中核のそのような危機は、先進技術の輸入費用を引き下げて世界市場に対する政治的支配を緩め、安い労働コストを利用できる生産者に収益性の高い分野を開いていくことになるからである。一九三〇年代と一九四〇年代に、ヨーロッパ大陸の周辺地域に沿って、またラテンアメリカにおいて一連の輸入代替工業化が離陸したのは、偶然ではなかったのである。一九七〇年代以後の東アジアの輸出志向工業化は、脱工業化しつつある中核からのアウトソーシングによって育成された。そして、輸出市場と旧ソヴィエト共和国からの資源流出が、中国やとくにトルコの経済発展において重要な役割を演じることになったのである。

私たち、執筆者の五人はいずれも、グローバルな不平等の格差の縮小を望ましい現実的展望として考えている。ウォーラーステインによれば、このことは短期的には苦痛を最小化し、中期から長期にかけては世界のより良い転換のための潜在力を最大化することになる。マイケル・マンはここに、継続的な市場バイタリティの主要な源泉や、一九四五年以後のヨーロッパの社会民主主義的復活に倣って形成された、もっと平等で見込みのある資本主義的世界秩序の基礎を見出している。これは良好な展望のように思われるが、私的利潤の基準で評価される資本主義の政治経済と両立しうるものだろうか。ウォーラーステインもコリンズも、「残りの世界の台頭」が資本主義の将来の崩壊についての彼らの仮説と矛盾するとは考えていない。しかし、世界市場やモバイルによって新しい資本家的プレイヤーが増えたり、教育を受けた中産階級がグローバルに競争したりするようになれば、資本主義のジレンマは悪化していくことになるだろう。

これまでのところ、私たちは近い過去から近未来を推定するやり方で見ているにすぎないが、ハイテク資本主義の内部、グローバル世界システム、あるいは地球環境における大きな構造転換は、今後どのようになされていくのだろうか。

システムの限界か、あるいは資本主義の際限のない強化か

マイケル・マンは資本主義の生き残りについて楽観主義的見方を提起しているが、環境危機についてはむしろ悲観的である。「残された諸国の台頭」は、事実上、少なくとも予見しうる将来における資本主義の際限のない新しいフロンティアを開いている。世界の人口構成の変化や、貧

しい諸国の大規模な成長によって著しい影響を受ける世界の政治経済、そして都市へのグローバルな移住は、最終的には安定するだろう。しかしマンは、汎システム的な構造と循環の存在については懐疑的である。彼は、社会的力——イデオロギー的力、経済的力、軍事的力、政治的力——の四つの異質で異なったネットワークの、変化に富む組み合わせを提起する。マンは、彼の診断を原理の問題としては未決定のまま、資本主義は、とりわけより実用的でリベラルな労働政治によって操縦されるならば回復力を維持し続けるだろう、と主張するけれども、そのこと以外については明確な予測を差し控えている。

にもかかわらずマイケル・マンは、マックス・ヴェーバーを継承・発展させた構造化された見方から理論を展開する。マンは、社会的力の四つの鋳型を用いて、主導的な力の諸源泉が相交わるときに出来事が転換期に達することを明らかにする。二〇世紀の初めには、世界戦争が、イデオロギーと政治によって激化した資本主義の危機と組み合わさっていた。二一世紀には、急速な資本主義的成長が、多元的政治の手詰まりや民族的自己中心性と交わりながら環境危機へと向かっている。偶発性の程度という問題はあるが、環境危機は社会的力の四つの源泉の歴史的発展によって定められた構造的傾向の内部で生じる。つまり、予測できない交差を生み出す多様な原因が存在するために、偶発性の度合が違ってくるのである。マンは、資本主義の経済的制度における危機の重要性についてコリンズやウォーラーステインと意見を異にしており、何かをする政治的取り組みが広がらない限り、環境の緊張が破局的状況をもたらすことになるだろう、と強調する。マンにとっての大きな偶発性は、環境の（もっとも広い意味の経済的な）領域と政治の領域との交差で生じるのである。

クレイグ・カルフーンは、資本主義に対する外的な、とりわけ環境的な脅威の中心性についてマンに同意する。執筆者全員と同様にカルフーンは、未来は完全に決定されているのではなく、したがって政治的行動に開かれている、と主張する。だが彼は、内的なシステムリスクはマンが考えるよりも資本主義に挑戦的であり、資本主義が生き延びるためには、資本主義を作動させて促進していく一方で、社会全体の負荷として外部化されている費用と被害を補償するよう社会諸制度が刷新されねばならない、と議論する。また、ウォーラーステインとコリンズの考えでは、問題は、資本主義がこのようにグローバルに拡大する費用にはたして耐えられるのかというところにある。単にあれこれ議論することが大事なのではなく、社会科学者は、資本主義の動態的能力を観察して評価し、グローバルに連関した社会諸構造を通じて利益が広がる政治的メカニズムの盛衰を伴いながらも新しい富の産出によって費用が埋め合わされるのかどうか、といったことを調べなければならないのである。

マンとカルフーンは共に、深刻な環境危機がまもなく到来して、まだ経済的に活力のある資本主義を脅かすことになるだろう、と主張する。それに対してコリンズとウォーラーステインは、環境リスクを長期の問題として理解し、資本主義の危機を差し迫ったものと考えている。コリンズは、環境計画への科学的合意を二一〇〇年頃の大きな危機を指し示すものと見ている。マンは、いくつかの国は深刻な環境破壊のために早くも二〇三〇～二〇五〇年までに生き残ることが脅かされるだろうと主張するが、コリンズとウォーラーステインは、二〇四〇年前後の数十年間に全面的な資本主義の危機が到来することを予想しており、環境の限界が終点を迎える前に資本主義の危機に直面するだろうと述べている。コリンズとウォーラーステインの見解を支持するならば、資本主義の危機に対する社会主義的解決策によって、環境危機を合理的に操縦できるまでに政治構造を変えることができると考えてみたくなるが、資本主義が通常通り続くならそのようなことはありえないだろう。マンはこの点に関して、何らかの大きな資本主義の危機が相当な程度でGDPの水準を引き下げ、それによって環境危機が(地球温暖化がすでに手遅れになるほど進んでいないならば)緩和されることになるだろう、という別の見方をする。彼は、気候変動を生み出す三つの悪者——資本主義のみならず、国民国家、および大量消費をする普通の市民を含む——を指摘し、これら三つの要因を抑制して改革することが危機に対する解決策になるだろう、と主張するのである。危機から、資本主義あるいは社会主義のどちらか(あるいは他の何か)が実行可能な形で出現するとしても、いずれも根本的に新しい形態をとらなければならないだろう。

またマンとカルフーンは、西側の外部における資本主義の動態について強調することが他の三人よりも多い。実際、マンにとっての力点は、資本主義の終わりよりもむしろグローバルな環境危機にある。それゆえ彼にとって、アメリカやヨーロッパの資本主義と地政学的覇権が低下していくにつれ、世界の主導権が他の勝利しつつある東アジアのような地域やＢＲＩＣｓといった現在進んでいる連合へと移行するだろう、ということは議論の対象になりえない。現在、環境科学者たちは、最悪の環境的破局が中国や南アジアやアフリカで始まるだろうと主張しているが、この予想は、西側に対するオルタナティブを準備している世界的主導権が出現しつつあるという見込みに疑問を提起する。マンによれば、環境危機はすべての人を終わりに導いていくのであって、端的に言えば、二つのオルタナティブではなく、三つの危機について考えなければならない。つまり、世界システムとしての資本主義の最終的危機、古い資本主義的覇権国の衰退と新しい覇権国による交代、地球規模の環境的衝撃がそれであり、それらから生じる転換を描いていく必要があるのだ。コリンズとウォーラーステインは、それらのうちの第一の危機について、マンは第三の危機について議論しているのである。

イマニュエル・ウォーラーステインとランドル・コリンズは、異なってはいるが相互に比較可能な方法で将来について考える。彼らは、資本主義をグローバルなシステムとして、あるいは、経済的な食物連鎖と市場連関の階層的生態学とでも言いうるようなものとして考えている。資本主義には、すべての複雑なシステムと同じように、関連する諸構造や動態的趨勢があり、それゆえ、その最終的な限界があるはずである。たとえシステムの限界が新しい地勢や生産技術のおかげで延長されるとしても、完全に限界を破棄することはできない。また、資本主義の後に来る世界の制度やパラメータについて、今いちいち明記することなど誰もできない。クレイグ・カルフーンは、このような世界的過渡期においては、いかに多くのものが対立する政治的選択に依存するのかということを想起させることで議論に加わる。しかし、コリンズとウォーラーステインは、資本主義がその限界に接近しつつあると主張し、世界的な移行期に入るだろうという大きな予測をする。彼らは共に、予想される移行期に向かってどのような構造的プロセスが進展していくのかを明瞭に説明し、批判的検討や経験的な検証可能性に向けて彼らの仮説を開いている。ゲオルギ・デルルギアンは、コリンズやウォーラーステインの過去の予測のなかで的中したものと的中しなかったものとの理論的・経験的な検証として、ソヴィエトの例を説明する。彼によれば、ソヴィエト陣営の軌跡は、大きなシステムの単位がどのようにしてそれ自体の成功の限界に達し、構造的圧力とまったく偶発的な要因との結合によって消滅するに至ったのか、ということを示している。

マンの予測（あるいは未来の見積り）とコリンズやウォーラーステインの予測との違いは、進化論的人類学者が開発した人間社会の動態的発展モデルの二つの側面に照応している。専門用語で言えば、それは、人類生態学の「人口支持力」（各生態系、具体的にはその土地に居住できる人口の限界）と「生物生産力の上昇」との対立である。このモデルによれば、これまで存在した人間社会すべてには、結局のところ、彼らの環境または環境の人口支持力を枯渇させてしまう傾向があった。これらの限界から生じる危機にはまったく異なる三つの可能性が残されているが、その第一は、単純な死である。長期の歴史にわたって繰り返された破局は、飢饉や伝染病、集団虐殺をもたらす戦争行為などを通じた、人間集団の部分的あるいは全面的な絶滅であった。それは、食物によって扶養される人間の数をマルサス主義的に人口調節するという悲劇的循環である。人口減少の局面は、再び環境が人口支持力の限界に達して次の困難な時期の局面を引き起こすまで、変わることのない基礎上で生産活動を回復するための条件を創出する。第二の可能性は多様化であり、それは、北極のツンドラや熱帯諸島、草原地帯や砂漠、山岳、森林に至るまで人類が地球の隅々に新しい地理的フロンティアを発見し、適応して移住できるよう、私たちの祖先を導いてきた。そして、第三の可能性は、一般に進歩と呼ばれるもの（すなわち、技術的手段の質的な強化・増大）で、人間が資源からさらに多くのものを獲得できるようにすることである。進歩と言われるこのような破局からの脱出は、人間社会における進化的イノベーションの主要な原動力であった。

複雑な階級社会と最初の国家は、砂漠や山岳に囲まれた河川流域のような、肥沃で離れることができないほどに生産力のある地域で生まれた。「かご効果」というよく知られた表現は、事実上、マイケル・マンの古代帝国や市場や宗教に関する初期の研究で考案された[★3]もので、住み慣れた所から離れられないことを意味している。歴史的には、いくつかの人間集団が、長期にわたって占拠している地域から、剰余の抽出・交換を拡大できるような質的に新しい、より広範で精巧な社会組織形態（すなわち新しい文明）へと送り込まれる。「送り込まれる」という動詞は、多くの人間が進んで奴隷や農奴、貢納支払者になったのではなく、戦士やエリート聖職者から逃亡できず強制によって「檻に入れられた」、ということを意図的に強調するものである。過去における生産技術の強化・増強はけっして単独で行われたのではなく、大きな政治的・イデオロギー的な再編成と共に出現したのであり、そういった転換プロセスには、いつも相当な闘争が伴っていたのであった。

本書においてマイケル・マンは、資本主義には依然として回復力があるという立場をとっている。カルフーンはここで再度マンにほぼ同意しながらも、資本主義が自らを更新するために変化すべき方向を強調し、また、資本主義一般と近年のシステムのリスクを激化させた不均衡な金融資本主義との違いについて強く主張する。マンによれば、資本主義は事実上、生産のイノベーションやグローバリゼーション、消費者市場の拡大などを通じて際限なく自己を強化・増強する能力を有しているのであり、資本主義を終わらせることができるものがあるとすれば、それは、核時代では破局に達してしまう戦争の勃発か、自然環境の地球的危機である。戦争は、資本主義の動態とはほとんど無関係な因果連鎖を通じて生じるので、それゆえ偶発的である(すなわち、資本主義の内的分析の観点からは予測することができない)。主としてこの点が、ウォーラーステインやコリンズによって提起された見解から、マンやカルフーンの立場を区別するものである。だが、環境危機は資本主義発展の一つの帰結であり、政治的・文化的な要因と交錯している。このように資本主義は、交錯する因果連関によって転落することがないとしても、それ自身の墓穴を迂回的に生み出す可能性がある。

ランドル・コリンズとイマニュエル・ウォーラーステインは、資本主義はその構造的限界に近づきつつあると主張する。二人とも、資本主義にはそれ自身の政治経済を拡大し強化する途方もない能力があることを認めている。資本主義は、すべての人口と生産的資源を包摂する、地球全体を包括する最初の真の世界システムを創出してきた。農業と工業の職は一九世紀を通じて機械体系に置き換えられたが、しかし、当時カール・マルクスが予言したように、西側ではこのことが貧困と革命に結果することはなかった。というのも、民間官僚制や政府官僚制の内部における近代的な経営者的・専門的・事務的な職業の発達が、居心地の良い緩衝材としての近代的中産階級を生み出したからである。だが、二一世紀には、これらの空間的・国内的な予備は最終的に使い尽くされてしまうだろう。寡占的過剰蓄積の影響と中産階級の悲惨さに焦点を当てたモデルがさまざまな歴史的時期を通して妥当性を持つならば、資本主義の最終的危機は、実際には、長引く衰退の時期のなかで多様な危機が次々と起こっていく形をとることになるだろう。

しかし、結局のところは、正確に予測できない三つのもの——気候変動、世界的流行病、核戦争——についてマイケル・マンが考えるよう促していることに、私たちの誰もが同意している。それらは、人類全体にとっての危険性という点ではなく、大惨事がいつ到来するのかという点から見て予測できないものなのである。いずれに関しても私たちは広範囲にわたる知識を有しているけれども、大きな不確実性があり、いつ起きるか正確に分からない問題について研究している人びとの間ではさまざまな意見がある。気候変動は、政治的あるいはイデオロギー的理由からそれを認めない人びとを除けば、誰にとっても疑問の余地のない現実であると思われる。また、気候変動の原因となってきたことはみな、減速するどころか実際に加速している。気候変動に対して何がなされるべきかということについて豊かな国と貧しい国との間に政治的違いが存在しており、そのため少なくとも現在、リスクを緩和するような合意が達成できるようには思われない。

地球の生態系はきわめて複雑でその変化が非常に大きいので、どのような種類の再調整がいつ起きるのか、私たちには分からない。明白であるのは、水面が上昇していくことであり、現に膨大な陸地面積が水没の脅威に直面していることである。さらに、すでに世界のさまざまな地域で平均気温が変化しており、今後も変化し続けるだろうこともはっきりしている。その結果、農業生産やエネルギー資源の立地が、他の地域の深刻な損害を埋め合わせるような仕方で別の地域に移動することも生じうる。

同じことは、世界的流行病にも妥当するように見える。多くの病気を鎮圧したと思われる、ここ一〇〇年ほどの世界の医学の途方もない前進は、また同時に、古くからの人類の敵である病原菌が生き残るための新しい道を見つけるに違いない事態をつくり出している。私たちの知識は卓越しているように見えてもトータルに考えれば実は惨めなほど小さい、ということがここで再認識される。私たちは、時間との戦いにおいていかに速く学習し、また、生き残るためにどれほど多くの誤りを捨てて学び直さなければならないのだろうか。

核兵器による人類絶滅という妖怪が浮遊している。冷戦が終焉し、アメリカによる一極支配を強制する傲慢な試みが始まってからは、事実上、核拡散が避けられないものとなった。国家間戦争は差し迫った危険でなくなったどころか、まったくその反対である。核兵器は本質的に防衛的な武器であるので国家間戦争の可能性を拡大させず減少させていく、とされているけれども、予測できないことがいろいろ残っている。非国家的アクターの動機付けは、必ずしも責任ある当局者の動機付けと同じであるとは限らない。核兵器（化学兵器や生物兵器も）を入手し利用したい人がいることは確かであり、それらの兵器を入手したり販売したりできないようにする国家の能力には限界があるので、非国家アクターによるそれらの獲得が助長されることになるかもしれない。ならず者国家の代理人である架空人物のストレンジラブ博士〔一九六四年のアメリカ映画「博士の異常な愛情」に登場する、水爆による核戦争を偏愛するドイツ人博士〕が核兵器を入手する可能性が排除されることはけっしてないのである。

これらの破局的事態がどれも起こらず世界がグローバルな移行期を切り抜ける、ということはまったくありえないわけではないけれども、それは不確かである。多くのことは、どのような新しい政治構造になるか、それがどれだけ早く出現できるか、ということにかかっている。そのような新しい政治構造は、グローバルな大惨事の可能性を減少させるばかりか排除することもできる措置をとるだろう。誤解のないように言えば、これらの破局的事態は自然の大惨事ではない。飢饉や疫病、核によるテロリズムは、明らかに人類への政治的挑戦なのであり、それゆえ、私たちはそれらを予測不可能なものと考えているけれども、政治的選択こそが有効な対抗策を探すことになる。多くの人びとがこれらの危険に対応する主な方法の一つは、過度に保護主義的な外国人嫌いの仕方で内向きに行動することであり、この傾向はすでに世界の至るところで見られる。

しかしながらこのことは、相対的に民主的で平等なシステムを求める人びとがこのような趨勢に対抗する政治戦略の発展に一層努力しなければならない、ということを意味している。

移行期

執筆者全員が同意している一つの大問題は、世界の政治経済の慣れ親しんだ構図が、これから数十年のうちに、まだはっきりしてはいないが重要な仕方で変化せざるをえないだろう、ということである。政治家や社会運動、メディア解説者は、古い型にはまった知識に基づいたままで今後数年の舵を取ろうと試み、当惑している。政府とかつての有力な営利企業は、彼らの権力の手段が弱体化していることや、政治的・イデオロギー的なお得意分野でうまく行っていた動きが役に立たなくなっていること、また、新しい問題がこれからさらに引き起こされるかもしれないことに気づこうとしている。異議を申し立ててきた人は相変わらず腹立たしく感じているだろうが、しかし、誰に抗議すべきか、何を要求すればいいのか、どのように組織するのか、誰と連携していくのか、彼らは確信を持てないだろう。過去の歴史的移行期に関する私たちの理論的知識では不完全な忠告しかできないことが明らかになるだろう。私たちの理論は、将来、相当な訂正と追加が必要になるだろう(しかし、このことこそ、科学的知識の本質であると思われる)。これは部分的には、多くの問題や見通しが今までの人類の歴史において例がないように見えるためである。だが私たちは、大きな歴史的移行期がいくつかの異なる水準で同時に生じることを大まかに知っている。

通常の営利事業は、移行期には不可能になる。アメリカの帝国主義的な覇権は、地政学理論が長らく予言してきたように、明らかに弱体化しつつあり、生産性や金融や、中国およびEUを政治的に従わせようとするアメリカの大きな力は使い尽くされようとしている。だがいちばんの問題は、到来しつつある西側の衰退がどれだけ急なものか、あるいは漸次的なものか、ということである。おそらく最善の希望は、歴史的西側と成長しつつある残りの世界との権力や富の分け前が、交渉に基づいて(あるいは破壊的でない仕方で)平等化されることであろう。

もう一度強調すれば、私たちの合意のいちばんの要点は、未来は細部に至るまであらかじめ決定されていないということである。決まった解答のない開かれた政治闘争は、道筋や集合的目標を選択するうえで決定的な役割を演じるだろうし、また、社会科学はこれからの時代において重要であろう。マクロ歴史理論は破滅的な未来の可能性を警告するが、中期的な可能性は分裂と混乱(すなわち、縮小し、損なわれ、悪化した形で、ただ基本的に同じ道を歩み続けること)である。最近のソヴィエト連邦の運命は、ここでもっとも直近の例として役に立つ。さらにもう一つの不快な可能性として、傷つけられた国民の社会運動に支持された、軍国主義的できわめて侵略的な警察国家に依拠する、ファシストのような独裁がある。残念なことにファシズムは、二〇世紀のファシズムの記録が示しているように、国民の大きな集団が他の大きな集団を抑圧することで利益が得られる実行可能な政治経済を、少なくとも数十年間にわたって生み出すことができる。ドイツにおける極度に危険で誇大妄想的なナチ体制が滅びたのは、国内的な政治転換や革命ではなく、対外戦争によってであった。

だが、この同じ理論は、これから先の混沌とした時代にもっと希望のある道もありうるということを示している。なぜなら、過去において、大きな構造的危機への人間の対応が質的に新しいより包括的な集合的権力を打ち立てる傾向があったとする、理論的に裏付けられた観察から、希望を引き出すことができるからである。この傾向は、結局のところ、安定と繁栄の新たな時期のための道を準備する、周期的な崩壊と人間の発明力の発現(けっしてつねに平和的であったわけではない)を通じて発展してきた。

人類は今や、もう一つのそのような継起的連鎖に直面している。そして、今回のそれは、地球に住む全人類に関係している。私たちの亡き友人であり仲間であったジョヴァンニ・アリギがつねに言っていたように、システムの問題はシステムとしての解決を要請する。彼の分析モデルによれば、歴史的資本主義は、空間の拡大と再構築のいくつかの頂点を伴う軌道を経過してきた[★4]。ヨーロッパの資本家は当初、一六世紀の形成途上の大混乱のなかで自分たちの国民国家――それは、軍隊や海軍、そしてそれらを支える課税機構を保有する――を獲得することによって、彼ら自身と彼らの企業の安全を確保した。もっと分析的に言えば、資本主義は、防衛費用の内部化を通じてその歴史的なブレイクスルーを得たのである。次の波は、生産費用の内部化、あるいは一般に一七八〇年代~一八四〇年代のイギリス主導の産業革命と呼ばれているものに基づく、資本主義の深化ととてつもない植民地的な膨張であった。しかし、その時期はまた、景気循環の影響や革命的・改良的な運動の制度化、一九一四年に資本主義をほとんど消滅させてしまった産業的帝国主義の競争的地政学などから生じる、多様な危機の幕開けでもあった。二〇世紀のアメリカの覇権は、取引費用の内部化というもう一つの複雑な層を加えることによって、これらの危機を抑制するのに役立った。そして、多様な危険に対して資本主義システムを安定させようとする切迫した必要性は、一九四五年以後、現代の政府や経済企業や国際組織の精巧で壮大に作り上げられた巨大な基本構造を決定することになった。

二一世紀に残されている新しい課題は、論理的に言えば社会的・環境的再生産の費用を内部化することであるが、これは、真に地球レベルで達成される必要がある。ここで、通常の政策論争に入るには大きすぎるにように思われる事実について考察しよう。この一万年ほどの間、人類の大多数は村に住んでいたが、村落共同体の発明(繰り返されてきた発明)は集合的な人間の能力の大きな再組織化を画することになり、考古学者が新石器革命と呼ぶもの、つまり農業社会を可能にした。農村生活の様式は、血縁的でない中規模な集団が広範囲にわたって共通の事柄を強固に組織できるようにした。それは、社会的再生産に関わるすべてのこと——分業、資源の伝統的規制、日常生活の緊張と対立、文化と技能の伝達、高度に神秘的なものからありふれた村の踊りに至るまでの、集団的連帯のイデオロギー的(あるいは宇宙論的でさえある)祭式——を引き受ける。要するに村落共同体は、誕生から死までの人間の生活サイクルの、機能的で感情的な側面を組織したのであった。そして、部族的首長支配から都市国家や帝国に至るすべての自己組織的な村落は、後続するあらゆる複雑な諸社会にとって統治の単位として役立ったのであった。

資本主義は当初、まだ農村的世界だったところに侵入した。そして、資本主義の市場と地政学的動態がすぐに村落共同体を解体し始めた。というのも、村民が労働者や入植者や兵士として村の外で必要とされるようになったからである。村民の側も、貧しくて拘束的な農村地域に留まることができないとしばしば感じていた。村落消滅の原因は、近代化や都市化、工業化、農村過剰人口、識字の普及、あるいは帝国主義や軍事革命などにある、と考えられている。実際、それらの影響は、至るところ——最初に西側、次いで日本やソヴィエト陣営、そして今やすべての地域——で同じように、かつて多数の住民を抱えていた地方を枯渇させ、彼らを都市、より一般的にはスラム街へと移動させてしまったのだった。

人間生活の主要な組織化の場所としての農村から都市への移動は逆行できない変化のように思われるが、そのことは、資本主義の危機を解決することがいかに難しいかということを説明する助けになる。資本主義の危機を解決するには、何者かが介入して、規範的秩序や社会的規制、日常の安全、人類の新しい集団における福祉の包括的供給といったことを再び始めなければならない。そのうえ、これらの課題は今や広大な規模にわたっているだけに、村落時代の頃よりも巧みに遂行される必要がある。詳しく言えば、村落は、押しつけがましい監視と、個人の社会的かごを意味する親密な居心地の良さ、そして避難所を提供していた。伝統的な保護慣行や家父長制に埋め込まれた年齢と性による不平等、見知らぬ者や外部者に対する侮辱的で復讐心に燃えた態度は、村落生活の構成要素でもあったのである。

大量の移民や人口学的転換〔経済発展に伴い、多産多死、多産少子、少産少死という三段階で人口が変動すること〕、新しい政治的共同体の創出といった近代史は、途方もない費用とトラウマをもたらした。ヨーロッパの植民者の海外への移住は資源に対する人口比率を改善したが、それには植民地における原住民の排除や奴隷化、徹底的な絶滅という犠牲が伴った。原住民には、銃や、侵略者が持ち込んだ病原菌への免疫性がなく、近代的国民の出現は「国民として認められない」少数者の抑圧と排除をしばしばもたらした。ナショナリズムから、ファシズムの軍国主義的で憎悪に満ちたポピュリズム的傾向への、一九一四年後に起きた根本的な変質は、同じ歴史的ベクトルをホロコースト〔ナチス・ドイツによるユダヤ人大量虐殺〕へとエスカレートさせた。また、さまざまな種類の急進的エスカレーションのなかでもとりわけソヴィエトの農業集団化は、工業化や、生存者の子供の近代的生活を達成させるために、何百万人もの生命を犠牲にした。西側やソヴィエト陣営の旧農民や労働者階級が自分たちの国民国家によって社会保障と繁栄を享受する一員になるのは、一九四五年以後のことにすぎなかったが、それらを享受した人びとは総計で七億人に及んでいる。しかし、政治的意志を別にして、地球の南の七〇億の人びとにまでそれが行きわたるだけの資源があるとは思われない。

グローバリゼーションの熱狂者はグローバル・ヴィレッジ〔インターネットやウェブによって人びとが地球規模で対話できるようになり、地球全体が一つの村のようになる状態〕への移動を歓呼して迎えているが、この楽天的な主張には、真剣な評価が必要である。世界市民主義《コスモポリタニズム》は、その自由主義版と社会主義版を併せ持つ長年のプロジェクトである[★5]。しかしそれは、安定した諸国家から成る世界の補完としてはどこか違っているように思われる。また、グローバリゼーションを方向づける、もっと保守的な別のプロジェクトも存在する。このプロジェクトは、帝国主義的野心やナショナリズム、移民排斥、宗教的原理主義、およびそれらの結合から、そのエネルギーを引き出している。グローバル・ガバナンスの領域や共通の人間的アイデンティティの可能性自体が、未来の政治的意図の焦点になるかもしれないが、その結果を予測するのはまだ早すぎる。世界規模のシステム危機は暴動や恐怖、野蛮な反動の種を蒔くことになるだろうが、それはまた、より民主的な説明責任を果たすことができる、組織的に柔軟で効果的なグローバル・ガバナンスをめざした共同的対応戦略を引き出す可能性にもなる。人類はまだ、その集合的な組織の複雑さと広さのなかで破局的な後戻りを避けることができるのである。二〇世紀の革命運動と社会改良主義運動の経験は、おそらく近年の新保守主義的破壊に抵抗してきたのだろうと思われる。近代国家自体の複雑で矛盾的な制度的構造は今、何か根本的に変化しているようである。社会科学者が実り多い探求をしていくためのもう一つのテーマは、少なくともここにある。

私たちは、「国家」はもちろん「世界国家」を、より良い未来の政治構造と呼ぶことに躊躇している。だが、実際のところ、より良い政治構造がどのようなものなのかはよく分かっていない。ここで、もっと希望の持てる未来の政治の型について二つの意見を述べることにしよう。現存する国際組織がより良い未来の構造のプロトタイプ〔原型〕になるだろうとは、本書の著者たちのほとんど誰も思っていない。国連や欧州連合、国際通貨基金、ダボス会議、G8〔主要国首脳会議〕、G20〔二〇カ国財務相・中央銀行総裁会議〕、およびその他の政府間組織は、資本主義的統合とアメリカの覇権の時代に属しており、これらの制度は現在、政治的操作やテクノクラート的な冷淡さによって、弱められたり信用を落とされたりしている。私たちのなかには、環境危機の唯一の解決策を国家間関係のきわめて強いネットワーク——超国際連合——に求めている者もいるが、この政治的統合が十分に早く達成されることに懐疑的でそのこと自体に疑問を抱く者もいる。しかし、相対的な世界平和と繁栄の一九四五年以後の時期は、そういった政治的統合の諸制度がより長く続きうるような重要な先例になっている。

未来政治の構造や方向の変化は、大きな驚きを与えるに違いない。大多数の人びとにとっては、以前の経験の延長がいちばんもっともらしく見える。国民国家が避けがたく増加してきたことは、実際、近代の時代全体を通じた大きな現実であった。しかし、地球レベルで一見よく知られている諸要因が新たに結びつくと、違った結果がもたらされることになるかもしれない。これは、最新の技術による労働代替についてランドル・コリンズが議論していることである。私たちは誰も、無政府主義をきわめて現実的な戦略であるとは考えていない。それでも、左派であろうと右派であろうと、一九六八年の既成体制打破の精神が無政府主義のもっとも持続的な遺産の一つを明らかにしたことについて認めなければならない。これはおそらく、周辺部にしぶとく生き残る非国家主義的運動に代表された価値と組織的オルタナティブについてもっと真剣に考えるべきだ、ということであろう。現代における国家権力と国民の大転換的な動員は戦争と暴力革命を結びつけてきたが、そのような状況では、無政府主義者あるいは自由主義者の叫びは政治的に有効でありえなかった。しかし、未来が大規模な非軍事的緊急事態になるなら、生物種の絶滅や中産階級の職の喪失が脅威として認識させられることになるだろう。ここで、木を植えるような利他的企画や新しい技術の開発、子どもの教育、高齢者の介護、地球上の生命の維持などのために、国家あるいは国家間同盟が何十億の人びとを組織する課題に向かっていくだろう、と信じさせるものについて、真剣に考察しよう。自己維持的な動態が時代の風潮になっていく可能性がある。ひょっとすると、このことによって、右派と左派で荒れ狂うさまざまな民衆運動相互の敵意を乗り越えるための共通の基盤が開かれるかもしれない。現代のイデオロギーと民衆政治を研究する社会科学のもう一つの移動する前線について、ここで確認することができる。

変革の未来の社会科学

政治的希望は、私たちの理論的ビジョンを曇らせることになるだろうか。答はこうである。希望と仮説との結びつきを反省的に認めることは、とりわけ現代を扱う際の、社会科学の理論的誠実さにとって必要な要素である。社会理論はしばしば、私たち人間の行動の型を識別させるさまざまにカットされたレンズと結びついている。レンズがただ一つの信条を正しいと確認し、それに対立するものを何でも非難するようにカットされているのであれば、そこから生まれるビジョンはきわめてイデオロギー的になる。そのようなレンズは、一般に政治と公的論争によって擦り切れてしまい、目隠しのように機能するようになる。理論は検証できなければならないものであるがゆえに、そのようなレンズとは異なる。また社会科学においては、論争中の問題が実験を構成する。私たちは、社会科学をする唯一の正しい方法を正当化する試みについて疑う限りでは方法論的多元主義者であるが、だからといって完全に相対主義者であるわけではない。さまざまな種類の問題と分析の規模が、探求の技法の選択を研究者に委ねる。実験と統計的係数は、社会科学の思考の道具としては重要な位置を占めるが、その役割が普遍的だということはありえない。訓練された民族学的観察は、一地方に限定された社会環境の研究においてしばしば有益である。しかし、私たちが研究しているマクロ歴史的レベルにおける主な方法は、大きなパズルのなかに散在している点を結びつけるやり方と関連しているように思われる。マクロ歴史理論のもう一つの実験は、事実に逆らうこと、つまり、ある歴史的状況では可能なように見えたが実際にはとられなかった代替的な道をとることである。換言すれば、一つの歴史的状況からもう一つの状況にどのように移行するのか、そして、出来事が転換する構造的可能性の実際の範囲や要因は何なのか、といったことを明らかにする必要があるのだ。それらが明確になれば、執筆者たちが行っているような研究の実験がおそらく首尾よく遂行されることになるだろう。

歴史的社会科学は最初から、対立や移行や変動について扱ってきた。本書の主要な問題は、大きな危機を孕んだ未来がこの先どうなっていくのかということである。歴史的社会科学が対象としている社会的景観は、流動的でしばしば荒れ狂う天気図のようなものである。局所的な出来事については、どの構造が移動または崩壊したのか、特定の立場から生じたどのような人間行動が発生しつつある機会を把えることになったのか、といったことを正確に指摘することで回顧的に説明できるけれども、それらは本質的に偶発的である。出来事を長期的に予測するのは無駄であるとしても、構造的配置の予測には意味がある。天気を例にとって説明しよう。例えば、来年の一月一三日にシカゴに雪が降るだろうと予測するのは無責任である。というのも、これは、偶発的な出来事の「短期的」時間に属することだからである。シカゴに来年の一月に雪が降るだろうという予測はつまらないように見えるだろうが、これは構造の長期的時間に属するものであって、意味がある。しかしながら、シカゴの気候がハリケーンの頻発するフロリダとか凍結したシベリヤのツンドラ地帯と類似したものになるかもしれない数十年先の未来については、どのように考えたらいいのだろうか。

この本に正確な未来のシナリオを探している読者には不満かもしれないが、そのような不満には根拠がない。社会的予測に正確さが欠如しているということは、多くの構造的に利用可能な選択肢に関わる行動の自由に私たちが集団的に直面していることを意味している。正常な時期には、いくらか良い結果といくらか悪い結果との間での政治的選択がある場合でさえ、選択肢がかなり限定されている。しかし、現状の通常のメカニズムが崩壊する危機の時期には選択肢が大きく広がり、そのような時代には、システムを転換する意識的戦略が必要になる。人間は、自分自身で選択する状況でなくても、他の人間と対立したり共同したりして自分たちの未来をつくっていくのであるから、社会科学は、状況がどうなっているのか、出現する可能性は何なのかということについて明らかにしていかなくてはならない。可能性が開かれていてそれが急速に閉じるかもしれない時は、とりわけそうである。

この点から、現代の社会科学が歴史的変化の構造的可能性を意図的に捨象することに、私たちは批判的である。また私たちの非難は、一九八〇年代以来、大学の社会科学を支配してきた二つの異なる潮流——ポストモダニズムと新古典派経済学——にも向けられる。これらの潮流は、一九七〇年代の危機の一〇年後に続く名のない時期をそれぞれの仕方で反映したものである。つまり、左派の運動が衰退し、新保守主義的グローバリゼーションのプロジェクトにおけるアメリカの覇権的野心が再起動した時期を反映しているのである。

人文科学が得意で、一括してポストモダニズムに分類されるさまざまな知的潮流は、あらゆる大きな物語、あるいは彼らが「支配的物語」と呼ぶものに対して極度に懐疑的になり、疑いや皮肉、生きられた体験、信条の脱構築〔既成の仕組みを解体して新たに構築すること〕、文化的実践についての精密な解釈を称賛するようになった。この知的運動は、一九六八年の反抗や、女性やマイノリティの出現に伴う学会の人口構成の変化から直接に生まれた。人間が自分自身についてイメージし自分の社会環境を思い描く仕方に関心を移すことは、それまで語られることも検討されれることもなかった、信念の問題に関する新しい批判的意識を浸透させるのに役立った。しかし、ポストモダニズムの運動は、多くの停滞していた水をかき混ぜたものの、それらを濁ったまま放置してしまった。

他方、社会科学の領域は、新古典派経済学と、他の専門分野におけるその形式主義の讃美者の支配下に置かれることになった。このような状況を支える構造は、かつて占星術の影響下に置かれていた時とそれほど異なっていない。ここで、ジョナサン・スウィフト〔一六六七―一七四五年。イングランド系アイルランド人の作家〕的な健康な風刺で一服する必要があるかもしれない。近代以前の占星術は、今日の経済学と同じように専門的知識として確立され、東西にわたる事実上すべての文明のなかで支配者の耳になることを喜んで引き受けた。それは気前のいい報酬をもたらした。というのも、最高位の人間の不安と心配の領域に携わる占星術の専門家は最高の報酬学を要求したからである。地代を一族で統制する帝国的・封建的な政治構造では、エリートのいちばんの心配事は、王朝の継承や急速に転換する戦争の成り行きと関係していた。それとまったく同じように、資本家の心配事は、不確実な投資の選択や市場の乱高下、彼らの企業活動が時々生み出す民衆の反抗から生じる。占星術も新古典派経済学と同様に、同時代の支配階級の常識に照応するイデオロギー的専門分野として機能したが、全盛期における占星術は、エリートのイデオロギーを単に反映する以上のものであった。最高の状態の占星術は、数世紀に及ぶ蓄積された経験的観察に基づいて高度に数学的に表現された、現代の天文学の基礎となる専門分野であった。しかし、時代の半分しか予測されないことが判明したため、実際には直観や政治的洞察力によって予測が微妙に訂正された。占星術家が成功するには抜け目のないご機嫌取りの振る舞いを修得する必要があったが、ほとんどこれと同じことが、積極的に活動する現代のビジネス・アドバイザーや官庁エコノミストにも当てはまる。

危機とそこから生じる政治的両極化の時代にあっては、経済学者や政治学者は、何か新しいことをする多くの機会を見出すことになるだろう。例えば、市場の資本主義とは異なる組織化についての先駆的研究に、まったく新しい最前線的なものが現れるかもしれない。市場の可能性を捨て去ろうとすることは、二〇世紀の左翼運動の大きな理論的・実践的誤りであった。私たちは、ヨーゼフ・シュンペーターの知的遺産を、大きな敬意を払いながら論じているが、企業家的ダイナミズムの彼の理論の将来の用途は何であろうか。資本主義の危機を超えても未来において企業者の役割を果たすことができるのは、いったい誰であろうか、あるいは何であろうか。より多くの市場の創造性とより少ない破壊に向かって企業者的エネルギーを利用することは可能であろうか。

売買することができない土地、貨幣、人間の生命のような「擬制商品」に関するカール・ポランニーの考えを、私たちは真剣に受け止めている。二一世紀において、「土地」は広く環境を意味し、「貨幣」はグローバル金融を、そして、「人間の生命」は適切で入手可能なヘルスケアや教育、住宅、年金、とりわけ都市の物理的安全などを通しての社会的再生産の費用の国際化を表している。ところで、ポスト資本主義的世界経済は、相異なる原理――広義の公的有用性部門における社会的再生産を優先するのか、それとも消費者用の財・サービス部門における市場的効率を優先するのか――に基づいて運営される諸部門へと構造化されうるのだろうか。さらに、ポスト資本主義的経済システムは、それ自体、静態的ではないと思われる。おそらく未来において、私有財産に基づく市場経済への周期的な逆戻りがある程度起きるだろう。世界はこれからも、経済が資本主義的配置と非資本主義的配置との間を揺れ動くのを経験することになるだろうが、この揺れは管理されなければならないだろう。

市場への嫌悪に劣らないほど政治的に有害なのは、国家の指導的権力への嫌悪である。政治的左翼の崩壊に続き二〇世紀の最後の数十年を通じて復活した新保守主義は、規制緩和とグローバリゼーションを通して国家権力に絶え間なく挑戦した。現代国家は潜在的に非エリート的市民に――民主的選挙や市街蜂起、またその両方を通じて――占拠されていて、市場規制や社会的再分配といった非資本主義的目的のために利用されることがある、というきわめて実際的な理由から、資本家は「大きな政府」を疑うようになった。大きな福祉国家は、一九四五年以後の回復された平和のために、ある程度、許容されなければならなかった。しかし、多くの資本家は一九七〇年代までに、とりわけアメリカで左翼を打ち負かし戦後の妥協を後退させる機会を得て、大胆な行動に出るようになった。今や理論化すべき大きな問題は、危機と不気味に迫っているシステム転換という時代を通しての現代の集合的問題を制御するうえで、現代の官僚主義的国家がどのような役割をするのか、あるいは何の役割もしないのか、ということである。この大問題は、研究課題として残されている多くの副次的問題や実践的論点や理論的パラドクスに分類される。社会科学者は、これらの挑戦に対処するうえで決定的に重要な知的仕事を多く担うことになるだろう。

結論《コーダ》

以上のように、私たち五人の執筆者は、世界が向かっている行き先の範囲を描き出すために集まった。そして、それぞれが、これまでに執筆した多数の著書から未来に関する多くの議論を要約して、再びそれに焦点を当てた。本書は、単一の旋律を五重奏で奏でることを意図しているのではない。複数の異なる旋律を立ち上げてお互いを刺激しながら、それぞれの個人的テーマの意味を追求することを狙うものである。本書には複雑さや警告、不同意が含まれている。私たちは、雷のようにとどろく劇的な音色も避けることはしなかったのである。そのような旋律は、主要なテーマの大きさや重みによっても正当化されるだろう。これからの数十年はけっして平坦な道ではないと思われるが、過去の五〇〇年を視野に入れればそれは驚くことではない。人類の集合的な軌跡は大きな曲がり角にあるとはいえ、必ずしも悪い方向に向かっているのではない。

楽観主義の高まる調べがフィナーレで現れる。大きな危機と転換は、そのシナリオが何であれ、世界が終末に向かっていることを意味するものではない。社会学の蓄積された理解に基づくなら、社会的組織のなかで結合された人間が存在する限り、歴史が終わるだろうことを信じる理由は何もない。幸いにも、世界核戦争や環境崩壊を伴う恐ろしいシナリオは避けることができるように思われる。なぜなら、まさに、集団的な絶滅が今後数十年のうちに起こりうる現実的危険として広く認識されてきたからである。資本主義の終焉はこのような類の破局ではない。現代世界の政治経済の中枢的構造における危機は、決して世界の終わりを意味しない。資本主義の終わりは、究極的には希望が持てる未来像である。しかし、資本主義が終わるということにはそれ固有の危険が伴っている。私たちは、危機に対する反資本主義的オルタナティブを育成しようとする二〇世紀初頭の試みが全体主義的傾向を発展させて官僚主義的惰性に終わったことについて、思い出さなければならない。また、これらの反資本主義的プロジェクトが、世界戦争のなかで構築された国家機構や官庁・軍隊の職員から直接生じたことを、忘れてはならない。これからの数十年のあるべき決定的な政治的ベクトルは、軍国主義を抑制し、民主主義的な人権を地球規模で制度化していくことである。資本主義の政治経済の行き詰まりは、長い間ユートピアとして考えられてきたことが、新しいタイプの政治経済において技術的に実行可能な基礎を見出すことになる歴史的岐路へと、私たちを導いていくだろう。そして、それはまた、生物圏に対する脅威や、この世紀において人類が今後直面するだろう他の多くの課題を、より巧みに処理できるよう方向付けていくだろう。

ポスト資本主義が死のような停滞の時代を招き入れていると心配する人びとは、おそらく間違っている。ポスト資本主義が固有の危機もなく永続的な楽園を与えると望んでいる人びとも、また同じように間違っている。危機の後——執筆者の何人かが予測したように、二一世紀中頃のポスト資本主義的移行期の後に——、きわめて多くのことが起きるだろう。うまくいけば、多くが良いことであるだろうが、それについてはまもなく分かるだろう。

註

★1——Michael Mann, *Incoherent Empire*. (London: Verso, 2003)〔岡本至訳『論理なき帝国』NTT出版、二〇〇四年〕; Immanuel Wallerstein, *The Decline of American Power*. (New York: New Press, 2003).〔山下範久訳『脱商品化の時代——アメリカ・パワーの衰退と来るべき世界』藤原書店、二〇〇四年〕

★2——Randall Collins, *Macro-History: Essays in Sociology of the Long Run*.Stanford: Stanford University Press, 1999, CA

★3——Michael Mann, *The Sources of Social Power, Vol.I: A History of Power from the Beginning to A.D.1760*.New York: (Cambridge University Press, 1986)〔森岡醇・君塚直隆訳『ソーシャル・パワー：社会的な〈力〉の世界歴史——(1)先史からヨーロッパ文明の形成へ』NTT出版、二〇〇二年〕.また以下のコリンズの総括的な論文を参照のこと。Randall Collins "Market Dynamics as the Engine of Historical Change", *Sociological Theory* 8 (1990): 111-35.

★4——Giovanni Arrighi, *The Long Twentieth Century: Money, Power, and the Origins of Our Times*, (Updatedt edition). (London: Verso, 2010)〔土佐弘之監修『長い20世紀——資本、権力、そして現代の系譜』作品社、二〇〇九年〕.

★5——詳しくは次の文献を参照せよ。Craig Calhoun, *Nations Matter: Culture, History and Cosmopolitan Dream*, (New York: Routeledge, 2007).

訳者あとがき

資本主義に未来はあるか
歴史社会学からのアプローチ

本書は、「Immanuel Wallerstein, Randall Collins, Michael Mann, Georgi Derluguian and Craig Calhoun, *Does Capitalism have a Future?* Oxford, 2013」を全訳したものである。イマニュエル・ウォーラースティン、ランドル・コリンズ、マイケル・マン、クレイグ・カルフーン、ゲオルギ・デルルギアンの五人は、歴史社会学の観点から、現在進行中のグローバル資本主義の構造的変化と危機の分析に基づいて、「資本主義の未来」を論じている。資本主義の未来をどう予測するのか、彼らは意見を異にしているけれども、マクロ歴史社会学の分野で蓄積されてきたマルクス的・ヴェーバー的な多様な因果関係——資本主義、軍事的地政学、国際政治、イデオロギー——が交差する次元を重視することでは一致している。

ウォーラースティンは一九三〇年生まれのアメリカの社会学者で、世界システム論の提唱によって、歴史学や社会学、社会科学一般に大きな影響を与えている。彼は、ニューヨーク州立大学ビンガムトン校の「経済・史的システム・文明研究のためのフェルナン・ブローデル・センター」長（一九七六－九九年）や国際社会学会会長（一九九四－九八年）を務めた。『近代世界システム』（全四巻、名古屋大学出版会）や『ポスト・アメリカ――世界システムにおける地政学と地政文化』（藤原書店）など多数の著書がある。

コリンズは、一九四一年生れのアメリカの社会学者で、現代の代表的なマクロ歴史社会学および紛争理論の研究者であり、アメリカの社会学会会長（二〇一〇－一一年）を務めた。彼は一九七〇年代に独自の地政学的モデルからソヴィエトの崩壊を予測したことで有名で、『ヴェーバーの社会学理論』（ケンブリッジ大学出版局）、『脱常識の社会学――社会の読み方入門』（岩波書店）や『資格社会――教育と階層の歴史社会学』（有信堂高文社）など多数の著書がある。

マンは一九四二年にイギリス・マンチェスターで生まれた社会学者であり、一九八七年にアメリカに移住し、カリフォルニア大学ロサンゼルス校の社会学部教授を務める。彼は現在、英語圏で最も影響力のある歴史社会学者の一人で、一九八八年度のアメリカ社会学会の学術出版賞を受賞した『ソーシャル・パワー――社会的な〈力〉の世界史』（第一、二巻、NTT出版）や『論理なき帝国』（NTT出版）などの著者である。

デルルギアンは一九六一年北コーカサスのクラスノダールで生まれた。専攻は歴史社会学である。彼はモスクワ州立大学（一九七八－一九八五年）でモザンビーク近代史の研究によって修士号を取得後、モザンビーク共和国の経済顧問を務め、その後、ニューヨーク州立大学のウォーラーステインのもとで研究を再開し一九九五に社会学の博士号を取得した。彼は現在、ニューヨーク大学アブダビ校の社会調査・公共政策の教授で、ソヴィエト連邦がどのように崩壊し、なぜコーカサスで民族対立が起きたかを分析した『コーカサスのブルデューの秘密の崇拝者』(シカゴ大学出版局)で二〇〇七年度のノーベルト・エリアス賞を受賞した。

カルフーンは一九五二年生れのアメリカの社会学者で、現在、アリゾナ州立大学社会科学教授である。一九八九年の天安門事件を取り上げた『神でも帝国でもない――学生と中国の民主主義のための闘争』(カリフォルニア大学出版局)やグローバリゼーションの観点からナショナリズムを再検討した『国民の問題――文化、歴史、コスモポリタンの夢』(Routledge)は多数の言語に翻訳されている。彼はニューヨーク社会科学研究評議会会長(一九九九-二〇一二年)や「オックスフォード大学社会科学辞典」の編集長を務めた。

以下では、本書の内容について、いくつかの重要な論点に焦点を合わせて紹介し、簡単な解説を行うことにしたい。

1　近代世界システムの構造的危機

第1章「構造的危機」(イマニュエル・ウォーラーステイン)は、資本主義を無際限な資本蓄積の追求を独自的特徴とする歴史的システム(近代世界システム)として定義し、世界システム論――世界システム論は、コンドラチェフ循環(上昇局面Aと下降局面Bからなるほぼ五〇年周期の経済循環)と覇権循環（一〇〇～一五〇年周期の循環で、一つの国家が他のすべての国家の活動にルールを押しつける力である、覇権を握る指導的国家の移動の運動）を、近代世界システムの歴史的発展を規定する最も重要なメカニズムとして理解する考え方である――の立場から、おおよそ一九七〇年ごろから顕在化した「構造的危機」について論じる。この時点において世界システムが構造的危機に入ったのは、コンドラチェフ循環の上昇局面である一九四五年から一九七〇年前後まで資本蓄積が一六世紀以来も最大の伸びを経験し、またアメリカの覇権がかつてないほどの地政学的力を拡大させたため、世界システムが「均衡からずっと遠くに離れてしまい、回復メカニズムは修理不可能なほど伸び切ってしまった」（三四頁）からである。一九七〇年以後は、最大の上昇局面の後で最大の下降局面が続くことになった。構造的危機とは、均衡への復帰圧力を欠き、「揺らぎは大きく、かつ恒常的であり、システムはつねに均衡から離れている」（五四頁）局面である。構造的危機に入ったシステムはもはや均衡を回復することは不可能で、新しいシステムに向かういくつかの選択肢に直面する分岐点にある。

構造的危機に突入したのは二つの決定的な要因のためである。第一は、資本主義的生産者が支払わねばならない人件費、投入費用、課税が増大したので収益が減少し、資本家が無際限の資本蓄積を行うのが難しくなっていることである。人件費の増加は労働組合活動による賃上げや中間管理職の増大に起因し、投入費用の増加は、有毒廃棄物の処理や温暖化ガスの排出の処理などの費用の外部化が困難になって、企業による費用の内部化が増大したことから生じている。そして、課税増加をもたらした最大の原因は、民衆運動による政治の民主化で教育や医療、年金などの基本的保障が実現したことである。第二は、一九六八年の世界革命〔フランスの五月革命や世界各地の学生運動に代表される、管理社会に異議を唱えた社会運動〕の結果、近代世界システムの地政文化である中道主義的自由主義（専門的能力を有する人の賢い行動に従いさえすれば、より良い未来があらゆる人に保障される、というイデオロギー）の支配が終焉したことである。その結果、国家に依存する改革や変革を追求していた、社会民主主義や社会主義などの旧来の左派勢力も勢いを失った。世界の右派は政権を握り、新自由主義的グローバリゼーションを通じて逆襲に転じ、福祉国家の解体や生産費の削減を追求し、下層の収入を上層に再分配する政策を実行することになった。新自由主義時代といわれるその後の四〇年は、金融化と金融投機、公的債務の増加と財政の緊縮、アメリカの覇権の衰退、ＢＲＩＣｓと呼ばれる新興国の出現と世界システムの階層性の再編成などに特徴づけられる「世界システムの行き詰まり状態」（五二頁）にある、とウォーラーステインは見ている。

ウォーラーステインによれば、今日の世界的問題は、政府がシステムをどのように改善すれば資本の無際限の資本蓄積を維持できるのかということではない。それはもはや不可能であり、「資本主義システムにとって代わるものを問うことこそが問題になっているのである」（五二頁）。資本主義システムが構造的危機に陥ると、資本家自身が「資本主義の墓堀人」になり、もっと階層的で不平等なシステムを模索するようになる。このような分岐点における選択肢は、大きく分けると二つある。一つは、「現在のシステムの基本的特徴——階層性、搾取、両極化——を維持する」（五三頁）道であり、もう一つは「相対的に民主的かつ平等なシステム」（五三頁）への道である。ウォーラーステインは、前者を「ダボスの精神」（世界が直面する問題を政財界のエリートが対話を通じて解決しようとする立場)、後者を「ポルトアレグレの精神」(環境や貧困の問題を民衆の立場から解決しようとする世界社会フォーラムの立場）と呼んでいる。これら二つの立場はそれぞれが分断されているので、移行期の政治闘争の構図は、二大陣営間の闘争というより四つの集団が闘う混乱状態を呈示している。「私たちは、後に来るシステムをめぐって闘争が展開される構造的危機のなかに生きているのである。闘争の結果は予測できないが、来る数十年のうちにはいずれかの側が勝ち抜き、……新しい世界システムが構築されるだろう、と確信することは可能である」（五七頁）、とウォーラーステインは結んでいる。

2　技術による中産階級の職の代替と資本主義の終焉

第2章「中産階級の仕事の消滅」（ランドル・コリンズ）は、「かつて労働者階級が機械化を通じて収縮したとき、資本主義は中産階級の出現によって救われた。今日のコンピュータ化やインターネット、新しいマイクロエレクトロニクス製品の登場は、中産階級を圧縮し始めている。技術による労働代替のこの第二の波のなかで、はたして資本主義は生き延びることができるだろうか」（六三頁）という問いを究明することを通して、資本主義の長期的な構造変化の主要な特徴と構造的危機のメカニズムに焦点を当てる。コリンズの「長期的な経済危機の理論」(六一頁)は、「マルクスとエンゲルスは労働者階級の労働の技術代替を強調したけれども、ホワイトカラーの被雇用者や管理労働者、事務労働者、高学歴の専門職といった大量の中産階級の出現を予想しなかった」(六三頁)とする認識に基づいて、資本主義の終焉を予測する。つまり、労働の技術代替のプロセスが進展すると共に、かつて機械によって肉体労働が置き替えられたよりもはるかに急速に中産階級の職が一九九〇年代以後に消滅し、その結果、二〇四〇年までに構造的失業率が五〇パーセントに達し、資本主義は終わりを遂げる可能性が高いだろう、と言うのである。

コリンズは、この技術のために生じる人間労働の代替による中産階級の縮小と失業率の異常な上昇から逃れる道として、①「新技術による新しい職の創出」、②「グローバリゼーションによる市場の地理的拡大」、③「金融化の進展とピラミッド化された金融市場」、④「ケインズ主義による政府の雇用創出」、⑤「教育支出の拡大と教育システムの膨張による救済」という五つの可能性を検討し、どの道も中産階級の縮小傾向を阻止できない、と結論づける。そのため構造的失業率は七〇%に達し、「二一世紀の中頃に資本主義の最終的危機が到来する」(九五頁)と、コリンズは予測する。彼は、経済危機論から革命論に議論を移し、スコチポルなどの国家の盛衰に関する比較研究で確立された「国家崩壊的革命論」(九五頁)に基づきながら、反資本主義革命について論じる。国家崩壊的革命論によれば、革命が成功するかどうかは、革命が下からの不平不満を抱く大衆ではなく上層部で生じることで決まる。というのも、革命の主要な要因は、第一に国家の財政危機（特に公安部隊や軍隊、警察の費用を国家が支払えなくなること）であり、第二に財政危機への対応をめぐる「エリート間の分裂」（九五頁）と国家機構の麻痺であるからだ。国家機構は、第一の要因と第二の要因が連鎖することで麻痺し、「組織された暴力の独占は崩壊する」（九七頁）。この反資本主義革命の展望（資本主義から非資本主義へのシステム転換）として、コリンズは、平和的政治プロセスを通じた制度的革命の道と新ファシスト的解決による権威主義的体制の道という二つ方向がありうる、と考えている。

3　資本主義の未来のシナリオと環境破壊の脅威

第3章「終わりは近いかもしれないが、誰にとっての終わりなのか」（マイケル・マン）は、近代社会と近代資本主義をウォーラーステインやコリンズのようにシステムとして考えるのではない。そうではなく、それらを、経済的力や政治的力、イデオロギー的力、軍事的力という四つの社会的力と地政学的関係（軍事的力と政治的力の独特の混合）が重なり合う「ネットワークの相互作用」（一一七頁）として把握する。そして、世界システム論からの経済中心的な資本主義終焉論に疑問を提起しながら、資本主義の将来についてのありうるいくつかのシナリオを検討し、さらに、核戦争の危機と環境危機という二つのグローバル危機の脅威を資本主義の危機よりも深刻なものとして分析する。マイケル・マンは、四つの社会的力の相互作用と地政学的関係から、一九二九年に始まる大恐慌と二〇〇八年以降の景気大後退を分析し、二つの大危機を経済的因果連鎖と非経済的因果連鎖が累積的に生起したことから説明する。そして、これらの危機を、「世界システムの弱さではなく、グローバル資本主義とグローバルな地政学における力の地理的移動を表示」(一四三頁)するものとして理解する。二一世紀初頭の危機は、旧来の西側から「アジアを含む世界の残りの諸国へと経済力が移りつつある」(一四三頁)ものとして捉えられている。

資本主義にはシステム危機を生み出す一般的運動法則があるという考え方に疑問を呈するマイケル・マンは、二〇五〇年頃の資本主義のありうる二つのシナリオを提起する。一つは、構造的失業率が高止まり、三分の二の人びとは高学歴で高い技能を持ち正規雇用を得ているが、残りの三分の一の人びとは社会から排除されている貧しい人びとであるような、「三分の二／三分の一」社会が出現するシナリオである。これは、排除されている人びとが世襲的な下層階級になり、「多く搾取されているにもかかわらず反対者が生まれない資本主義」が出現する、という悲観的なシナリオである。もう一つは、世界システム論者が主張するように、資本主義は地球を埋め尽くしても終焉することはなく、社会民主主義的な「持続的低成長の資本主義として安定する」(一五一頁)というシナリオである。この楽観的な低成長シナリオは、投機と金融市場の役割を縮小し、改良主義的運動によって世界中に今よりも平等な条件を広げることが条件とされているが、人口の一五%ぐらいが下層階級(失業者、臨時雇い)に転落することが想定されている。マイケル・マンは、「最も起こりそうなシナリオを一つ選ぶように求められるなら、低成長のグローバル資本主義だ」(一五二頁)、と答えている。

しかしマイケル・マンは、これらのシナリオを狂わせる可能性としての、資本主義を超える二つのグローバルな危機について指摘する。一つは、資本主義とは無関係の軍備競争によってもたらされる、核武装した多数の強国の敵対と衝突の因果連鎖から生じる核戦争の軍事的脅威である。もう一つは、資本主義よりも大きな因果連鎖から生じている地球温暖化の脅威である。

マイケル・マンの議論によれば、温室効果ガスを大幅に削減させて温暖化を防止するには、経済成長への無際限の欲望を推進することで環境に大きな責任を負っている資本主義・国民国家・消費者の市民権を改革しなければならない。

具体的には、世界の諸国家が協調的な行動をとり、資本主義や国民国家や消費者市民権に、国際協定を通じて厳しい環境規制や租税政策を課すことが望まれる。このシナリオが成功すれば、「GDPの成長率はグローバルな合意を通じて低下し、すべての人がゼロ成長で満足するようになるだろう」(一六〇頁)。しかし、このグローバルな環境合意が達成されないならば、「さまざまな悲惨なシナリオ――北の相対的に恵まれた諸国家と富裕な諸国家による『要塞資本主義』の大きな障壁の構築、……『環境ファシズム』、大量の避難民の飢え、資源戦争――が予想される」(一六〇－一六一頁)。マイケル・マンの二つのグローバル危機のシナリオは、基調としては楽観的であるが、「資本主義の終わりばかりか、人類の文明の終わりさえもたらす」(一六三頁)という悲惨な可能性を最後に指摘している。

4 ロシアの地政学的プラットフォームと開発主義的産業社会の盛衰

第4章「共産主義とは何であったか」(ゲオルギ・デルルギアン)は、一九一七年のボリシェビキによる革命の地政学的な条件と起源を、地政学的プラットフォームと社会学の観点から説明する。ソヴィエト連邦のあるがままの現実は、権力に就いたボリシェビキとノーメンクラツーラと呼ばれる党幹部に主導された驚異的な工業化の結果、達成されたものであり、それは、「すべての領域が中央集権的に指令される一枚岩的に組織された産業社会」(二〇五頁)であったと把握して、デルルギアンはこの産業社会の発展と崩壊の過程を分析する。彼は、かつて資本主義のオルタナティブであったソヴィエトの「共産主義」が社会主義であったのか、それとも全体主義であったのか、というような「イデオロギー的で抽象的な問いは、現実を説明するのに役立たない」(一八四頁)、と考える。デルルギアンは、ボリシェビキがロシアで発生し権力を維持することができた地政学的条件として、一九世紀後半の日本と同じように、ピョートル一世時代の一七世紀末のロシア帝国が地理的な距離によって西欧列強から保護されていたことを挙げる。一九一七年に権力を掌握したボリシェビキは、そのような特殊な地政学的プラットフォームを利用して、領土の拡大と国家主導の近代化・工業化に努めたのであった、とデルルギアンは主張する。

ロシア帝国の国家秩序が崩壊するなかで権力の座に就いたボリシェビキは、秘密警察と赤軍を育成し、前例を見ないような多言語帝国としてソヴィエト連邦を建設することで国家秩序を再建する。そして、国家主導の工業化は、電力建設やドイツの国家的産業計画やアメリカのフォード的流れ作業の大量生産方式を取り入れ、専門的教育を通じて数百万の男女を新しい産業社会の担い手として育成することによって、「揺りかごから墓場までの社会福祉を唯一の雇用主としての国家が提供する、巨大な企業都市」(一八一頁)にソヴィエト連邦を転換させた。「本質的に近代的であり、また近代主義的であろうとしていたソヴィエト連邦は、当時の先進的技術――機械化された軍隊、流れ作業方式の産業、計画された都市、大衆教育、社会福祉、スポーツや大衆娯楽を含む標準化された大量消費――をとり入れるのに成功した」(一八四頁)。デルルギアンによれば、多くの研究者や観察者が共産主義あるいは社会主義として見なしてきたソヴィエト社会の現実はこれであった。しかし、このような転換を指導したのはノーメンクラツーラと呼ばれる党幹部で、その最初の世代は、「自分たちは人類の進歩の前衛である」(一八一頁)と信じる革命家たちであり、彼らは軍事的開発主義者として、「二〇世紀のイデオロギー的・政治的・軍事的・経済的諸制度を単一の専制的構造に融合」(一八二頁)させたのであった。

そのような専制的で開発主義的で福祉志向の産業国家は、計画的指令経済が長期的な経済発展には不向きで、非効率な老朽化された工場設備を破棄・更新するメカニズムを欠き、生産性は低下するのに、冷戦体制下において軍事的地政学費用や福祉合意を維持する医療・教育・年金などの費用が増加する、というジレンマを抱えていた。こういったジレンマを解決するために、ソヴィエトの指導者たちはかなり早い段階から、西側陣営と取引して地政学的費用を軽減させ、ソヴィエト陣営を「国家資本主義」に導くことで「本質的に現存する政治構造を強化し、……ノーメンクラツーラを外国資本と提携する巨大な産業的企業の専門家的経営者につくり変えていきたい」(一九六頁)と構想していた。ウォーラーステインは、すでに一九七〇年代にこのようなシナリオを予測していた(一八七頁)。このような構想の実現を意図して最後に登場したゴルバチョフによるアメリカとの取引と一連の改革(ペレストロイカ)は成功せず、ソヴィエト連邦の崩壊を招くことになった。一九八九年のベルリンの壁崩壊と東西ドイツの統一という政治的衝撃はノーメンクラツーラ(ソヴィエト官僚の上層部)にパニックを引き起こし、分裂したノーメンクラツーラが国家の工業資産を略奪して私的に流用したことにより、ソヴィエトの崩壊が急激に進展したのだった。

デルルギアンは最後に、「共産主義」はマルクスの思想から生まれたものではなく、ロシアの特殊な地政学的プラットフォームを防衛と近代化に活用した「ボリシェビキ党の成果」(二一一頁)であること、そして、一九一七年のボリシェビキ革命は「資本主義の終わり」の予測には適しておらず、むしろ一九八九年に頂点に達したゴルバチョフのペレストロイカの方がその参考になる、ということ(二一七頁)を強調している。

5　さまざまな脅威に直面する資本主義の衰退と変形

第5章「いま資本主義を脅かしているものは何か」(クレイグ・カルフーン)は、さまざまな脅威に直面する資本主義の衰退と変形について考察するには、資本主義が「完全な自足的なシステム」ではなく、「つねに非資本主義的な経済活動や政治的、社会的、文化的要因との接合」(二二一頁)を含む歴史的形成体として理解することが必要である、と強調する。資本主義にとっての第一の脅威は、金融主導型資本主義の発展にともなう周期的な資産価格のバブルとその崩壊にともなう金融危機であるが、カルフーンはこれを金融システムに固有な危機として認識し、システム危機の可能性を縮減する金融規制改革が進んでいない現状を危惧する。資本主義的な成長は、その継続と拡大に必要な医療やインフラ建設や労働者の教育などの費用のみならず、資本主義が生み出した環境破壊の金銭的・自然的費用を普通の人びとの負担として外部化することに依存しているのに、このような外部化を保障する諸制度がこの四〇年の新自由主義の猛威によって弱体化している。それが、第二の脅威である。資本主義の再生はこういった制度が再構築されうるかどうかにかかっているが、その見通しは立っていない。

資本主義の未来にとっての第三の脅威は、破滅的な影響を及ぼす恐れのある気候変動などの大規模な自然環境破壊を引き起こす資本主義の発展が、自然が回復できないほどの損害を与えていることである。地球温暖化は、資本主義を含む人間の文明を消滅させるリスクである。また、希少資源ばかりか石油や水や耕地をめぐる、地政学的な環境戦争が生じる可能性がある。

カルフーンは、このように資本主義の未来を脅かすリスクを認めるにもかかわらず、ウォーラーステインやコリンズのように資本主義の終焉あるいは崩壊を予測することに反対である。彼は、脆弱化する資本主義が多様に変形してその範囲を縮小しながら、同時並行的に非資本主義的諸関係が出現する、というシナリオを展開する。現に、新自由主義が社会生活に必要な公共部門を縮小させた結果、コミュニティ次元で組織される協同組合や伝統的社会関係、小規模の物々交換や課税逃れの現金取引といったインフォーマル・セクターに依存する人びとが増えている。また、フォーマルな資本主義も収益性を確保するために、租税回避や非合法的な投資、さまざまな不法取引を展開する「国家制度や法律の外部で機能する超国家的な資本主義的組織」(二六三頁)への依存を深めている。このように、生活に密着したローカルな次元のインフォーマル・セクターやグローバルな不法資本主義が重要な位置を占めるようになってきたことは、フォーマル資本主義の成長が脆弱であることを示している。そうだとすれば、「資本主義は崩壊しないまま衰退して、経済活動の組織化を縮小させていくかもしれない」(二六六－二六七頁)し、「資本主義が数世代の間に見分けのつかない形で転換していくことは少なくとも確かだろう」(二七〇頁)、とカルフーンは資本主義の未来を予測している。

6　資本主義の最終的危機か、地球規模の環境危機か

終章「目を覚ませ」は、まず、共同執筆者である五人が、「何十年も続くと思われる波乱に満ちた暗い時代に世界が入ったということ」(二七四頁)に関して意見が一致しており、資本主義の未来についての予測は異なるけれども、共に、マクロ的歴史社会学の分野で蓄積されてきたマルクス的・ヴェーバー的な因果関係の多様な次元──資本主義、軍事的地理学、国際政治、イデオロギーが作用する仕方の多様な特徴──を重視していることを確認する。そのうえで、マクロ社会学的方法に従って、第一にグローバリゼーションと資本主義の長期的未来について、第二に今日の社会科学の行き詰まり状態とその再生の方向性について論じる。

グローバリゼーションは、一九六八年から二〇〇八年の四〇年間について見れば、一九七〇年代から一九八〇年代までの前半、そして一九八九年(ブラックマンデー)から二〇〇八年(リーマンショックに始まる世界金融危機)までの後半に分けられる。前半は、二つの世界大戦による地政学的大変動のもとで権力の座に就いた左派勢力が国家機構を利用して推進した、経済成長と再分配政策(福祉国家)を結合したプロジェクトの危機と崩壊として特徴づけられる。

後半は、西欧の資本が、一九七〇年代に始まった収益の減少(利潤圧縮)による無際限の資本蓄積への構造的圧力に対処するために、市場グローバリゼーションを主要な戦略として、規制緩和や資本の国際移動の自由、緊縮政策や下層から富裕者への再分配などの措置を政府に要求して実

行させた結果、エリートによる政治的・経済的決定と民主主義の後退、経済活動の金融化と金融危機、政府・家計の負債の増加、グローバルな不平等の拡大といったジレンマが悪化した。以上の「近い過去から近未来を推定する」予測では五人はほぼ一致しているが、資本主義の長期予測については意見が分かれている。

大きく見れば、二一世紀には資本主義の最終的危機と地球規模の環境危機が予想される。ウォーラーステインとコリンズは環境リスクを長期の問題として理解し、資本主義の危機をより差し迫ったものと考える。二人は、「二〇四〇年前後の数十年間に全面的な資本主義の危機が到来することを予測しており、環境の限界が終点を迎える前に資本主義の危機に直面するだろう」（二九八頁）、と考えている。彼らがそのように考えるのは、資本主義をシステムとして捉え、雇用や収益の創出の低下傾向から見て、資本主義がその限界に接近しつつあると認識しているからである。

マイケル・マンとグレイグ・カルフーンは資本主義の生き残りについては楽観的な見方をしているが、環境危機についてはウォーラーステインやコリンズよりも悲観的である。なぜなら、資本主義はイノベーションや消費者市場の拡大やグローバリゼーションを通じて際限なく拡大しうるので、資本主義を終わらせるものはその外部の因果連鎖から生じる戦争の勃発か地球環境の破壊である、と彼らは考えているからである。つまり、戦争は資本主義の動態とは無関係な、軍事的力と政治的力が交差する地政学的因果連鎖から生じるし、環境危機は資本主義発展の帰結であると共に政治的・文化的要因と交差している、と言うのである。理論的には、すでに指摘したように、マイケル・マンとグレイグ・カルフーンの二人は、近代社会をウォーラーステインやコリンズのようにシステムとして考えるのではなく、経済的力や政治的力、イデオロギー的力、軍事的力という四つの社会的力の「ネットワークの相互作用」として把握しているので、彼らにとって未来は四つの因果連鎖の交差から結果する複雑なものになるのである。

最後に五人は、分裂と混乱の道を歩み続けている今日の歴史的移行期における社会科学の行き詰まり状態とその再生の方向性について、歴史的社会科学の立場から論じる。彼らは社会科学の課題として、「歴史的変化の構造的可能性」(三一七頁)、すなわち、「一つの歴史的状況からもう一つの状況にどのように移行するのか、そして、出来事が転換する構造的可能性の実際の範囲や要因は何なのか」(三一五頁)を明らかにすることを提唱する。正常な時期には選択肢が限定されているが、通常のメカニズムが崩壊する移行期には選択肢が広がるので、社会科学は、状況の変化とそれが出現する可能性、構造的に利用しうる選択肢とそれに関わる行動の自由について研究する必要がある。彼らは、一九八〇年代以来、大学の社会科学を支配してきたポストモダニズムと新古典派経済学を、歴史的変化の構造的可能性の問題を意図的に捨象しているとして批判する。そして、市場の可能性を捨て去ったことを二〇世紀の左翼運動の大きな理論的・実践的誤りであったと指摘し、創造的破壊というシュンペーターの知的遺産を「市場の創造性」に向けて利用することを提案する。また、市場への嫌悪と並んで国家への嫌悪が広がっている現状を危惧し、「集合的問題を制御」するうえで「国家がどのような役割するか」ということが危機と移行の時代において理論化すべき大問題なのである、と主張する。つまり、移行期における社会科学の最も重要な研究課題は、国家論なのである。

7　歴史社会学からの挑戦

世界的な規模で格差と不平等が拡大し、社会の上層と下層との対立が深刻化しているにもかかわらず、また、二〇〇八年のような世界金融危機の再来が予想されるにもかかわらず、「資本主義は永続的に崩壊しない。なぜなら、資本主義にとって代わるシステムが存在しないからである」という暗黙の仮説が、政治やマスコミ、経済学を含む社会科学や人びとの常識を支配している。この暗黙の仮説に挑戦し資本主義の終焉について議論する研究がほぼ同時に刊行された。二〇一三年刊行の本書、二〇一四年に刊行されたデヴィッド・ハーヴェイ『一七の矛盾と資本主義の終焉』（大屋定晴ほか訳『資本主義の終焉――資本の17の矛盾とグローバル経済の未来』作品社、二〇一七年）、そして、二〇一六年刊行のヴォルフガング・シュトレーク『資本主義はどう終わるのか』（村澤真保呂・信友建志訳、河出書房新社、二〇一七年）がそれである。

これらの著書は、資本主義を脅かすものについて論じ、資本主義に関する常識的で楽観的な見方を根本的に変える必要があるということを提唱している。ハーヴェイは上記の本のなかで、

「使用価値と交換価値」、「自由と支配」や「資本と自然」などの資本の運動に内在する一七の矛盾を分析することで、現実に存在する多様な「反資本主義運動」が生まれざるをえない根拠を解明し、政治的実践で目指されるべき方向性（住宅や教育、食料安全保障などの「適切な使用価値」の直接的供給を含む一七の政治的実践）を提示する。シュトレークは上記の著書の序文「資本主義――その死と将来」において、本書を二〇〇八年以後の資本主義の危機理論の代表的文献として位置づけ、本書での五人の議論を詳しく紹介し、資本主義が重大な危機に入ったという彼らに共通する主張に賛意を表明する。そしてそのうえで、現在進行中の最終的危機の徴候（経済停滞、富裕層への再分配、公共領域の市場化、道徳的腐敗、グローバルな無政府状態）を経て資本主義にとって代わるのはオルタナティブな社会秩序ではなく、混乱と無秩序が支配する「長い空白期間」あるいは「社会以下のもの」である、という議論を展開する。

シュトレークは経済社会学の立場から、新自由主義に主導される二一世紀の資本主義は、労働運動や市民運動などの「社会の自己防衛」の運動（カール・ポランニー）を縮小あるいは解体することによって最大限の経済的自由を確保したが、その結果、資本の無制限の拡大運動を制限することで資本主義に規則性と安定を確保してきた制度による調整の仕組みが失われてしまったということに、混乱と無秩序の原因を求めている。

本書の五人の執筆者はすでに指摘したように、資本主義、国家（軍事力）、国際政治、イデオロギー、地政学といった多様な因果関係の交差を重視するマクロ歴史社会学の立場から、資本主義が直面する脅威と資本主義の危機について論じている。とくに、ウォーラーステインとコリンズは、これらの因果関係がシステムを構成するという理解に立って、資本主義の構造的危機と資本主義の終焉に関する議論を展開している。

ウォーラーステインは、人件費、投入費用、租税負担という三つの費用が上昇し一九七〇年頃に漸近線に近づいた結果、利潤の圧縮により無際限の資本蓄積が次第に困難になって近代世界システム(資本主義世界経済)が構造的危機に突入し、二〇四〇年頃には資本主義は終焉し別のシステムにとって代わられる、と予測する。彼は新しいシステムの決定は政治闘争に依存すると考えるが、資本家が資本主義を放棄してそれよりもっと抑圧的で不平等なシステムを選択する可能性があることを強調する。

コリンズは、情報通信技術やロボット、AIなどの技術による労働代替が急速に進んで中産階級の職が減少する結果、構造的失業率が二〇四〇年頃に五〇%を超え、二一世紀の中頃には七〇%に達することで資本主義の最終的危機が到来する、という議論を展開する。彼は資本主義に代わるシステムとして社会主義を考えるが、これは固定的なものではなく、長期的には資本主義と社会主義との交代を繰り返すようなシステムの変動が予想されている。

今日の資本主義はその敵(反資本主義運動)によって打倒されるのではなくシステムの内部矛盾を通じて崩壊に至る、という考え方は、ウォーラーステインやコリンズとシュトレークに共通している。資本主義に代わるオルタナティブについて検討し政治の役割を重視する点では、ウォーラーステインやコリンズとハーヴェイのあいだに共通点がある。マクロ歴史社会学からの議論とシュトレークやハーヴェイの議論との対話を通じて、資本主義の終焉論の研究が深まることが期待される。

ところで、本書の資本主義崩壊論をより深く理解するうえで重要となるのは、スコチポルやティリーがヴェーバーの国家理解（一定の域内での正当な物理的暴力行使の独占）に導かれて歴史社会学に導入した、警察や軍隊などの強制機構（強制力執行機関）を国家の中核として把握する国家論である。本書の執筆者たちは、社会的利害をめぐる闘争が行なわれる場として国家を理解する社会中心的アプローチ（例えばプーランザス）に批判的で、国家を強制機構として理解して議論を展開している。例えば第二章でコリンズは、このような国家論を前提にしながら、不満を抱く大衆による下からの革命ではなく、財政危機によって国家の強制機構が維持できなくなることから、「国家崩壊論的革命論」を議論している。本書で何度も言及される地政学も、ヴェーバーの国家論から導出され展開された議論である。歴史社会学は、財政危機の深刻化という今日の文脈で国家論を再検討することを社会科学に要請しているように思われる。

訳稿の作成に当たっては、若森章孝が原著全体を訳出して本書の最初の訳稿を作成し、若森文子が訳文全体をチェックして訳稿を改善した。訳稿を交換して点検し合う作業を何度も繰り返して、訳文を仕上げた。邦訳に際しては最善を尽くしたつもりであるが、訳者の不安内による思わぬ誤謬があるかもしれない。率直なご批判をいただければ幸いである。

なお、訳書中の記号は以下の通りである。「 」は原文の〝 〟、( )および［ ］は原文のまま、〔 〕は訳者による補足ないし訳者注、傍点は原文の強調を示すイタリック。また、引用文献の訳出にあたっては必ずしも邦訳文献に従っていない。

最後に、学術的な書物の刊行が困難な折にもかかわらず、この本の主題の深さと問題提起の大きさに理解を示され支援を惜しまれなかった唯学書房代表の村田浩司氏に厚くお礼申し上げる次第である。

二〇一九年五月三一日

若森章孝

【著者】

イマニュエル・ウォーラーステイン（Immanuel Wallerstein）
一九三〇年ニューヨーク生まれ。世界システム論の提唱によって社会科学一般に大きな影響を与えた社会学者。著者に『近代世界システム』全四巻（名古屋大学出版会）などがある。

ランドル・コリンズ（Randall Collins）
一九四一年テネシー州生れ。現代の代表的なマクロ歴史社会学および紛争理論の研究者。著書に、『脱常識の社会学』（岩波書店）などがある。

マイケル・マン（Michael Mann）
一九四二年マンチェスター生まれ。英語圏で最も影響力のある歴史社会学者の一人。著書に、『ソーシャルパワー：社会的な〈力〉の世界歴史』全五巻（NTT出版）などがある。

ゲオルギ・デルルギアン（Georgi Derluguian）
一九六一年北コーカサス生まれ。歴史社会学者。『コーカサスのブルデューの秘密の崇拝者』（シカゴ大学出版局）で二〇〇七年度のノーベルト・エリアス賞を受賞。

クレイグ・カルフーン（Craig Calhoun）
一九五二年イリノイ州生れ。社会学者。著書に、『神でも帝国でもない——学生と中国の民主主義のための闘争』（カリフォルニア大学出版局）などがある。

【訳者】

若森章孝（わかもり・ふみたか）
名古屋大学大学院修士課程修了。現在、関西大学名誉教授。主な著訳書に、『新自由主義・国家・フレキシキュリティの最前線』（晃洋書房）、バリバール／ウォーラーステイン『人種・国民・階級』（共訳、唯学書房）などがある。

若森文子（わかもり・ふみこ）
名古屋市立女子短期大学および静岡大学人文学部卒業。翻訳に従事。主な訳書に、リピエッツ『政治的エコロジーとは何か』（緑風出版）、メーダ『労働社会の終焉』（共訳、法政大学出版局）などがある。

資本主義に未来はあるか
――歴史社会学からのアプローチ

＊定価はカバーに表示してあります。

二〇一九年七月一日　第一版第一刷発行

著　者　イマニュエル・ウォーラーステイン、ランドル・コリンズ、マイケル・マン、ゲオルギ・デルルギアン、クレイグ・カルフーン

訳　者　若森章孝／若森文子

発　行　有限会社　唯学書房
〒一一三－〇〇三三
東京都文京区本郷一－二八－三六　鳳明ビル一〇二A
TEL　〇三－六八〇一－六七七二
FAX　〇三－六八〇一－六二一〇
E-mail　hi-asyl@atlas.plala.or.jp

発　売　有限会社　アジール・プロダクション

印刷・製本　モリモト印刷株式会社

デザイン　米谷豪

ＤＴＰ　株式会社　ステラ

2019 Printed in Japan　ISBN978-4-908407-22-2 C3030